JN439914

가고파의
고향
마산

한판암

초판 1쇄 인쇄 2015년 11월 30일
지은이 한판암
펴낸이 이승훈
펴낸곳 해드림출판사
주 소 서울 영등포구 경인로 82길 3-4(문래동1가 39)
센터플러스빌딩 1004호(우편150-091)
전 화 02-2612-5552
팩 스 02-2688-5568
E-mail jlee5059@hanmail.net

등록번호 제87-2007-000011호
등록일자 2007년 5월 4일

* 책값은 표지에 있습니다
* 잘못된 책은 바꿔드립니다
ISBN 979-11-5634-113-0

테마 에세이

가고파의 고향 마산

한판암

우리나라에서 마산만큼
예술적, 문학적 스토리가
구석구석 서려 있는 도시도 드물다.
한번쯤은 꼭 가보고 싶은
'가고파'의 고향 마산.
항구도시였던 까닭에
어쩌면 가슴 시린 이야깃거리들이
넘치는지 모른다.

해드림출판사

마산의 민낯
그리고 얼과 혼

작가의 말

지난 2010년 7월 1일 마산·창원·진해가 '통합 창원시'로 새 출발하면서 '마산시'라는 이름은 역사의 기록 속에 화석으로 남아 있다. 하지만 역사의 단절이나 용도 폐기로 몰(沒)하는 비운과는 사뭇 다른 변혁을 겨냥한 용트림이었다. 새로운 가치관과 소명을 능동적으로 수용함으로써 발전의 전기를 마련하기 위해 낡은 틀을 버리고 새로운 지평을 지향하는 선택이었다. 그런 까닭에 내남없이 과감한 창조적 파괴(creative destruction)의 용단을 하당영지(下堂迎之)의 마음으로 맞았었다.

디지털 시대에 걸맞은 틀을 겨냥한 대승적인 통합임에도 불구하고 통합 출발한 새로운 시의 일부인 두 개의 구(區)라는 현실이 왠지 낯설고 성에 차지 않았던가? 여기저기서 불협화음이 불거지기도 하고 분위기도 예와 달리 비틀거리는 모습이 입때까지 감지되기도 한다. 게다가 고착화된 마산의 고유한 민낯이나 참다운 정서가 서서히 퇴색되거나 잊혀간다는 상실감을 도외시하기 어려웠다. 이런 맥락에서 오래전부터 관심을 가지고 파고들던 마산의 혼과 얼 그리고 흔적을 서둘러 정리해 매조지하고 싶었다.

한 도시의 진면목이나 문화를 올곧게 짚으며 정리하는 작업은 역사의 영역일 게다. 하지만 면면히 이어지는 혼이나 가치관을 논할 식견이나 눈이 내게는 없다. 그래서 소시민의 눈에 띄고 마음이 닿는 삶의 편린이나 혼백이 담긴 문화적 흔적과 조우하면서 기록으로 남기고픈 대상들을 평면적으로 접근해 정리했다.

얼추 열대여섯 해 전부터 마산에 대해 글로 남기려 했었다. 그렇지만 처음부터 마산을 대상으로 단행본 책을 펴내려는 계획은 없었다. 그런 생각을 구체화하기 시작한 것은 통합 창원시로 출발한 이후의 일이다. 무언가 허전하고 고유한 얼과 혼의 색깔이 옅어지고 맛과 멋이 희석되는 느낌을 감출 수 없다는 이유에서였다. 그동안 써 두었던 90여 개의 글 중에서 일흔 두 개를 골라 여섯 마당으로 나누어 묶기로 했다.

마산이라는 이름이 사라졌다는 이유에서 책의 얼굴에는 누구에게나 아름답고 서정적인 이미지로 자리잡은 '가고파의 고향 마산'을 새기기로 했다. 그리고 첫째 마당은 마산을 상징하는 자취와 정서를 담아 '월영대', 둘째 마당은 역사와 유적 그리고 삶을 중심으로 하여 '회원현성지', 셋째 마당은 축제와 인연 등을 포함시켜 '산장의 여인과 요양원', 넷째 마당은 마산의 문화를 주축으로 '마산의 맛', 다섯째 마당은 변혁의 소용돌이 속의 마산에 대한 소회의 피력을 축으로 한 '전설의 한일합섬 터', 여섯째 마당은 삶의 여정에서 맺어진 소소한 인연과 느낌을 정리하여 '디아스포라의 애환'이라는 이름을 붙였다.

결국, 이번에 묶어내는 글들은 역사나 민속의 연구를 업으로 하는 이들의 논문이나 연구서와 태생 배경이나 격이 다르다. 살아 오면서 듣고 보며 느꼈던 생각이나 의미를 되새기는 과정에서 유장한 역사의 단면을 들여다보며 우리는 누구인가를 망각하는 문화적 천민으로 전락하지 않았으면 하는 마음을 오롯이 담으려했다.

나름대로 대찬 다짐했음에도 앎이 부실한 데다 게으른 탓에 신실한 노력을 기울이지 못한 채 결코 짧지 않은 기간을 책상 앞에 앉아서 붓방아만 찧다가 쫓기듯 서둘러 대충대충 마무리를 지었다. 때문에 대부분이 우수마발(牛溲馬勃) 같은 내용으로 칠갑을 한 남우세스러운 꼴일지라도 어릿한 필부의 진솔한 정성이려니 너그럽게 이해하고 미쁘게 넘겨주시기를 간원하며 옷깃을 여민다.

을미의 만추지절

한관암

목차

Ⅰ. 월영대

II. 회원현성지

Ⅲ. 산장의 여인과 요양원

Ⅳ. 마산의 맛

V. 전설의 한일합섬 터

VI. 디아스포라의 애환

Ⅰ. 월영대

무학산

월영대

마산 어시장

콰이강의 다리

문신미술관

마산항 야경

팔용산 돌탑

돌섬 이야기

의림사 계곡

월영지송(頌)

마창대교

청량산 연가

무학산

실로 오랜만에 다시 밟은 무학산(舞鶴山 : 761.4m) 정상이다. 지난날 하루가 멀다 하고 뻔질나게 찾다가 왜 틀어지기 시작했는지 냉담을 지속하다 맘을 바꿔 찾았는데도 야멸차게 내치거나 박대하지 않고 그윽한 품 안으로 따스하게 감싸주었다. 을미년의 두 번째 토요일(1월 10일) 아침이었다. 식사를 마침과 동시에 등산복으로 갈아입고 택시를 타고 성호골로 달려가 떼를 쓰는 어린애처럼 한사코 무학의 품으로 파고들었다.

적어도 20여 년 발길을 끊었는데도 정상에 서서 내려다본 마산은 여전히 꿈꾸는 도시처럼 아름답고 포근하고 정겹게 투영되었다. 예처럼 구(舊) 마산의 시가지와 마산항을 굽어볼 수 있으며 남쪽으로는 서항 부근과 최근 매립한 가포 유원지 일대와 마창대교의 날렵한 자태를 비롯해서 마산의 외만과 남해 쪽 수려한 풍광은 한 폭의 수묵담채화였다.

무학산 정상에서 조망하는 마산은 호숫가의 동네를 떠올릴 만큼 여유롭고 조용해 동화 속의 요정 나라였다. 저 산 아래 동네도 사람 사는 세상이기에 밀고 당기며 할퀴고 생채기를 내는 것은 당연하리라. 하지만 드높고 청청한 산정에서는 그런 불협화음이나 자질구레한 소란을 비롯해 수많은 차량들의 소음까지도 너끈하게 잠재우는 조화를 부려 영락없이 신선들이 노니는 정갈한 선계 같았다. 아득한 정상에서 아랫동네에 펼쳐진 잔잔한 바다를 완상하는 기분이 마치 하늘나라 별천지에 선 것 같아 마냥 넋을 놓게 했다.

눈을 조금 들어 시야를 넓히면 창원 시내가 눈 아래 들어오고 서마지기 쪽으로는 동마산 저쪽까지 시원하게 펼쳐졌다. 뒤로 돌아서 오른쪽에서부터 중리와 내서의 정면을 지나 왼쪽으로 눈을 옮기면 광려산과 마주하며 발달한 깊은 계곡 사이로는 국도 5호선이 실핏줄처럼 얼핏얼핏 보였다가 사라지기를 되풀이했다.

마산에서 무학산의 존재는 어떻게 자리매김해야 할까. 지리적인 정의를 하자면 이렇다. 무학산은 내서읍과 회성동, 합포구 교방동 사이에 위치하는 산이다. 남쪽으로 대곡산(510m)으로 이어지는 산줄기가 서쪽으로 꺾이며 대산, 광려산, 봉화산 등으로 이어진다. 서쪽으로 호암산, 웅동, 광려산과 마주하는 골짜기에 내서읍이 똬리를 틀고 있다. 특히, 무학산은 백두대간 낙남정맥 기둥 줄기의 최고봉이다. 한편, 마산 시가지는 남북으로 길게 뻗어있다. 그 이유는 마산의 서쪽에서 장벽을 이루면서 마치 병풍을 펼쳐 놓은 듯 남북으로 뻗어있는 무학산 때문이다.

풍수지리 학자들에 따르면 마산은 내륙 깊숙한 발달한 배산임수의 길지(吉地)에 터 잡은 항구도시라고 얘기한다. 여기서 '배산(背山)' 이 무학산인 까닭에 뒤집어 말하면 마산이라는 고을을 어머니가 감싸듯 포근하게 품어주는 진산(鎭山)이 무학산이다.

그런 까닭에 무학은 마산의 영혼을 담은 모태이며 영원히 기대고 의지할 안식의 대상이다.

명산도 변화의 거센 물결을 외면할 수 없는 게 하늘의 섭리이련가? 산을 오가는 길의 모습 변모에 어리둥절했다. 성호골에서 오르는 길목 험난한 요로마다 방부 처리한 각목이 길바닥에 박혀 있고 가파른 길 옆 낭떠러지 부근에는 여지없이 밧줄이 늘여져 있었다. 그것은 전주곡에 지나지 않았다.

정상 직전인 '서마지기' 라는 능선 바로 아래에서부터 '365사랑 계단' 과 '서마지기' 에서 다시 정상까지 '365건강 계단' 등 수많은 계단이 방부 처리된 수입 목재로 만들어져 있었다. 이들 두 계단 구간은 하나도 과부족 없이 각각 정월 초하루 설날부터 섣달그믐날까지 365계단이었다.

오늘 내가 걸었던 길은 "서원곡-중간전망대-365사랑 계단-서마지기(평원)-365건강 계단-무학산 정상(761.4m)-대곡산(510m)-만날재"였다. 이 중에서 '무학산 정상-대곡산-만날재' 에 이르는 능선길 3.6km는 혼자서 걷기에 무척 심심했던가 하면, 산 아래 시내를 시원하게 조망할 수 있는 행복함을 안기기도 했다. 따라서 극에서 극을 달리는 냉탕과 온탕 상황이 되풀이됨으로써 애증이 점철되었던 노정이었다.

지난 80년대 얘기이다. 내가 몸담았던 대학에서 개교기념일인 5월이 되면 각 학과나 동아리 별로 팀을 이뤄 매년 무학산 등반대회를 하고 상품을 푸짐하게 주었던 기억이 새롭다. 몇백 명이 수십 개의 팀으로 나뉘어 대학의 화영운동장-만날재-대곡산-능선길-무학산 정상-서마지기-성호골-완월초등학교로 이어지던 등반대회는 장관이었었다. 그때 나도 매번 단골로 참여했었다. 그 이후에는 무학산 정상과 담을 쌓고 냉담하다가 고희를 넘기고 오늘 드디어 감회 어린 재회를 했다.

산을 오르내리면서 많은 생각을 했다. 기분에는 단박에 정상으로 치고 올라가거나 정상에서 산 아래까지 한걸음에 내달릴 것이라고 오만한 생각을 했었다. 하지만 산은 오만방자함을 허락하지 않았다. 오르다가 숨이 가빠지면 쉬면서 지혜롭게 대처하도록 완급을 조절하며 순리에 따르라고 일렀다. 물론 내리막에서도 함부로 나대지 않고 조신하게 내려오도록 헤아릴 슬기를 일깨워 주었다.

어제까지 무척 매서운 날씨였던 때문에 오늘도 엇비슷하리라는 예상을 하고 채비를 한 게 천려일실이었다. 갑자기 올라간 수은주 때문에 내복에는 땀이 흥건해 곤혹스러웠다. 게다가 밤새 얼어붙었던 길바닥의 진흙이 녹아 질척여 발길을 옮길 때마다 등산화에는 진흙이 뭉텅뭉텅 붙었다 떨어지기를 반복해 여간 성가신 게 아니었다. 그래도 온화한 날씨 덕에 오랜 인연의 무학과 한결 부드럽게 자분자분 사랑을 나눌 수 있어 행복했다.

월영대*

'달그림자'를 뜻하는 '월영(月影)'이라는 말의 이미지는 서정적인가 하면 다분히 문학적이다. 내 일터인 경남대학교가 자리한 동 이름이 '월영동'이며, 교정의 자그마한 연못 이름은 '월영지'이다. 이 '월영'은 신라의 대학자이자 문장가인 최치원(857~?)이 해인사로 입산하기 전에 말년을 보내면서 제자를 가르치던 장소인 월영대(月影臺)에서 유래했다는 전언이다.

신마산 경남대학교 앞 오거리 월영 광장에서 통영 방면으로 방향을 틀어 앞을 바라보면 코앞에 구닥다리 육교 하나가 나타난다. 이 구름다리 왼쪽의 인도 옆에 월영대가 있다. 대략 오륙십 평 정도의 장방형 대지 위에 한옥으로 지은 비각과 볼품 없이 아주 작은 출입문 건물이 전부이다. 그런데 최근 시에서 투자하여 세 면의 붉은 벽돌담과 맞닿은 오래된 주택 몇 채를 매입하여 허물어 조금 숨통이 트였을 뿐이며, 나머지 한 면의 담은 오르막길의 4차선 찻길과 곧바로 인접해 있다. 이는 경남

---

* 이 글을 쓴 이후인 2010년 하반기에 시 당국이 월영대와 그 출입문 지붕을 대대적으로 보수하면서 기와도 새것으로 바꿔 얹었다.

대학교 정문에서 왼쪽으로 백여 미터 떨어진 길 건너 쪽이다. 한편, 행정적 가름으로는 '마산합포구 해운동 8번지' 이며, 경상남도 기념물 제125호로 지정되어 명맥을 겨우 유지한다.

사람의 내왕이 뜸하며 한적한 내만 깊숙한 곳에 발달한 포구의 구불구불한 수십 리 해안선을 따라 펼쳐진 하얀 백사장과 명경같이 맑고 잔잔한 해수면은 환상적 정경이었으리라. 거기다가 해안선을 따라 붙박이로 거주하는 주민의 수는 몇천을 넘을 리 없다. 한편, 탈 것이라야 부잣집에나 있을 가마나 말이 전부였을 천 년 이전의 신라 시대라면 포구가 한적하기보다 쓸쓸하며 외로웠으리라는 표현이 적합하지 않을까?

세속이나 명리를 미련 없이 내던진 채 주유 천하에 여념이 없었던 대문장가는 이런 해변의 누각에 앉아 휘영청 밝은 달빛이 해수면에 투영되는 모습을 어떻게 그릴까? 아마도 각별한 맛과 멋으로 각인되어 다양한 색깔과 모습을 완상하다가 절경의 정취에 푹 빠져 세상과 세월을 잊지 않았을까 싶다.

지금은 해안이 많이 매립되어 월영대가 위치한 언저리가 바닷가였다는 사실이 믿어지지 않는다. 하지만 그 옛날에는 이 월영대 바로 아래에 백사장이 발달해 합포만의 절경을 즐긴다거나 달 밝은 밤이면 해수면에 비치는 아름다운 달그림자의 완상이 일품이었다 한다.

현재 월영대는 일부러 찾으려 하지 않으면 그냥 지나칠 정도로 초라하기 짝이 없다. 아마도 인근 주민들에게 위치를 물어도 대부분 고개를 가로저을 게 뻔하다. 그도 그럴 것이 길옆 허물어져 가는 오막살이 사립문처럼 허술한 출입문 건물과 비각이 전부이다. 또한, 출입문은 일 년 내내 골동품 같은 어른 주먹 만한 크기의 녹슨 자물쇠가 굳게 채워져 그 누구도 출입을 할 수 없는 영어의 땅을 떠올리게 한다.

비각의 중앙에는 1932년에 최 씨 문중에서 세운 오석의 추모비가 서 있다. 이 비석 전면에 문창후해운최선생추모비(文昌侯海雲崔先生追慕碑)' 라는 내용이 세로로 새겨져 있다. 그리고 비각에서 정면으로 바라볼 때 뜰에 두 개의 비석이 서 있다. 먼저 왼쪽 비석의 앞면에 선생의 친필로 알려진 '월영대' 라는 글자가 세로로 새겨져 있다. 이 비석의 높이는 2.1미터로 글씨는 해서체이다. 원래 이 비석의 앞뒷면에 글씨가 새겨져 있었으나 세월의 흐름과 함께 심하게 마모되어 지금은 아무것도 보이지 않는다. 한편, 오른쪽 비석의 전면에는 '문창공최선생유허비(文昌公崔先生遺墟碑)' 라고 세로로 새겨져 있다.

선생은 12세 때 당나라 유학길에 올랐던 유학의 비조(鼻祖)로서 17세에 그곳에서 과거에 급제해 관직 생활을 했다. 그 무렵 879년 당나라에서 '황소(黃巢)의 난' 이 발발하면서, 그 부당함과 진압을 호소하는 글 '토황소격문(討黃巢檄文)' 을 지어 그의 문명(文名)을 크게 떨쳤었다.

그는 28세 때 귀국하여 894년(신라 진성여왕 8년)에는 '혼란한 시국 개혁을 하기 위한 10개 조(條)' 인 "시무십조(時務十條)의 개혁안"을 마련하여 건의했으나 혼란했던 조정이 외면하고 끝내 받아들이지 않았다. 이런저런 이유를 들어 벼슬을 초개같이 내던진 뒤에 전국을 떠돌다가 말년에 속세를 등진 채 입산하기 전에 머문 곳이 마산이었다는 전언이다.

누구도 따를 수 없는 불후의 업적을 기리며 후세 문인들은 그를 한문학의 조종(朝宗) 혹은 '동국문종(東國文宗)' 이라고 추앙

하는가 하면, 심지어 조선 문인들은 '문천자(文天子)'라고 숭상하기도 했다. 별처럼 빛나는 그의 많은 시문 중에서 당나라 유학의 고독한 심정을 노래한 '추야우중(秋夜雨中)'과 말년에 은거하며 속세를 뛰어넘는 경지를 잘 나타낸 '가야산독서당(伽倻山讀書堂)'은 많은 사람들의 입에 회자된다. 한편, 저술로는 '계원필경(桂苑筆耕)' 20권, '사륙집(四六集)' 1권, 문집 30권 등을 비롯한 많은 것이 있다.

위대한 이의 흔적은 후학들에게 귀감이 됨은 사필귀정이다. 이 같은 필연 때문이었던가? 선생이 이승을 떠나고도 오랜 세월이 흐른 고려나 조선 시대 수많은 선비가 월영대를 찾아 위대한 거성의 족적을 되새겨 보려 했단다. 현재 마산의 추산동에 자리한 '마산시립 박물관' 뜰에 고려와 조선 시대 월영대에 들려 선생에 대한 흠모의 마음을 시로 남긴 13명의 시비가 유흔으로 남아있다.* 한편, 선생의 자(字)는 '고운(孤雲)'이나 '해운(海雲)'이라 했다. 그리고 시호(諡號)는 고려 현종 때 '문창후(文昌侯)'로 봉해졌다.

마산에 전해지는 선생에 대한 대표적인 유적은 월영대와 고운대(孤雲臺)이다. 현재 월영대는 분명히 흔적이 남아 있는데, '고운대'의 자취는 묘연하다. 문헌에 의하면 '고운대'는 무학산의 동녘 봉우리에 자리한 절벽으로, 월영대에서 북쪽으로 5리쯤에 있다고 기록되어 있는데, 여태까지 소재가 정확히 밝혀 지지 않은 상태이다.

문향을 자처하는 마산의 문인에게 정신적 지주이며 마산문화

---

* 정지상, 김극기, 채홍철, 서거정, 김극성, 정사룡, 이황, 신지제, 정문부, 안축, 이첨, 정이오, 박원형 등이 그들이다.

의 뿌리와 맥을 상징하는 표상이 월영대가 아닐까? 바닷가에 터잡은 고을이라서 자칫 거칠어지기 쉬운 기를 부드러우며 이지적으로 다스릴 정신의 근본적인 뿌리를 여기서 찾는 게 현명한 대응으로 생각된다. 그런데도 오늘의 월영대는 퇴락하는 고옥을 연상할 만큼 퇴락하여 남아 있던 거룩한 혼이 이탈하여, 껍데기만 우중충한 비각의 모습이다. 그 주위 세 면에는 볼썽사나운 상가와 올망졸망한 주택이 겹겹으로 포위하고 있는 형태라서 숨이 막혀 헐떡이는 자태로 투영된다.

게다가 설상가상으로 운 좋게 확 트인 한 면에는 오르막 자동차길을 질주하는 차량 행렬이 쉴 새 없이 마구 내뿜는 지독한 매연으로 골병이 들고도 남았을 법하다. 이렇게 가사 상태에 빠져 신음하며 벼랑 끝으로 내몰린 꼴인데도 죄다 외면하다가 위급한 상황으로 치달으면 중환자에게 응급조치를 하는 식의 대응이 전부로 아는 현실을 어떻게 받아들여야 할지 당혹스럽다.

⋮

마산 어시장

⋮

해안도로 기업은행 옆 골목이 시작되는 지점의 도로부터 주로 오른쪽으로 똬리를 튼 '마산 어시장'의 커다란 간판이 높다란 공중에 걸려있다. 재래시장이라지만 현대화된 기반 시설과 바둑판처럼 정비된 시장 골목은 눈비가 내리는 궂은 날에도 활동에 지장이 없는 완벽한 시설을 갖추고 있다. 이 골목으로 들어서면서 좌우에 끝없는 활어 판매장 겸 횟집이 이어지며 비릿한 바다 냄새가 물씬 풍기는 어시장이 펼쳐진다. 크고 작은 가게가 벽 하나를 경계로 성냥갑처럼 고만고만한 모습으로 끝없이 늘어선 조붓한 골목을 탐방객끼리 부딪치기도 하면서 구경하다가 엄청난 물량과 헤아리기 어려울 정도로 다양한 활어에 정신을 뺏기다 보면 질서 정연하게 정리된 시장 어디를 향해 길머리를 틀어야 할지 난감해지기도 한다.

겨울철엔 활어 중에서도 짚단만 한 대구가 크기나 물량의 측면에서 상상을 뛰어넘어 구경꾼을 압도한 채 눈길을 휘어잡는다. 게다가 산더미같이 쌓인 멍게와 엄청난 양의 킹크랩(King Crab)을 누가 모두 소비할 것인지 공연한 걱정이 앞선다. 생선에 대해 청맹과니나 다름없어 눈에 익은 도다리와 광어, 고등어와 갈치, 오징어 등이 주어 섬길 수 있는 모두이다. 그런데 사시사철 아는 생선보다 모르는 게 훨씬 많았고 수족관마다 그득해 처치곤란이 아닐까 하는 오지랖 넓은 내가 가당치 않아 실소를 짓기도 한다.

활어를 고객에게 직접 판매하는 활어 전문점과 횟집이 즐비해서 여러 번 찾아간 집 아니면 헷갈리기 일쑤였다. 초행의 외지인들이 어시장을 존조리 훑어보려면 적어도 한나절 정도의 여유를 가져야 생선회 한 접시라도 맛볼 수 있다. 결국, 전국 제일의 어시장이라는 말이 명불허전이 아님을 실감하고 진정한 어시장의 진수를 느낄 수 있는 삶의 현장이다. 마산에서 서른다섯 해를 넘게 살아온 내 경우도 꾸밈없이 질박한 삶의 현장이 그리울 때면 몇 시간이고 돌아보며 전체 맥락을 머리에 어렴풋이 새겨보는 곳이기에 하는 얘기이다.

활어만이 아니다. 청정한 남해안 멸치를 비롯하여 이름 모를 다양한 종류의 건어물이 산더미처럼 쌓인 가게들의 모습에선 기가 질린다. 저 많은 물량을 도대체 어디에 누가 모두 소비할 것인지. 특히 어시장의 일부인 정우상가에서 농협 부근까지 자리 잡은 가게의 엄청난 젓갈류 물량엔 할 말을 잃는다. 서해안 새우를 중심으로 한 강경 젓갈, 광천 새우젓 따위를 위시해서 전국에 크고 작은 젓갈 생산지가 많을 터인데 말이다.

하루에도 수천 명에서 만 명을 훌쩍 넘는 외지 관광객이나 지역민이 찾는다는 이곳은 합포구 동성동에 위치한 전국 최대 규모로 대략 250여 년의 역사를 자랑한다. 그런데 현재 이 시장은 첫째로 집적 시설 중심지역, 둘째로 복어와 장어 따위의 마산 특산물 식당이 추가되는 광역권으로 나뉜다. 한편, 업종별 특성을 보면 전체 1,200여 점포 중에서 식품류(생선, 농산물, 건어물) 업체가 절반 가까이(550여 개) 차지하고 있음은 생식품 중심의 시장이 활성화되어 있음을 방증한다.

그 외에도 의류, 잡화, 외식업체, 유흥 위락, 근린 지원, 일반 지원, 기타 등의 650여 개 이상의 점포가 영업 중인 것으로 알려졌다. 이 시장의 주된 기능인 활어와 건어물 외에 복어와 장어 따위의 수산물을 전문으로 하는 외식업종이 어우러져 시너지 효과를 창출하는 게 두드러진 특징이라는 얘기이다.

특히 150여 개를 훌쩍 넘는 횟집, 30여 개에 이르는 복어 식당, 20여 개에 이르는 곰장어 전문식당이 약진을 계속하며 단순한 구매 기능에다가 외식 유락 기능이 더해짐으로써 고객 유치에 상승작용을 한다. 이런 관점에 이곳의 핵심 시장 기능은 마산적인 상품을 얼마나 특화시켜 고객을 유인하느냐 여부에 따라 장기적인 계획이나 발전 가능성이 달라지지 싶다.

나는 언제부터인가 이 시장을 또 다른 눈으로 보고 있다. 횟집이나 활어, 복어나 장어 전문식당, 길거리 노점 좌판의 주축은 우리의 어머니요 누나며 여동생이라는 사실이다. 허허벌판 같은 노점 좌판이나 물이 질퍽거리는 열악한 환경에서 가정과 가족을 위해 자신을 희생하는 무던한 모습에 고개가 절로 숙여진다. 물에 닿기만 해도 손이 꽁꽁 얼어붙는 노점이나 가게에서 곁불로 언어 쬐는 모닥불에 의지하며 살인 추위를 견뎌낸 위대한 모성이 우리를 길러준 원천의 힘이었다는 생각이 자꾸 어시장을 찾게 한다.

지금 이 시장은 고객지향의 변신을 거듭하고 있다. 그 대표적인 예가 고객에게 가장 인기 높은 횟집 골목과 맛 좋기로 소문난 진동산 생선을 전문으로 취급하는 진동 골목, 젓갈 골목, 건어물 골목 등으로 특별 전문화를 꾀했다는 사실이다. 한편, 생선 좌판 행렬이 길게 늘어선 치열한 삶의 모습에서 남을 속이거나 적당하게라는 편법이나 탈법을 모르는 우리 어머니들의 진솔함을 엿볼 수 있어 찡한 감동이 전해온다.

세월 따라 변하게 마련인 소비자의 성향을 억지로 잡거나 되돌리기 어려운가 보다. 전국의 모든 재래시장이 현대화된 백화점이나 대형마트에 손님을 뺏기면서 고전을 면치 못하고 지리멸렬한 오늘이다. 이 어시장 또한 동병상련의 아픔을 진하게 앓고 있는 까닭에 현실을 외면할 수 있는 계제가 결코 아니다. 이같은 어두운 현실의 타개책 일환으로 매년 10월엔 '전어축제'를 개최하지만 주체 측에서 원하는 만큼의 효과를 달성했는지는 곱씹어 볼 일이다. 그럴지라도 마산을 찾은 외지인이 특별한 계획이 없다면 진솔한 사람의 냄새를 물씬 풍기며 서민들의 더덜이 없는 얼과 혼이 고스란히 전승되고 있는 어시장을 둘러보라고 감히 추천하고 싶다.

⋮

콰이강의 다리

⋮

미국의 데이비드 린(David Lean)이 1957년에 만들었던 영화의 제목으로 널리 알려진 이름이다. 하지만 우리나라에도 그렇게 불리는 다리가 엄연히 존재한다. 마산에 새로 편입된 지역인 구산면 구복리(龜伏里)와 저도(猪島 : 돼지 형상을 한 섬이라는 이유에서 붙여진 이름)를 잇는 연륙교(連陸橋)를 이른다. 따라서 영화에서 얘기하는 태국의 밀림 지역인 콰이강 계곡에 방콕과 미얀마의 랑군에 이르는 철도 얘기와는 아무런 관련이 없다. 그래도 경관이 빼어나서 지난 2001년 '인디언 썸머(Indian Summer)'의 촬영지이다. 이 영화에서 사형선고를 받은 이신영(이미연 분)이 항소심에서 무죄 선고를 받고, 그녀의 변호를 위하여 모든 걸 바치는 변호사 서준화(박신양 분)가 함께 이틀을 보낸 장소이다.

원래 지난 87년에 육지 쪽의 구복리에서 저도를 연결하려고 바닷물의 흐름이 매우 빨라 여울목 같은 곳에 가설된 철 골조의 연륙교이다. 이 다리는 붉은 페인트로 도색 되어 주위의 자연 경관과 묘한 조화를 이루며 빼어난 모습으로 투영되면서, 영화에 나오던 그것과 닮은 모습을 했다고 '콰이강의 다리' 라는 애칭으로 불리게 된 것으로 여겨진다. 그러나 철교는 규모가 작아 승용차와 소형 화물차들만 일방통행이 가능했다.

이런 이유 때문에 대폭적으로 개선하지 않으면 앞으로 해상공원 개발의 추진이 어렵고, 저도 주위 해안을 '자연 발생유원지'로 지정한 상태에서 계획의 이행이 사실상 어려워 걸림돌이 된다는 결론에 이르렀던 것 같다. 그래서 두 해 전부터 마산시에서 또 다른 연륙교 가설공사를 추진하여 지난해(2004) 섣달그믐날 준공했다. 새로 가설한 연륙교는 기존의 다리보다 약 50m 정도 앞 바다 쪽에 다소 길고 높게 자리 잡았는데, 교각이 없으며 왕복 각각 1차선의 차도와 양쪽에 인도가 마련된 아치형 교량이다.

모두들 세련된 모습이라고 입방아를 찧지만 내 눈에는 옛것에 비하면 주위의 경관과 어울리지 않으며 품위가 떨어지는 느낌이다. 그런데 단일 철 구조물로서는 우리나라에서 가장 길이가 긴 아치교라고 자랑을 해댔었다. 전혀 허무맹랑한 자화자찬은 아니었나 보다. 대한토목학회가 주최하는 '올해의 토목구조물 공모전' 에서 '금상' 수상작이 없는 상황에서 다른 한 곳과 공동 '은상' 을 수상했다는 보도를 봤기 때문이다.

절경의 뛰어난 경관을 자랑한다고 해도 외지인들이 찾으려면 조금은 주의를 기울여야 할 듯싶다. 왜냐하면, 새로 편입된 변두리 농어촌 지역의 깊숙한 바닷가에 수줍은 새색시처럼 숨어 있기 때문이다. 마산의 남쪽인 신마산에서 승용차로 천천히 달리면 대략 20여 분의 시간이 소요된다. 우선 신마산에서 '통영' 쪽으로 방향을 잡고 '밤밭 고개' 를 넘어 내리막을 지나 평지에 이를 즈음

'현동 검문소'가 나타난다. 여기서 좌회전 신호를 받아 '현동 초등학교'를 지나서 조금 내려가다 보면 무슨 화학 공장 같은 모습의 '마산시 환경시설 사업소(하수종말처리장)'에 이르기 직전에 우회전해야 한다. 그리고 앞으로 산자락을 감싸 돌고 돌아 약간의 내리막길에 다다르면 옹색한 시골의 좁다란 골목길을 헤쳐나가야 하는 '수정'이라는 동네에 이른다.

수정 동네 길을 구불구불 돌아 나와서 직진하지 말고 '반동'이라는 이정표를 보고 좌회전하여 가다가, 산 밑에 이르러서 다시 우회전하여 오르막길을 따라가면 정상인 '백령재'에 이른다. 여기에서 내리막을 지나 평지에 이를 무렵 오른쪽에 바다의 모습이 눈에 들어오면서 왼쪽으로 펼쳐진 산자락을 휘돌아 조금 내려가면 '반동' 마을이 나타난다.

'반동 삼거리' 이정표에 '저도 연륙교'는 우회전 표시가 되어 있다. 여기서 우회전하면 왼쪽으로는 구릉 같은 산자락이 펼쳐진다. 이 산자락을 휘감듯 해안선을 따라 포장된 도로를 달리다가 오른쪽에 펼쳐지는 호수 같은 바다에 혼을 뺏기다 보면 '콰이강의 다리' 입구인 구복리에 이른다. 이 길은 가히 환상적으로 잔잔한 물결의 내만(內灣)이 부챗살처럼 점점 넓고 멀리 펼쳐지면서 크고 작은 섬들이 멀리 혹은 가까이에 다가온다. 그런가 하면 굴이나 홍합 양식장 모습이 정겹기 그지없는 풍경이 이어지고 코끝에 갯내음이 비릿하게 전해와 길손의 마음을 사로잡는다. 그런데 이 구복 마을에는 미술가들을 주축으로 한 '예술인촌'을 이루고 있다. 초행이라면 잠시 숨을 고르면서 예술인촌과 공방을 돌아봄도 색다른 추억이 될 성싶다. 여기서 산모퉁이를 돌아 오르면 ' 콰이강의 다리'를 조우한다.

연륙교를 건너기 전에 주차장에 차를 주차하고 저도로 걸어갈 수도 있고, 아니면 새로 건설한 연륙교를 이용하여 저도까지 차를 타고 가서 섬 안에 주차할 수도 있다. 전자의 경우 주차장에서 내려서 바로 해안가로 접근하여 음식점이나 커피숍에 앉아서 창가에 비취는 아름다운 해안과 시리도록 맑고 투명한 바닷물 그리고 빼어난 경관을 물리도록 즐길 수 있다. 그렇게 자연과 하나로 어울리다가 싫증이 나면 천천히 '콰이강의 다리'를 걸어서 건너 돼지를 닮았다는 저도의 구석구석을 거닐다 보면 잠시라도 어지러운 세속을 까마득하게 잊을 수 있으리라.

옛날에 가설했던 다리는 차량 통행은 금지하고 관광객을 위하여 사람 전용으로 쓰인다. 그렇지만 다른 관광지에 비해서 찾는 이가 그리 많지 않은 편이다. 따라서 아직은 오염되지 않았으며 저잣거리같이 북적이지 않아 한적하고 낯가림이 필요 없는 정겨운 분위기이다.

지금 저도 주민은 모두 백 명 미만이고 몇몇 횟집이 섬의 해안변이나 바다에 떠 있는 '멍텅구리 배' 위에 자리 잡고 있다. 그 때문에 연륙교 주위를 제외하면 한가로움이 가득한 섬이다. 이 섬의 해안을 따라 거닐며 노닐거나 해안가 갯벌에 다가가서 바지락을 캐거나 낚시로 시간과 자연을 낚다가, 자연산 볼락이나 도다리 회의 맛과 멋을 음미한다면 금상첨화이지 싶다. 이런 측면에서 어렵사리 마산을 찾은 길손들이 한나절쯤 여유가 있을 경우 이곳을 찾는다면 영원히 잊지 못할 추억 한 페이지를 만들 수 있지 않을까 하는 생각이 든다.*

* 몇 해 전 이 섬을 일주하는 '저도드림로드' 라는 둘레길이 만들어져 외지에서 많이 찾고 있다. 3-4시간 정도이면 초보자도 한 바퀴 돌 수 있다.

우선 청정한 쪽빛 바닷물과 하늘 그리고 그림 같은 자연경관이 어우러진 비경을 즐기는 희열을 만끽하리라. 아울러 싱싱한 해산물의 맛에 푹 빠져 미각을 호사시키다가 장엄한 낙조의 장관을 경험한다면 각별한 추억이 될 것으로 여겨지는 은둔의 명승지이다. 매년 새해 첫날 해돋이 때에는 타오르는 듯이 이글거리는 일출을 체험하려는 사람들로 이곳이 몸살을 앓고 있음은 이런 사실을 증명하는 징표가 되지 않을까. 이런 연유에서 젊은 연인이나 황혼을 맞은 이들이 느긋하게 한 때를 보내기 제격인 명소가 '콰이강의 다리' 주변이다.

⋮

문신미술관

⋮

갑오년을 하루 남겨 놓은 오늘 오전 여덟 살 손주의 손을 잡고 세계적인 조각가 문신 선생의 얼이 살아 숨 쉬는 문신미술관을 찾았다. 같은 도시에 둥지를 틀고 살았어도 가는 길이 달라 특별한 연이 닿았던 적이 없다. 구태여 얼치기 연을 읊는다면 그림을 그리는 사람들의 틈에 끼어 작업실을 방문하여 한두 번 뵈었던 게 전부이다. 현재의 미술관이 얼추 완성되고 나서 몇 번인가 들려 작은 눈에 큰 예술의 세계를 담아보려고 설렁설렁 둘러봤던 기억이 여태까지 생생하다. 그런데 오늘은 방학을 맞은 손주에게 거장의 작품을 감상하게 함과 동시에 나도 이전과 달리 찬찬히 살펴보고 싶은 욕심에서 나선 길이었다.

미술관이 자리한 곳은 추산동 산꼭대기 회원현성지(會原縣城地)인 능선과 직접 맞닿은 곳(마산합포구 문신길 147(추산동))이라서 마산에서 제일 높은 산동네 중에서도 가장 높은 곳에 자리했다. 그러므로 마산에서는 하늘 아래 첫 집이 문신미술관이지 싶다. 서울에 견준다면 재개발로 자취를 감춘 봉천동 산꼭대기쯤의 판잣집과 호형호제할 위치에 자리한 박물관이다. 높은 산꼭대기라서 마산만을 훤히 굽어 볼 수 있고 풍광이 빼어난 명당이다. 그런데 지금은 해안가로 무질서하게 치솟은 고층 빌딩과 아파트가 시야를 가려 깨진 거울로 세상을 보는 것 같아 짜증스럽고 갈증이 절로 났다.

원래 된비알의 산비탈을 깎고 다듬어 다진 터이다. 지나치게 가파른 비탈에 아찔한 옹벽 대신에 3층 집을 지어 옹벽 역할을 대신하도록 건축을 하여 문신원형미술관(文信原形美術館)으로 명명하고 1층은 교육실과 홀, 2~3층은 몇 개의 전시실로 나누어 석고 원형(原形) 작품과 생전에 사용하던 작업 도구와 유품 따위를 전시하고 있었다. 문신원형미술관이 옹벽 대신하며 미관을 살린 덕에 정문의 매표소를 지나 걸음을 옮기면 오른쪽엔 문신원형미술관이 단층집처럼 자리했고 조붓할지라도 잔디 덮인 야외 전시장이 눈에 들어온다. 왼쪽으로는 제2 전시관이 자리했고 정면 끝에는 제1 전시관이 마주 보인다. 그리고 야외 전시장 왼쪽에 자리한 게딱지만 한 연못을 건너 계단을 따라올라 가면 선생의 영원한 안식처 무덤이 있다.

야외 전시장은 좁은 공간인데도 통로 외에는 잔디를 깔아 안정감을 가지도록 꾀했다. 정문으로 들어가며 시계 반대 방향으로 콩코드, 화(和)Ⅲ, 우주를 향하여, 화Ⅲ, 우주를 향하여Ⅳ, 화Ⅰ, 우주를 향하여Ⅱ, 무제 등의 8 작품이 붙박이로 설치되어있다. 한편, 제1전시실 입구 왼쪽엔 선생의 대표작으로 알려진 "올림픽 1988(서울 올림픽 공원에 설치됨)"을 연상시키는 작품 하나가 반긴다.

제1전시실의 1층엔 조각 8점과 생전의 사진 17점이 전시되어 있었고, 2층에는 '1948 암초'를 비롯해 15개의 유화(복제본),

'1977 무제'를 위시해서 8 점의 채화(彩畵)와 소품인 조각 작품 8점이 전시되어 있었다. 또한 제2 전시실에는 정중앙에 '화Ⅱ'라는 조각이 자리 잡고, 네 개의 벽면 중에 3개의 면에는 건축 드로잉(Drawing) 작품이 전시되어 있다. 그리고 한 개의 벽면에는 선생의 발자취를 더듬을 수 있는 사진과 영상 자료 상영 시설이 설치되어 있었다.

나는 그림이나 조각에 대해 청맹과니라서 남의 작품을 얘기할 계제가 못 된다. 따라서 세계적인 조각가에 대해 일언반구라도 함부로 한다면 엄청난 결례이며 망언이 되리라. 그래서 이 분야의 전문가들이 말하는 선생의 진면목을 새겨보려고 한다.

선생의 조각 작품은 새싹이 돋아나는 듯 부단한 생성적 요인을 담고 있는 좌우균제(Symmetry)의 추상조각으로 특징지어진다는 평이다. 이러한 균제는 좌우 완벽한 대칭이 아니라 조각의 중심에서 가장자리로 가면서 그 균형이 깨지면서 자연스러운 형태가 된다고 얘기한다. 추상인데도 식물이나 곤충 혹은 인체 등의 구상적인 형상을 연상케 만드는 작품은 의식적으로 특정 형태를 재현하려고 의도한 것이 아니라서 자연스럽다는 견해이다. 하여튼 당달봉사에 가까운 내게는 신비롭고 무언가 생성과 창조의 기운이 용솟음치는 느낌이다.

선생은 1923년 일본에서 태어나 유년시절을 마산에서 보냈고 국내에서 왕성한 활동을 하시다가 1968년 프랑스 파리에 정착해 혁혁한 작품 활동을 했다. 선생이 본격적으로 조각을 하게 된 시기는 프랑스에 정착하면서부터로 알려져 있다. 그리고 파리 체류 20여 년 동안 유럽 각국을 돌며 100여 회 걸친 전시를 통하여 자신의 독특한 조형세계를 구축했다고 한다.

1980년 귀국해서 마산을 중심으로 활동하시다가 1995년 타계하신 것으로 알고 있다. 그런 선생이 마산만이 내려다보이는 추산동 산꼭대기 된비알에 15년에 걸쳐서 온 힘을 다해 터를 닦고 축대를 쌓은 뒤에 건축한 작품이 오늘의 문신미술관이라고 한다. 그러므로 이 미술관의 돌 하나 나무 한 그루까지도 세계적으로 명성을 자랑하는 거장의 얼과 혼이 깃들었다는 얘기이다. 1994년에 개관했는데, 선생의 고귀한 유언을 받들어 시에 기증되어 2004년 이후 시립으로 운영되고 있다.

마산항 야경

사위가 깜깜해진 밤에 삼귀동 언저리 해안 도롯가에서 건네다 보는 마산항 야경은 고만고만한 이웃이 어우러져 아기자기한 빛을 발하고 멸하는 정경의 아름다움으로 다가온다. 하늘에서 비행기로 몇십 분을 순회해야 하는 거대한 모습을 겨우 담을 수 있는 도시이거나 우리나라의 제일을 자랑하는 부산항이나 해운대에 비하면 상대적으로 규모가 작을지라도 나름대로 도드라진 자태의 흡족한 야경이 빛을 발한다. 소박하고 아담해 되레 정감이 가는 아름다움과 황홀경은 어디에 견줘도 빠지거나 모자람이 없다.

마산항 야경은 지난날(2005년) 마산시가 산자 수려한 항도(港都)로서 '가고파'의 고향을 널리 홍보하기 위해서 선정했던 '마산 9경'* 중의 하나이다. 처음엔 그 이유가 궁금했다. 세계

* 마산 9경(馬山 九景) : 지금은 창원시로 통합되어 '마산시'가 사라졌다. 그러나 지난 2005년 5월 20일 해양도시로서 천혜의 자연경관이 어우러진 '가고파의 고향'을 대외적으로 널리 알리기 위해 당시의 마산시가 '마산 9경'을 선정하여 홍보하기 시작했다. 여기에는 무학산, 돝섬 해상 유원지, 저도 연륙교, 국립3·15민주묘지, 어시장, 마산문신미술관, 마산항야경, 팔용산 돌탑, 의림사 계곡 등이 포함되어있다.

적인 미항도 아니고 규모의 측면에서도 남을 넘어설 계제가 못 되는 데다가 스카이라인(Skyline)까지 별로라는 생각이 지배했다. 이런 터수인데 대표적인 절경의 하나로 선택한다는 사실이 패착이 아닐까 하는 의구심을 떨칠 수 없었다. 그 숨은 참뜻을 캐 볼 심산에서 많은 시간을 들여 마산 야경 체험을 옹골지게 했다.

마산항 야경을 제대로 어림해 볼 요량으로 나름대로 찾았던 곳이다. 청량산 정상 중간 지점인 철탑 언덕, 가포 하얀 집, 가포 송신소 언덕길(시민 버스 차고지 언저리), 추산동 언덕배기의 문신미술관 부근, 돝섬 해상 유원지, 마창대교, 삼귀동 해안가, 두산중공업 앞길, 자유무역지역 해안도로, 만날재, 서항 선착장, 현대 아이파크 아파트 주위 수변 공간, 남성동 수협 공판장 언저리 해안 등이다. 그런데 아쉽게도 마산항 야경의 백미이며 압권이라는 팔용산 정상이나 무학산 꼭대기를 깜깜한 밤에 찾아 갔던 적이 없다. 야경을 제대로 즐겨 볼 다부진 각오로 여기저기를 기웃거릴수록 누군가의 말이 새삼스럽게 떠올랐다. “아는 만큼 보이게 마련”이라던 일갈 말이다.

세상을 구경하는 방법은 미시적 관점과 거시적 관점의 두 가지를 생각할 수 있다. 단순한 야경을 즐기는 방법 또한 이와 다를 바 없다. 이런 맥락에서 마산항 야경을 즐길 요량으로 접근해 보기로 했다.

먼저 거시적인 접근이다. 마산항과 거리를 두고 객관적으로 내만(內灣)을 관조할 최적지는 마산 시가지에서 바다 건너편인 삼귀동 해안가 도로이다. 검게 채색돼 넘실대지만, 어머니 양수를 닮은 바닷물 저편 무학산 기슭에 걸려있는 시가지의 형형색

색인 야경의 황홀경은 영롱한 자태를 자랑하며 아름답다. 이와 엇비슷한 느낌은 마창대교 위를 승용차로 천천히 달리며 맛볼 수 있다.

한편, 마산항의 내만에서 외만(外灣)을 향한 거시적 접근 방법이다. 어두운 밤에 팔용산이나 무학산 꼭대기에 기어오를 자신이 없는 경우 '꿩 대신 닭을 택하는 심정'으로 추산동 산비탈 마루 부근의 문신미술관 언저리나 회원현성지(會原縣城地) 망루에 올라서는 순간 찬탄을 금할 수 없다. 대부분의 내만과 시가지를 비롯해 외만 쪽에 자리한 마창대교의 은은한 조명 따위를 두루 조망하는 야경은 압권이다. 천혜의 자연 그대로의 모습과 인간이 이룩한 문명의 절묘한 조화를 만끽할 수 있는 장관이다. 이들 외에도 생각을 달리해 다양한 야경 즐기는 거시적인 방법을 택할 수 있으리라.

취미나 기호를 충족시키는 미시적 야경 즐기는 몇 가지이다. 걷기를 즐기는 축이라면 남성동 수협공판장 부근 어시장–장어골목–현대 아이파크 아파트–소방서–제1부두–서항 매립지까지 산책을 하면서 야경을 즐기는 방법이 제격이리라. 소주 한잔 하면서 해변 수역이나 바다 건너편 적현동이나 두산 중공업 쪽의 야경을 완상하려면 장어 골목의 야외에 자리 잡는 방법도 현명한 선택이다. 깜깜한 교외의 분위기에 취한 채 커피를 마시며 대화를 나누고 싶은 젊은 패거리라면 가포의 "하얀집" 같은 커피숍 같은 곳이 명당이다. 아늑한 실내의 포근한 소파에 앉아서 마산 내만의 일부와 꿈결처럼 명멸을 되풀이하는 마창대교 조명의 아름다운 자태를 음미하며 사랑의 밀어를 나눈다면 추억거리를 마음의 곳간에 여투는 일이리라.

마산항 야경은 젊은이의 더운 피가 끓듯이 뜨거운 격정이나 열병같이 화려함이나 적극적인 모양새가 아니다. 은근하고 부드러우며 안으로 감치는 여인네의 은근하고 다소곳한 아름다운 영혼의 속삭임 같아 매정하게 결별하거나 이심(異心)을 품을 수 없이 편안하고 사랑스럽다. 그런 까닭에 외지에서 찾는 지인들에게 다음 코스를 돌아보며 야경을 즐기도록 추천하거나 형편이 닿으면 직접 안내에 나서기도 한다. 가포 유원지 매립지 진입로-마창대교-귀산동 나들목-삼귀동(웅남동)-한국중공업-적현동-봉암대교-자유무역지역 해안가 도로-남성동 수협공판장 부근의 수변 지역-장어 골목에 이르는 코스가 권하고 싶은 야경 유람길이다.

불과 몇 년 뒤면 마산항이 상전벽해로 변신한 자태를 볼 모양이다. 현재 당국의 특단 사업으로 추진 중인 '마산 해양 신도시' 계획을 두고 이르는 얘기이다. 지금 월포동 전면 공유수면에 대대적으로 건설하려는 '마산 해양 신도시(국제 컨벤션 시설, 종합 쇼핑몰, 특급 호텔 등의 국제 컨벤션 타운과 복합 아쿠아리움, 아쿠아 메디케어센터 등의 해양 문화센터)' 개발이 계획대로 추진되어 '2023년 무렵에 활성화' 되었을 경우 야경이 어떻게 변모할지 자못 궁금하다.

팔용산 돌탑

마산을 찾는 초행의 외지인에게 어디를 둘러보라고 일러야 할까? 쉬울 듯해도 막막한 주문으로 선뜻 대답하기 어려운 문제이다. 이에 대한 시원한 대답은 시민과 전문가들의 의견을 수렴하여 마산시에서 정한 '마산 9경(馬山九景)'이다. 그 빼어난 아홉의 경승지는 무학산, 돝섬 해상 유원지, 저도 연륙교, 국립 3·15묘지, 어시장, 문신미술관, 팔용산 돌탑, 마산항 야경, 의림사 계곡 등이다. 이들 중에서 가장 토속적이며 서민들의 애환을 잘 아우를 것 같은 '팔용산 돌탑'에 다가가 보고 싶다. 그곳은 부뚜막에 정화수를 떠놓고 조왕신에게 치성을 드리거나 서낭당에 돌 하나 올려놓으며 무사한 나들이를 빌던 내 어머니의 모습을 찾을 수 있을지 모른다.

내 뇌리에 탑은 크게 두 가지 형태로 새겨져 있다. 우선 불교에서 불공을 드리며 소원 성취를 기원하거나 탑돌이의 대상으로 각인되어 있다. 다른 하나는 무속이나 전통적인 민간신앙에 뿌리를 두고 산자락에 돌탑을 쌓으며 소원을 빌거나 서낭당에 돌을 얹으며 무사한 나들이를 기원하는 경우이다. 그런데 신기하게도 '팔용산 돌탑'은 나의 알량한 상식과 맥을 같이 하는 뜻으로 쌓았던 탑과 판이하며 격이 달랐다.

입때까지 봤었던 자연석 돌탑들을 떠올려본다. 먼저 하동의 청학동에 있는 삼성궁에 '한풀 선사'가 어린 시절부터 쌓았다는 천여 개의 솟대는 보는 이로 하여금 기가 질리게 하여 압도하는 마력을 보였다. 인간이 돌을 다루는 기술이 어쩌면 저렇게 신의 경지에 이를 수 있는지 경탄하며 고개가 절로 숙어졌다. 한편, '이갑용' 처사가 축조했다는 진안의 마이산 돌탑은 장엄했고 예술의 경지와 달인의 모습을 연상시켰다. 이들에 비해서 '팔용산 돌탑'은 서민적이고 아기자기하며 가파른 계곡의 개울 양편의 자연경관을 있는 그대로 살려 천만년 그 자리에 있던 산의 일부로 봐도 어색함이 없다.

양덕동 뒤편에서 봉암동 쪽으로 누운 듯한 팔룡산(八龍山)은 하늘에서 여덟 마리의 용이 내려앉은 형국이라 해서 붙여진 이름이라고도 한다. 그러나 원래에는 반룡산(盤龍山)이었는데, 그 음(音)이 점차로 변해서 오늘날 팔용산으로 호칭한다고도 주장한다. 이 산의 한쪽 골짝 숲 속에 돌탑이 별천지를 이루고 있다. 돌탑의 탄생 사연은 이렇다.

부근에 거주하는 '이삼용' 씨가 십수 년 전에 산사태가 발생한 계곡 주변의 등산로 정비 일환으로 돌탑을 쌓기 시작했다고 한다. 그렇게 출발한 돌탑은 현재 크고 작은 것을 합해서 7백여 개가 거대한 무리를 이루고 있다. 그는 항상 크고 작은 돌을 하나씩 모아 탑을 쌓으면서 통일을 기원하고 수도하는 마음을 갖는다고 한다.

신마산 방면이나 마산 운동장에서 승용차로 접근하려면 일단

'마산자유무역지역' 후문을 지나면서 곧바로 좌회전 차선으로 들어서야 한다. 그리고 첫 번째 만나는 신호등에서 양덕 시장 쪽으로 좌회전하여 몇백 미터 앞으로 달리다 보면 왼쪽에 고층의 '대림아파트'가 나온다. 이 아파트의 반대편이면서 진행 방향의 전방을 살펴보면 '한샘교회'가 있는 부근에 조그만 '먼등골(탑골) 470m'라는 표지판이 나타난다. 이를 따라 오르막의 작은 골목으로 우회전해서 몇 미터 정도 가면 고목의 팽나무가 있다. 그 팽나무 곁에 '팔용산 돌탑'과 '마산 9경'을 알리는 안내판이 눈에 들어온다.

안내판 왼편 주택의 담을 따라 난 조붓한 골목길을 지나 어렵사리 비탈로 접어드는 완만한 오르막이 탑골 들머리 모습이다. 겨우 혼자 걷기 적당한 어설픈 등산로를 터덜터덜 걷다가 지겹다 싶으면 왼쪽 산비탈에 크고 작은 돌탑 20여 개가 초병이 보초서는 양으로 접근하는 이들을 굽어보고 있다. 예고 없이 탑의 무더기가 나타나면 당황할지 모르기에 여기서부터 자기들의 영지임을 암시하며 마음의 준비를 하라고 이르는 안내자 모양새이다.

그 지점부터 오른쪽 골짜기로 난 개울은 한참 아래 낭떠러지 밑으로 나 있다. 개울이라고 해야 우기에 겨우 물이 흐르는 건천(乾川)이다. 저만큼 아래에 있는 개울에 신경을 쓰면서 50미터쯤 위로 올라가면 역시 왼쪽 비탈에 위치한 큰 탑 하나와 작은 탑 예닐곱 개가 수줍게 인사한다. 이들은 수백 개의 탑이 모여 있는 본진에 방문객이 다가옴을 기별하는 연락병 역할을 하는 게 아닐까 생각된다.

계곡을 흐르는 물길 양쪽으로 어지러울 정도로 많은 크고 작은 탑들이 좁다랗고 긴 가파른 언덕을 따라 여기저기에 즐비하게 늘어서 다른 세상에 도착한 것 같은 착각에 빠지게도 한다. 그런가 하면 한 여름에는 무성한 활엽수 그늘에 가려져 있는 꼴이기에 수많은 군중이 뙤약볕을 피해 휴식하는 평화로운 모습같기도 하다.

자연석은 크기나 모양새가 같은 경우는 없다. 이런 각양각색의 돌로 태고 때부터 그 자리를 차지하고 있었던 것처럼 조화를 이루도록 탑을 쌓은 것이나, 개울에 물이 흐를 때 무너져 내린 개울가 가파른 비탈에 쌓은 돌담은 자연과 인공의 구분이 어려울 지경이다. 또 하나 놀라운 것은 전업으로 돌을 다루는 석공이 아닌 데도 여문 솜씨가 놀랍고, 시나브로 매달렸을 터임에도 10여 년 만에 그렇게 많은 돌탑을 쌓았다는 사실이 믿어지지 않는다.

탑의 높이는 대체로 2~4미터 정도가 많고, 작은 것은 1미터 이내의 야트막한 것도 많다. 심지어는 돌 한두 개를 길이로 세워 만든 아기 탑은 앙증맞아도 안성맞춤같이 주위의 자연환경이나 큰 탑들과 썩 잘 어울린다. 그 칠백여 개의 탑을 쌓으며 무엇을 생각하고 깨달았는지 몹시 궁금하다.

오랜 세월 그 많은 돌을 모으고 바탕이 되는 돌담과 초석 그리고 탑을 위한 돌 하나하나를 옮기고 쌓는 순간마다 욕심을 하나씩 버리거나 소원을 빌었어도 도인의 경지에 이르렀을 듯하고 부질없는 집착으로부터 자유로워졌을 법하다. 미욱한 내 수준에서 헤아려봐도 족탈불급이려니 섣부른 관심이 되레 비례가 될 것 같아 접었다.

한 인간이 뜻을 둔 목표에 대해 지나친 애착이나 망상을 초월하여 진솔하게 정진한다면 불가능하다고 여겨지는 소망도 기필코 이룬다는 명쾌한 본보기가 '팔용산 돌탑'이 아닐까? 탑골의 장엄한 모습을 이룩한 바탕은 종교적 믿음이나 소명이 아니었음은 물론이고 평범한 이웃이 이뤘다는 사실이 귀감이 되며 아름다운 인간 승리이다. 또한, 탐욕을 버리고 겸허한 마음으로 열성을 다하는 삶이 얼마나 아름다운 결실을 가져오는지 웅변하는 사례이기도 하다. 이런 연유에서 특히 청소년들에게 꿈을 심고 확신시킬 표상으로 부족함이 없는 교육의 장이 될 법하다.

⋮

돝섬 이야기

⋮

예사롭지 않은 이름이다. 원래 '돝'은 돼지(豚)를 의미한다니 다른 말로는 엔간히도 멋없는 '돼지 섬'이라는 얘기이다. 그 이름이 낯설어도 전설을 바탕으로 작명되었기에 신비함이 솔솔 풍긴다. 이 섬은 마산의 부둣가에서 바다 쪽을 향해서 힘껏 건너뛰면 닿을 만한 거리이다. 조그마한 섬 전체가 유원지로 개발되었기 때문에 주거용 민가는 없다. 아무리 생각해도 작은 섬에 돼지가 살았을 가능성은 없는데도 돼지와 관련된 전설을 가지고 있다는 자체가 어쩌면 불가사의하다. 그런데 섬의 주위 바다에 달빛이 비친다고 하여, 일부에서는 '월영도(月影島)'라고 호칭하는 경우도 있다고 들었다.

창원시 마산합포구 홈페이지에서 '돝섬'의 전설에 대하여 다음과 같이 두 가지를 게시하고 있다. 그 첫째는 옛날 가락국 왕이 총애하는 후궁이 사라져 찾으니 '돝섬'에 금도야지가 서식하며 백성들을 해치는 등 온갖 악행을 저지르더라는 것이었다. 왕은 군사를 일으켜 금도야지를 죽이고 섬을 수색하는 중에 인골이 여기저기서 나왔다고 한다. 그 두 번째는 '돝섬'이 금빛에 둘러싸이면서 까닭 없이 백성들이 사라지는 일이 빈번하자 월영대(月影臺)에서 최치원(崔致遠 : 857~?)이 활을 쏴서 금도야지를 잡고부터 사라졌다는 내용이다.

한편, '네이버 백과사전'에서는 다음과 같이 이르고 있다. 옛날 가락국 왕이 총애하던 후궁이 사라져 찾던 중에, '돝섬'에 금도야지가 나타나 소녀와 부녀자를 잡아가고, 사람을 해치는 등 악행을 저질렀다. '돝섬'에서는 밤마다 돼지 우는 소리와 함께 이상한 광채가 났는데, 어느 날 밤 최치원이 섬을 향해 화살을 쏘았더니 광채가 두 갈래로 갈라지며 사라졌다. 다음날 최치원이 섬으로 가서 화살이 박힌 곳에 제사를 지내고 나서 더 이상 돼지가 나타나지 않았다고 한다.

출처에 따라 전설 내용은 차이를 보이고 있다. 그러나 분명한 것은 전설 때문에 섬 이름에 '돝'을 붙였고, 현재 이 섬을 드나드는 선착장 초입에 '도야지상(豚像)'을 세웠으리라. 이런 전설이 전해옴에도 불구하고 풍수지리에 통달한 이들의 눈에는 전혀 다른 모양으로 투영되는가 보다. 그들은 멀리에서 바라보면 '돝섬'은 '도야지섬'이라는 이름과 다르게 '거북의 형상'이라고 한단다. 그런데 거북이 중에도 뭍으로 기어오르는 자태를 하고 있기 때문에, 진산인 무학산의 형세와 어우러지는 명당으로 마산을 자리매김하는 것 같다.

이전에는 몇 가구가 어업을 하면서 이 섬에 거주하기도 했었다. 그러나 지난 1982년 섬 전체를 유원지로 개발하여 운영하다가, 2002년부터는 민간에게 위탁하여 관리하고 있다. 이 섬을 찾으려 한다면 마산여객터미널에서 '돝섬행' 승선표를 구매하여 배를 타고 10분 정도 가면 선착장에 닿는다. 배에서 내려 곧바로 해안을 따라 섬을 한 바퀴 돌아 볼 수도 있다. 그런가 하면 원하는 쪽으로 방향을 잡고 야트막한 정상을 중심으로 사방에 옹기종기 자리 잡은 놀이기구를 이용하는 즐거움에 푹 빠져 보거나 구불구불한 산책로를 따라 천천히 걸어도 좋으리라. 워낙 작은 섬이기 때문에 어디로 길머리를 틀어도 길을 잃고 헤맬 염려는 없다. 이점이 장점이면서도 유원지로서 결정적인 한계이기도 하다.

이 섬에는 전국의 보편적인 놀이동산에서 흔히 볼 수 있는 바이킹을 비롯한 기본적인 놀이기구들이 비탈진 지형에 조화를 이루도록 슬기롭게 배치되어 있다. 거기다가 작은 인공폭포, 야외극장과 무대, 장미공원, 노산 이은상 님의 가고파 기념탑 등도 탐방객들의 눈길을 끌기에 모자람이 없으며 자연경관과 어우러져 운치를 더하고 있다. 또한, 식당이나 횟집을 비롯한 편의시설이 잘 갖추어져 방문객들이 흡족할 정도로 꼼꼼한 배려를 한 흔적을 여기저기에서 엿볼 수 있다.

섬이라는 독특한 환경을 배경으로 탄생한 유원지이기 때문에 외지에서 찾는 이들에게 별스런 경험을 안겨줌은 누구도 부인할 수 없다. 그러나 전체적으로 섬이 협소하여 답답하고 다양한 시설이 불가능하여 스쳐 지나는 관광지일 뿐이다. 따라서 느긋하게 머물며 즐길 수 없는 태생적 한계 때문에 패키지 관광의 한 부분으로 역할이 전부일 듯하다. 예를 든다면 진해에 벚꽃이 만개할 즈음 타 지역에서 '진해군항제' 관광을 오며, 한두 시간 '돝섬'을 찾아 즐기는 식의 역할이 대종을 이룰 것으로 여겨진다. 아니면 어린아이들이 봄·가을에 떠나는 소풍의 목적지로 안성맞춤일 듯하다. 그리고 인근 주민들이 한나절 정도 시간적 여유를 가지고 나서는 나들이에 제격인 유원지로 생각된다.

또 하나 '돝섬'에 대한 크나큰 아쉬움 혹은 옥에 티를 지적하지 않을 수 없다. 마산만 물이 명경같이 맑고 투명하다면 모든 방문객들이 섬 주위를 한 바퀴 거닐면서, 섬과 바닷가 그리고 마산항의 빼어난 정경을 즐긴다면 더 없는 축복이 될 것이다. 그런데 애석하게도 마산만의 물은 일 년 내내 거무죽죽하고 칙칙한 형편이기에 그런 호사는 꿈속이나 가능할 것인지 모르겠다.

외지인이 마산에서 몇 시간의 여유를 가지고 찾아볼 곳을 추천해 달라고 한다면 주저하지 않고 추천할 몇 곳 중의 하나가 '돝섬'이다. 특히 바다와 별다른 인연이 없을 내륙 깊숙한 곳에 터잡고 사는 이들이라면 더욱 강력하게 권하고 싶다. 이는 내 첫 경험을 근거로 하는 말이다. 근 삼십 년 전에 내 둥지와 일터를 이 도시로 옮기고, 처음 '돝섬'을 찾아갔을 때 신선한 느낌은 가히 충격이었기 때문이다. 먼저 간단히 섬에 다가갈 수 있다는 사실이 첫 번째 생경한 경험이었다.

그리고 섬에서 바라보는 시가지와 그 뒤로 병풍처럼 펼쳐진 무학산이 어우러진 수려함이 얼을 빼놓을 정도의 충격이었다. 한편, 마산의 해안이 옛 여인네의 반달형 눈썹을 닮은 아름다운 자태를 하고 있어 넋을 잃게 함은 물론이고 한눈에 반했던 경험을 했었다. 하지만 마카오나 라스베이거스의 카지노를 머리에 그리는 한량들이나 잘 가꿔진 그린(Green)에서 자치기(?)를 꿈꾸는 귀공자들에게는 절대로 추천하고 싶은 마음이 없는 소박하기 이를 데 없는 작은 섬일 뿐이다.

의림사 계곡

마산시가 '마산 9경(馬山 九景)'을 선정하여 시민과 외지인들에게 널리 알리려고 안간힘을 다하고 있다. 그중에서 일곱 개는 모두 옛 마산시 지역에 위치하고 있다. 나머지 두 개는 주변 농어촌 지역에서 편입된 변두리에 있다. 그중에 하나는 구산면 구복리에 자리한 저도 '연륙교(일명 '콰이강의 다리')'이다. 또다른 하나는 진북면 인곡리 의림사 뒤편에 위치한 '의림사(義林寺) 계곡'이다.

내가 '의림사 계곡'을 다시 찾은 것은 병술년 구월 마지막 일요일로서 거의 스무 해 만의 일이다. 오래전에 비해서 변한 몇 가지 모습이다. 우선 마산과 통영을 오가는 국도를 달리다가 마을 길에 해당하는 골짝으로 향하는 들머리에서부터 가장 위쪽에 자리한 사찰 입구의 주차장까지 도로가 넓어졌고 포장이 잘 되었다. 또한, 골짝을 거슬러 올라가며 길 양편에 드문드문 유럽풍으로 새로 지은 전원주택이 눈길을 끌며 평화롭게 다가왔다. 그런가 하면 의림사 주위를 다듬은 모양새나 새로 지은 건물들은 지난날과 견주기 어려울 정도로 판이해졌다.

'의림사 계곡'을 찾아가는 길 안내이다. 마산에서 2번 국도를 따라 통영 쪽으로 향해 달리다가 진동을 지나면 바로 진북 면사무소가 자리한 지산리 앞에 있는 구름다리(육교)가 나타난다. 이 육교에서 200미터 정도 직진하다가 야트막한 고갯마루에 위치한 해병대 진동지구전첩비(海兵隊 鎭東地區戰捷碑)에 이르기 직전에 오른쪽 논밭 사이로 나 있는 마을 길이 나온다. '의림사'를 안내하는 나지막한 안내판에 따라 오른쪽으로 회전하여 계속 산 쪽으로 직진하면 된다. 골짝의 맨 위쪽에 다다르기 전에는 외부로 모습을 드러내지 않은 수줍음을 많이 타는 계곡이다. 길의 초입 왼쪽에는 가구 공장을 비롯하여 규모가 작은 공장들이 길을 따라 늘어서 있다.

골짝을 따라 오르며 사방에 흩어져 자리 잡은 자그마한 동네를 지나 사찰에 다다를 즈음 왼쪽의 논밭과 산비탈에 가을이 완연하게 내려앉아 있었다. 또한, 오른쪽의 논이나 전원주택과 어울리지 않는 공장 같은 삭막한 건물이 냇가를 따라 불규칙하게 가로막고 있기 때문에 개울에 접근하기 어려워 보였다. 하지만 사람의 내왕이 뜸하여 고즈넉한 길을 따라 계곡의 위쪽을 향하다 보면 대문인지 엉성한 사립문인지 가늠하기 어려운 절의 입구를 나타내는 경계 표시가 있다. 이 부근 길의 오른쪽에 승용차 몇 대가 옹색하게 주차할 정도로 포장된 공간에 차를 세우고 내려서 둘러보면 '마산 9경'과 '의림사 계곡'이라는 안내판이 개울 쪽으로 서 있다.

시 당국의 소개 글에 따르면 '의림사 계곡'은 '훼손되지 않은 천연림이 자연적으로 형성된 계곡으로서, 깊고 맑은 물이 일 년 내내 끊이질 않아 시민들의 휴식공간으로서 사랑을 받고 있다'

고 밝히고 있다.

'의림사 계곡'의 사실상 첫발은 절 아래 주차장에서 하차하여 경내로 발길을 딛는 순간이다. 경내로 이르려면 오른쪽에 계곡을 흐르는 개울 둑과 왼쪽 산비탈 사이로 난 길을 따라 걸어야 한다. 그러다가 거의 직각으로 개울에 가설된 다리를 건너면 의림사 앞마당 널따란 빈터에 이른다.

개울을 건너기 직전에 산비탈 옆으로 나 있는 엉성한 산길을 따라 위쪽의 저수지 부근으로 접근하려면 쇠사슬로 가로막아 출입을 통제하고 있다. 물론 무시하고 저수지 둑을 향해 올라갈 수 있으나 여름철에 풀 섶이 너무 무성해 다부진 각오로 무장하지 않으면 풀벌레나 뱀이 무서워 용기가 나지 않았다. 또한, 최근에 물길을 바로잡으며 정비한다고 절 앞을 흘러내리는 개울의 양쪽에 돌로 쌓은 수직의 높다란 둑 때문에 냇물에 접근이 불가능하다.

의림사를 중심으로 사방에 여항산 줄기가 뻗어 내린 하나의 계곡 전체에 자연적으로 조성된 자연림이 울울창창하다. 때문에 태고의 숨결을 느낄 수 있으며 공기가 청정하고 숲을 스쳐지나는 바람 또한 속세와 너무도 판이하여 세속의 번뇌나 집착을 잠시 벗어놓을 수도 있을 법하다. 그래도 일상에서 비켜서서 자신을 돌아보거나 아름다운 비경이 그리워 찾는 이들을 품어 줄 넉넉함이 없음은 옥에 티이다.

한두 사람이 조용히 찾아와 거닐면서 명상에 잠겨 자기를 돌아보고 생각을 가다듬기는 안성맞춤이다. 그러나 여럿이 무리 지어 하루쯤 즐기며 노닐 공간이 없고 아름다운 자연과 동화될 방법이 없었다. 숲이나 계곡의 품에 안겨 휴식을 즐기거나 자연을 감상할 길이 없었고 접근을 너그럽게 허용할 채비도 되지 않았다.

멀리에서 찾아와 숲이나 계곡 그리고 절을 배경으로 사진을 촬영하고 되짚어 돌아서야 할 팍팍한 환경으로 많은 아쉬움과 불만이 뒤엉켜져 복잡한 심사를 다잡기 어려웠다. 시에서 선정한 경승지라면 둘러보는 느긋한 여유와 멋이 있어야 하는가 하면 그 품에 안겨 휴식을 취하거나 즐기는 맛도 또한 필요하지 않을까?

마산 시민이라고 하더라도 오가는데 꽤나 많은 길품을 팔아야 된다. 그런데 의림사 경내에 이르러 사방의 산과 숲을 주마간산격으로 훑어보다가 사찰의 경내 한 바퀴 돌아보는 구경뿐이라고 한다면 누가 '마산 9경' 중에 하나라고 인정할지 모르겠다.

물론 의림사는 지금부터 1300년 전 신라의 신문왕 시절에 의상대사에 의해서 창건된 절이다. 그리고 경내에 '의림사 3층석탑(지방유형문화재 제72호)' 이나 250년의 수령을 자랑한다는 '모과나무(경상남도 기념물 제77호)' 를 보면 충분하지 않느냐고 우긴다면 할 말은 없다. 또한, 지금 같은 가을에 찾는다면 삼성각 왼쪽의 모과나무 주위나 해우소 가는 길옆에 흐드러지게 피어난 상사화(꽃무릇)를 감상하는 횡재도 누릴 수 있다.

'의림사 계곡' . 진정 마산의 자랑거리 경승지로 거듭 태어나려면 이제부터 자연환경을 파괴하거나 해치지 않으면서 주민 친화공간으로 탈바꿈되어야 한다. 탐방객들의 쉼터나 휴식공간이 마련되어야 하고, 천혜의 숲이나 계곡에 가득한 햇볕과 빼어난 자연 풍광을 즐길 산책로나 간편한 등산로 마련이 시급하다.

지금은 어느 모로 생각해봐도 사람이 안기거나 머물 변변한 그늘마저도 없다. 그래서 아이들이나 노약자와 함께 찾았을 경우 잠시 쉴 공간이나 시설이 전혀 없어 황당하다는 생각이 들기도 했다. 그렇다고 절 앞마당에 햇볕이 내리쬐는 빈터에 볼썽사납고 염치없게 차일(遮日)을 칠 수도 없는 환경이다. 천혜의 자연 숲이 우거진 계곡에서 햇볕 피할 그늘이 없다는 탄식이 절로 나는 곳을 경승지라며 구경을 권장할 수 있을지 고민해 봐야겠다.

하지만 도시 외곽의 외돌아진 골짜기 산비탈에 하늘이 열리던 태곳적부터 천혜의 자연림을 이룬 청정무구한 별천지이다. 이런 장엄한 대자연의 숨결과 맥을 함께하고 하늘과 땅 그리고 자신이 합일에 이르는 희열과 꿈을 이루고 싶다면, 도시 주위에서는 쉬 찾기 어려운 축복받은 산자 수려한 영지라고 여겨져 감히 권하고 싶은 '은둔의 계곡' 이다.

⋮

월영지송(頌)

⋮

풍수지리에 청맹과니인 내 눈에 비친 우리 대학의 모습에 대한 문외한적 편감을 감히 누설한다. 정문을 들어서며 한눈에 들어오는 형상이다. 우선 무학산에서 병풍을 치듯이 뻗어난 오른팔에 해당하는 산줄기와 주산(主山) 사이에 펼쳐진 가파른 언덕 위에 용트림을 하고 터를 잡고 있다.

이런 지리적 특성을 감안했는지 정문을 중심으로 캠퍼스의 왼쪽에는 제1·2·3 공학 및 자연관, 교육관으로 지기(地氣)를 든든히 다진 것 같다. 또한, 오른쪽에는 한마생활관, 화영운동장, 예술관, 화영관으로 지기를 아우른 형국이다. 한편, 캠퍼스의 대간에 해당하는 자리에 법정관, 한마관, 도서관, 경상관으로 눌러 일차적으로 지기를 모은 다음에 대운동장에 가득히 쌓아 놓은 모습이다. 거기에다 지기가 새지 않도록 장학사 건물로 말뚝까지 박는 배려도 잊지 않은 것 같다. 그리고 심장인 대학본부에서 좌우에 인문관과 사회교육관을 지밀 측근으로 거느리고 지신이 호령하는 형국이 아닌가 하는 느낌이다. 그런데 항상 심장 아랫부분이 허허롭다는 생각을 떨칠 수 없어 불만스러웠다.

그런 마음은 모두 같았는지 일 년여에 걸친 대역사 끝에 월영지가 수많은 자연석과 조경으로 곱게 단장한 모습으로 다시 태어났다. 이는 캠퍼스의 심장 아랫부분인 위와 장이 힘차게 살아 움직이고 운동하며 배설하는 기능을 마무리한 격이다. 이런 이유에서 이제는 대학의 심장이 정상적으로 박동하며 혈맥이 흐르는 완전한 형국이 되었으니 반가운 일이다.

정문에서 캠퍼스에 이르는 길 왼쪽의 초입에 자리한 월영지는 상하단에 위치한 크고 작은 두 개의 연못과 팔용교가 조화를 이룬다. 여기에 조금만 애정을 가지고 살피면 몇 가지 어우러짐의 묘를 찾을 수 있다.

우선 지하에서 뽑아 올린 물은 수줍디수줍은 듯 꽃동산 밑에 숨겨진 저수조에 머물렀다가 바위 절벽 폭포로 비단결 같은 흰 살을 살며시 드러내며 상단의 작은 연못을 채운다. 이 연못에 만수위를 넘는 물은 하단의 큰 연못에 이르도록 만들어진 이십 척 가까운 폭포를 통하여 하얀 포말을 그리며 살아 있음을 알리기라도 하려는 듯이 키득키득 소리 내며 떨어진다. 그런데 이 폭포는 팔용교에 가려져 멀리에서 보면 상단의 일부만 어렴풋이 보여 수줍은 아낙네의 보일 듯 말 듯한 미소를 보는 것 같아서 조바심을 불러일으켜 다가가서 확인하고 싶은 매력을 더해준다.

앞에서 얘기한 월영지의 모습은 동양사상을 표출한 아기자기함이다. 왜냐하면, 물은 높은 곳에서 낮은 곳으로 흐르는 것이 자연의 섭리이자 우리의 전통이기에 그에 따라 상하 단으로 만들지 않았는가. 거기에 두 개의 연못은 폭포를 이용하여 하나로 이었으니 흐름이라는 순리에도 순응했고 생동감을 불러 일으키는 멋을 한껏 부리는 기교도 담았다.

또 다른 눈으로 월영지를 캔다. 먼저 인문관과 제1 공학관이 맞닿은 외돌아진 언덕에 자리한 작은 연못이다. 한쪽 둔덕에는 몇 그루 솔숲 아래에 다양한 꽃들이 군락을 이루어 10·18 광장 쪽으로 놓인 쉼 돌 위에 앉으면 평안을 안겨 준다. 그리 크거나 깊지 않아서 버거움이 대상이 아니기에 품 안에 들것 같은 정겨움으로 다가오니 세심정(洗心井) 정도로 치부해도 넉넉할 것 같다. 그래서 혼자나 속내가 통하는 몇이 동무 되어 얘기하고 평상심을 찾기에 제격이다. 여기서 혼자 해결하기 힘들고 어려운 일은 물에 띄워서 하단의 큰 연못으로 보내 큰마음과 큰 눈으로 실마리를 찾는 슬기로움을 터득할 수도 있지 않을까?

다음으로 하단의 큰 연못은 모두 하나 되는 화합과 축적의 장이다. 그래서 연못의 가장자리는 완전히 산책로와 쉼터로 이어져 너와 나 모두에게 접근을 허용하고 하나로 어우러지게 열려있다.

이 연못에 또 다른 문화가 함께 숨을 쉬고 있음을 발견한다. 바로 분수 이야기다. 원래 우리는 물을 다룰 때 위에서 아래로 흐르는 자연의 섭리에 따라 정원을 가꿨다. 그러나 분수는 하늘을 향하여 발산하는 역천의 원리로 서양에 근원을 두고 있다. 그렇다면 월영지는 동서양이 만나서 창출한 퓨전(Fusion) 문화가 아닌가.

이 분수는 가장 높이 발산하는 주 분수대를 중심으로 그 둘레에 여덟 개의 보조 분수대가 화합·협동과 도전을 상징하는 물을 하늘로 뿜어댄다. 이는 상아탑의 주인인 대학인들이 역동적으로 새로운 세계를 향하여 끝없이 도전하는 모습의 표출이며 화합의 징표라고 자리매김하고 싶다. 큰 연못에 가득한 물은 개개의 대학인이 모여서 하나로 융합한 모습과 지식이나 학문의 업적이 쌓인 상징이다. 그렇다면 물이 상하단의 폭포를 떨어지거나 분수가 발산할 때 '쏴' 하는 소리나 움직임은 대학이 정체될 수 없으며 깨어 있음을 웅변하는 것으로 받아들여도 좋으리라 .

또 다른 아름다움은 상단과 하단 연못을 잇는 폭포를 가리듯이 하단에 큰 연못의 안쪽을 살짝 가로지르는 팔용교이다. 이는 대리석으로 치장하여 전체적인 자연미의 예스러움과 어울려 격조를 더해준다. 또한 무심히 자신을 딛고 거니는 모두에게 월영지의 존재를 일깨우는 옹골찬 앞가림까지 한다.

저간의 이유에서 내 작은 눈으로 최근 캠퍼스 가꾸기 역사로 태어난 가장 걸출한 옥동자를 꼽으라면 서슴없이 월영지다. 이곳을 지나며 무엇을 생각하고 느끼던 그것은 각자의 몫이며 사유의 문제이다. 하지만 분명한 것은 월영 가족과 우리 캠퍼스를 찾는 모든 이들의 가슴에 뚜렷이 각인되는 명물로 자리할 것이다.

⋮

마창대교

⋮

천야만야하여 두려움을 떨쳐내기 어려운 짙푸른 해수면 위의 허공에 까만 벨벳(Velvet)을 펼쳐 놓은 듯한 마창대교의 초입이다. 꿈결에 천국을 향해 무한 질주하는 듯한 감흥은 이상향을 찾아 길을 떠나는 설렘과 비견될 법하다. 이 대교가 개통하는 날(2008년 7월 1일) 마산 쪽에서 창원을 향하여 대교에 첫발을 내딛는 찰나 전율처럼 뇌리에 스치는 감성적인 느낌이다.

대교로 들어서는 순간 오른쪽의 풍경은 사방이 산으로 겹겹이 가로막힌 형상이다. 먼바다 쪽 거친 물길이 들쭉날쭉 제멋대로 자리 잡은 섬이나 산줄기에 부딪치다가 기진맥진해졌는지 호수 같이 잔잔한 마산만의 외만 물결이 다소곳해서 오히려 정겹고 안온하다. 앞으로 진행하면서 정면에서 약간 오른쪽으로 벗어난 건너편 진해의 산자락 끝 육지와 이어진 해군 전용 섬인 소모도가 손에 잡힐 듯 아른거린다. 원래 마산만은 내륙 깊숙하게 위치해 풍랑이 심한 날을 제외하면 늘 흐름이 정지된 것처럼 정적으로 투영되어 안정감과 편안함의 대상으로 느껴진다.

한편, 왼쪽에는 내만과 마산 시가지 전경이 한 폭의 동양화 같이 펼쳐진다. 저 멀리 아스라한 곳에 병풍을 펼치듯 무학산 줄기가 해안의 좌우를 감싸고 있다. 뻗어 내린 산자락과 바다가 만나면서 일군 평지와 비탈에 터 잡은 도시가 해안선을 따라 길게 늘어져 느슨하고 한가로워 무척 평화스럽게 보인다. 이런 지세는 배산임수의 전형으로 명당이 틀림없다.

왼쪽의 신마산 경남대학교 언저리에서 구마산과 무역자유지역의 오른쪽으로 이어지는 경승을 스쳐 지나는 길손에게 적나라하게 드러냄은 양반 고을의 예와 법도가 아니었나 보다. 항구 앞의 바다 가운데 돝섬을 앉혀 여름날 방문 앞에 쳐둔 발이나 가리개 모양새이다. 이는 예를 벗어난 길손이 도시의 내밀한 곳까지 기웃거리지 못하게 가린 격이라서 한쪽으로 밀쳐내고 속속들이 들여다보고 싶다는 조바심을 일게 했다. 그런데 한 가지 흠결은 천혜의 수려한 자연경관에 어울리지 않게 마천루를 연상시키는 고층 아파트 군락이 볼썽사나운 몰골로 비친다는 사실이다.

현재 가포IC가 완공되지 않은 관계로 마산에서 대교를 타는 유일한 길은 현동IC로 진입하는 방법이다.* 이 노정을 따르려면 신마산 월영광장 오거리에서 통영 쪽으로 길머리를 틀고 오른쪽으로 경남대학교 담장을 끼고 구불구불한 오르막길을 따라 가야 한다. 도로 좌우에 도열한 아파트 숲을 벗어날 즈음 밤밭고개에 닿는다.

고갯마루에 이르러 숨 고를 겨를도 없이 내리막으로 진행하다가 자연스럽게 창원 방향을 알리는 표지판을 만난다. 이 지시에 따라 우회전하여 동그라미를 그리듯이 돌고 돌아 밋밋한 오르

* 2013년경 '가포IC' 도 개통되었다.

막길로 올라가야 대교에 접속하는 도로에 진입한다. 대교의 접속도로에 들어서서 가포터널을 빠져나가면 갑자기 시야가 넓어지며 허공에 두둥실 떠 있는 상태로 시원하게 쭉 뻗어 아름다운 대교의 위용과 조우한다.

대교는 크게 접속도로와 교량으로 나뉜다. 먼저 마산의 현동에서 가포동 바닷가 교량이 시작되는 곳까지 접속도로인 국도는 가포터널을 포함한 직선도로(3.19km)이다. 다음은 마산의 가포동에서 창원의 귀산동까지 마산만의 해상구간 위에 세운 대교(1.7km)이다. 그리고 창원의 귀산동 바닷가에서 양곡동까지 접속도로는 산허리를 절개하여 산등성을 넘어가 만나는 요금 정산소와 귀산IC를 지나서 귀산터널과 양곡터널을 거쳐 양곡IC에서 국도와 만난다(5.58km).

결국, 마산만을 가로지르는 교량인 하늘길은 1.7km이고, 이 교량과 잇기 위하여 접속도로로 개설한 국도는 모두 8.77km로서 총연장 10.47km의 길을 이번에 뚫었다. 아울러 이 도로는 '국도 2호선'이 마산 같은 교통 체증지역을 통과함으로써 발생하는 문제를 해결하려고 건설한 대체 우회도로이다.

한편, 이 대교는 자동차 전용도로로서 너비 20m의 왕복 4차선이다. 이 도로는 마산의 가포동과 창원의 귀산동 사이 바다 위에 위용을 자랑하며 하늘을 향하여 치솟은 14개의 교각 위에 사장교(Cable Stayed Bridge : 740m)와 연결교 2개(각각 410m와 550m)가 이어진 1.7km의 교량이다. 그런데 사장교를 지탱하기 위해 중심부에 우뚝 선 2개의 주탑(柱塔)이 해수면을 기준으로 164m의 아찔한 높이를 뽐낸다.

또한, 수면에서 대교의 상판까지 높이가 68m로 세계에서 가장 높은 교량이다(이전까지는 64m인 프랑스의 노르망디 대교가 가장 높았음). 마산항을 드나드는 대형 선박을 배려한 결과란다. 또한, 자연재해를 감안하여 지진의 경우는 '리히터(Richter) 규모 6의 지진'을 견뎌낼 수 있으며, 초속 78m의 강풍 (태풍 '매미'의 순간 최고 풍속은 초당 38m)도 버텨낸다는 얘기다.

한 가지 아쉬움이 있다. 기왕에 천문학적인 투자를 전제로 대교를 건설하면서 양쪽 난간에 인도를 만들어 관광객이나 주민이 쉽게 접근할 수 있는 방안을 고려하지 않았다는 얘기이다. 결국, 주판알 굴리듯이 경제 논리를 충실하게 따르다가 천려일실(千慮一失)의 우를 범한 꼴이 아닌지 곱씹어 볼 일이다.

우리의 토목이나 교량 건설 기술은 세계적인 수준으로 눈부신 업적을 자랑해도 손색이 없다. 서해대교, 광안대교, 창선·삼천포대교, 부산의 가덕도와 거제도를 이을 거가대교가 그 예이다. 여기에 해수면과 상판 사이가 세계에서 제일 높은 마창대교도 어깨를 나란히 할 수 있다. 이들이 소통 목적 이외에도 부수적으로 안겨주는 야경을 밝힐 조명시설은 주민의 휴식과 정서 순화에 기여하게 마련이다.

이 대교도 화려한 경관조명에서 예외는 아니다. 사장교를 지탱하는 두 개의 주탑과 상판을 비롯하여 교량의 모든 구간에 걸친 난간과 교각의 하단부를 중심으로 총 256가지 색으로 계절별, 시간대별로 다양하게 야경을 황홀경으로 이끌고 있다. 이 조명은 마산의 상징물(Land Mark)이 되리라는 전망이다. 결국, 마창대교의 조명시설은 아름다운 자연경관을 훼손하지 않고 야경으로 다시 태어나게 하며, 주변 경관의 특징을 잘 드러나게 파스텔 톤의 색감을 바탕으로 하고 있다. 다채로운 조명이 연출하는 혜택은 마산의 산복도로 부근 고지대 주민을 위한 안성맞춤격인 자리에 위치하여 고단한 삶을 꾸리는 이들에게 내리는 신의 축복이 아닐까?

지난날 마산이 전국의 7대 도시였다는 이력을 반추하는 이들이 아직도 많다. 그러나 지금은 대부분 산업시설이 역외로 떠나면서 일자리가 줄어들며 자연스럽게 인구도 지속적으로 감소하는 지경에 이르렀다. 시세가 장기적인 하강 국면으로 치달으면서 공동화 현상까지 보이며 성장 동력을 잃어 쉽게 반전의 국면으로 전환을 기대하기 어렵다.

수렁에 빠진 옹색한 형국에서 '드림 베이 마산(Dream Bay Masan)' 이라는 기치를 높이 들고 재도약을 다짐하며 와신상담하던 시기에 개통된 대교가 어떤 역할을 해낼 수 있을지 모르겠다. 지난날의 빛바랜 꿈같은 이력이나 들먹이는 속 빈 강정 같은 처지의 도시에, 권토중래를 위한 부활의 기폭제가 되어 '가고파 고향' 의 구겨진 자존심과 명예를 되찾아 혼을 일깨우는 전기가 되었으면 더 할 수 없이 좋으련만….

청량산 연가

청량산(淸凉山 : 323미터)과 연이 닿은 지 십 년이 훌쩍 넘었고 지금 신고 있는 여섯 번째 등산화의 바닥에 구멍이 뚫어져 너덜거려 새것을 사놓고 바꿔 신어야 할 택일을 저울질하고 있다. 처음엔 지척에 두고도 소 닭 보듯이 여겼던 존재였다. 그런데 갑자기 곤두박질한 건강 때문에 일방적으로 청량의 너른 품을 파고들기 시작했다. 댓거리 부근 서항 매립지 아파트에서 한국 철강 담벼락을 끼고 돌아 월영마을 옆 산자락의 비탈길을 거쳐 밤밭고개 초입에서 시작되는 임도의 끝까지 오가기를 되풀이했다.

청량산에서 임도나 갈마봉을 오가려는 작정은 어수룩한 결정이다. 산을 야무지게 즐기며 참다운 맛을 만끽하기 위한 선택의 백미이자 압권은 등산로와 만남이다. 숨겨진 진면목을 들추며 진정한 사랑을 나누고 싶다면 걸출한 자태의 등산로가 제격이다. 나도 처음엔 기초 체력을 기를 요량으로 임도나 갈마봉을 다람쥐 쳇바퀴 돌듯했다. 그러다가 등산로에 첫발을 디딘 뒤로는 스스로 백기를 들고 투항하고 포로를 자청했다. 그렇게 날이 가고 해가 바뀔수록 새록새록 깊은 정이 쌓여가는 모양새가 찰떡궁합의 연인을 빼닮았다. 어쩌면 짝사랑의 열병처럼 지나치게 집착하여 무리가 따라도 맘을 접거나 이성적으로 응대하지 못해 중독자의 꼴로 비칠지도 모르겠다. 환상의 등산길은 이렇다.

밤밭 고개 언저리 임도의 초입에서 가포 쪽으로 대략 600미터쯤 걷다 보면 오른 편에 육각정이 있다. 그 옆의 이정표에 '청량산 정상 3.6킬로미터' 라는 내용과 함께 등산로 이정표가 있다. 이 길은 초입부터 정상을 지나 반대편의 산 아래 동네 부근까지 온통 나무숲으로 뒤덮여 한여름의 뙤약볕도 걱정 없는 몽환의 경관이 펼쳐지는 수려한 노정이다.

육각정 옆으로 개설된 임도의 시멘트 배수로를 건너뛰면 곧바로 된비알의 솔숲으로 올라가는 등산로다. 만만치 않은 비탈을 치고 올라가다가 약약한 오르막을 터덜터덜 걸으며 숨을 돌렸는가 싶을 즈음 심한 비탈이 앞을 가로막는다. 여기서 몹시 가파른 계단 길과 드잡이를 하며 헉헉대다가 호흡이 엉켜 들숨과 날숨을 고르기 어려워 쩔쩔매게 마련이다. 이 구간은 무척 힘겨워 걸음을 멈추고 어정쩡한 자세로 숨을 고르는 경우가 흔하다. 심한 비탈을 어렵사리 벗어나 산기슭을 휘돌다가 언덕의 너럭바위를 딛고 올라 눈을 들면 자그마한 능선을 만난다. 능선을 따라 몇 발짝 앞으로 내디디면 봉우리를 피해 갈 샛길이 왼쪽 숲으로 뚫려있고 곧바로 직진하면 오뚝한 작은 봉우리이다.

이 봉우리에 간단한 운동기구와 벤치가 있고 '청량산 정상 2.8킬로미터' 라는 표지판이 있다. 따져보니 육각정에서 숲길 초입으로 들어서서 기를 쓰고 힘겹게 올라온 여기까지의 거리가 기껏해야 800미터인 셈이다. 숨을 고르고 나서 내리막을 지나 밋밋한 능선 길을 걷다가 꽤나 가파른 오르막과 드잡이를 하면서 끙끙대다 보면 언덕배기에 우뚝 솟은 송전용 철탑을 마주한다. 벤치에 앉아 굽어보는 마창대교, 마산만, 시가지와 무학산, 팔용산의 정경은 한 폭의 동양화 같다.

송전탑에서 정상까지는 콧노래를 부르며 산마루 능선을 따라가는 몽환의 노정으로 얼추 20분쯤이면 만사형통이지 싶다. 숲이 울창해서 바로 산 아래 모습이 투영되는 꼴이 깨진 거울 조각에 비추는 파편 같아 조바심이 일기도 한다.

정상에는 운동기구 몇 가지가 구색을 갖춰 설치되어 있다. 그리고 비탈에 자리 잡은 정자에서 굽어보면 마산 외만과 진해 제황산 전망대, 부산과 거제를 잇는 거가대교가 저 멀리 아른거린다. 신마산 쪽에서 등정한 사람들의 목표는 정상이다. 정상에서 휴식을 취하거나 운동을 하다가 올라온 길을 되짚어 내려간다.

정상에서 유산 삼거리나 덕동 쪽의 능선 길로 머리를 틀어 대략 1.5킬로미터 거리에 방공포대 터까지 걷는다면 금상첨화의 길이 된다. 특히 이 길은 인적이 드물어 혼자 터덜터덜 걷는 경우가 많으며 길바닥 거의가 낙엽이 두툼하게 깔려 있다. 그 길에서 색다른 맛과 멋을 한껏 즐기며 일상의 잡다한 일을 잊고 사유의 기쁨을 덤으로 누릴 수 있어 더욱 애착이 가는 구간이다.

계절 따라 그 맛과 멋이 사뭇 각별한 청량산의 등산로이다. 전체 노정이 거의 나무숲으로 뒤덮이고 길 대부분이 산꼭대기 능선으로 이어지면서 낙엽이 양탄자같이 깔려 있어 발걸음을 가볍게 한다.

봄이 되면 옛 등걸에서 움이 트고 묵은 가지에서 새순이 돋아나며 펼치는 연록의 향연과 생강나무 꽃, 벚꽃, 아카시아 꽃, 진달래와 철쭉을 비롯해 이팝나무 꽃이 발길을 잡는다. 아울러 짝짓기와 새끼치기 때문에 봄날 숲 속의 새소리는 유별나게 소란하고 분주하다.

여름의 이 길은 녹음이 우거져 산야의 민낯이 드러나지 않아 답답하다. 그런가 하면 날씨가 우중충한 날 으스스한 기운이 감돌아 외돌아진 곳을 지나치려면 소름이 돋으며 오싹하기도 하다. 여름의 등산길에서 갑자기 쏟아지는 소나기는 몹시 곤혹스럽다. 그러나 자욱한 운무로 지척을 분간하기 어려운 숲 속에서 나 홀로 등정은 신비한 선경의 세계를 경험하는 축복에 비견되리라. 한편, 이 계절엔 기껏해야 칡꽃이나 싸리꽃이 대부분이고 가끔 가뭄에 콩 나듯이 산나리의 외로운 자태가 유독 눈길을 끈다.

들국화인 구절초나 쑥부쟁이 꽃이 흐드러지며 단풍으로 만산홍엽을 이루는 장관은 가을의 전매특허이다. 하지만 청량산의 가을은 풍요롭지 않다. 왜냐하면, 활엽수의 대부분이 참나무로서 칙칙하게 물들기 때문이다. 그렇지만 옻나무가 많이 자생하며 구색을 갖춰 그런대로 위안을 받는다. 청량산은 단풍보다는 등산로 바닥에 낙엽이 두툼하게 쌓여 조용히 혼자 거닐 때 독특한 감흥이 한결 멋스럽다.

겨울의 청량은 청아하고 호젓해 혼자 걷는 게 제격이다. 알싸한 칼바람은 언제 마주해도 정갈하다. 폐부를 말끔히 씻어 주는 바람의 일깨움은 혼탁한 일상에서 비켜서서 나를 돌아볼 자성의 기회를 제공한다. 북녘처럼 눈이 많거나 혹독한 추위가 없어 내가 가장 즐기는 계절로서 부담 없는 등산을 위한 최상의 조건이다. 게다가 먹이가 부족해 사방으로 어정대는 고라니나 청설모 등을 자주 접한다.

배산임수의 땅인 마산의 주산은 무학산으로 우백호로 청량산, 좌청룡으로 팔용산을 거느린 형국이다. 그런데 팔용산은 힘찬 근육이 불끈불끈 솟듯이 여기저기에 암반을 숱하게 드러낸 모양새가 젊은 남정네 냄새를 물씬 풍긴다. 이에 비해서 청량산은 상대적으로 암반이 적고 산꼭대기까지 나무숲이 뒤덮인 꼴이 젊은 여인네의 다소곳한 자태가 떠오른 산이다. 그런데 조물주의 천려일실이련가? 이 산에는 물이 흐르지 않는다.

가벼운 야외활동 차림의 산행에도 기본 철칙이 하나 있다. 등산길은 언제나 혼자를 고집한다. 여럿이 무리 지으려면 공생의 법칙을 조율하는 문제로 되레 성가시다. 그래도 예외가 있게 마련이었다. 여름철 낮에는 엄청 덥고 힘들다. 그 때문에 첫 새벽에 다니기도 했었다. 그 무렵 서항 부근의 집에서 새벽 4시 20분쯤 출발하여 등산로 초입에 이르면 사위가 깜깜한 데다가 이따금 멧돼지 떼가 출몰해 손전등을 켜고도 두려워 몇몇이 무리 지어 다녔었다. 하지만 그도 한때일 뿐 지금은 예와 같이 외톨이를 고집하고 있다.

지난 정초 청량산에 인접한 월영마을 아파트로 이사해 더욱 지근으로 둥지를 옮겼다. 하기야 바닷가에 살 때나 지금을 막론하고 일주일에 대여섯 번 길을 나선다. 그런데 올해 초등학교에 입학한 손주가 나를 닮아 간다. 현재의 아파트로 이사 온 뒤부터 특별한 일이 없는 한 주말이면 등산에 따라나서 이미 스무 번째 청량산 등정을 했다. 제 할머니의 걱정이 대단하다. 훗날 손주가 전문 산악인의 길로 나서겠다고 박박 우기며 설쳐 대면 어찌 감당하려고 산행을 부추기느냐는 떫고 어이없는 성화를 못 들은 척 귓등으로 흘리며 유유자적 내 길을 고집하고 있다.

Ⅱ. 회원현성지

국립 3·15묘지

마산삼진의거

몽고정

회원현성지

국군 의무사 기념비석

마상오광대

마산의 향토기업

양조와 마산

가고파와 선구자

팔용산 예찬

태풍 '매미'가 할퀸 생채기

가고파의 고향 유감

국립 3·15묘지

마흔 다섯 해 전 자유당 정권이 주도했던 3·15 부정선거를, 당시 야당이나 민초들의 진솔한 속내의 단적인 표현은 어땠을까? 물론 매우 다양한 견해를 보였을 것으로 추측된다. 하지만 대다수의 국민들은 당시 '민주당 정·부통령 선거 마산시 대책 위원회'에서 시내 요소요소에 벽보로 붙였던 '선거부인공고(選擧否認公告)'와 같이 참담한 현실을 받아들일 수 없음에도 불구하고 무기력하기만 했던 자신을 한탄했을 법하다.

아래의 내용은 현재 '3·15기념관'에 전시되어 있는 실제 벽보의 내용이다. 이 벽보는 한글과 한자를 섞어서 '세로쓰기'로 쓴 붓글씨로서, 원본의 내용을 그대로 옮겼으며 오자 또한 수정하지 않았다. 그런데 이를 비롯하여 그 당시의 몇몇 문건을 유심히 살폈다. 거의가 모든 내용을 한자로 표기하고 토씨 정도만 한글로 나타내는 특징을 보였다.

選擧否認公告

民主黨 馬山市 選擧對策委員會는 自由黨의 가진 不法과 無法으로 暗黑選擧를 恣行함으로 이 以上 公明選擧를 期待 할 수 없는 絶望的 事態에 處하였음에 三月 十伍日 上吾 十時 三十分을 期하여 萬不得기 選擧를 否認함을 玆에 嚴肅히 告함.

檀紀 四二九三年 三月 十伍日
民主黨 正副統領 選擧 馬山市 對策委員會

'국립 3·15묘지'는 자유당 정권이 장기집권을 도모하기 위한 음모를 숨긴 채 1960년 3월 15일에 시행된 부정선거에 항거하다가 희생당한 영령들이 영면에 드신 거룩한 묘역이다. 따라서 이 성지는 자유와 민주 그리고 정의를 사랑하는 마산의 시민정신을 계승하려고 조성한 성역이다. 최초에 묘역은 1967년에 현재의 위치인 '경남 창원시 마산회원구 3·15성역로 75'에 초라하게 조성되었었다. 그 후 우여곡절을 겪으며 2002년 '국립 3·15묘지(대통령령 제1766 8호)'로 승격되었고, 2003년 봄에 사만 삼천여 평의 묘역이 완공되었다.

이 묘역은 남해고속도로 마산 나들목(IC) 부근의 하이트 맥주 공장* 뒤편 산비탈에 위치하여 외지인들도 눈여겨본다면 고속도로를 지나며 쉬 찾을 수 있다. 국립묘지라고 해도 전체적으로 급한 산비탈을 따라서 아래에서부터 위쪽으로 올라가면서 시설

* 추기(追記) : 앞쪽으로는 고속도로와 도시 간선도로, 뒤쪽으로는 국립 3·15묘지에 갇힌 꼴인 하이트 맥주 공장이 현재의 34만 평으로는 수요에 따른 공장 확충, 자재·제품 보관창고, 물류수송차량 진입의 어려움 등을 이유로 역외인 밀양시 무안읍으로 이전 검토를 상당히 진척시킨 것으로 지난 2014년 후반기부터 이 지역 매스컴에 보도되고 있다.

을 배치한 형태로서, 크게 여섯 부분으로 구분하면 좋을 성 싶었다.

먼저 외부에서 묘역으로 진입하면 주차장과 쉼터가 가장 낮은 쪽에 자리하고 있다. 여기에는 널따란 주차장과 번듯한 휴게소가 자리 잡고 있다.

두 번째로 '민주의 탑'에 이르는 길이다. 이 묘역에 이르러 주차장에 차를 주차시키고 세 개의 부분으로 구분된 하얀 대리석 계단을 따라 숨을 몰아쉬며 오르면 작은 광장의 중앙에 '민주의 탑'과 그 왼쪽에 '정의의 상'이 반긴다. 이 '민주의 탑'은 17미터 높이에 세 개의 벽같이 생긴 기둥 모양의 조형물이 하늘을 향하여 치솟아 있다. 그 앞면은 하얀 대리석을 붙였고, 뒷면은 거울같이 물체가 투명하게 비치는 재료를 붙여 만들었다.

그리고 '민주의 탑'에서 약간 왼쪽으로 비껴선 '정의의 상'은 3미터 정도의 높이에 두꺼운 청동판을 뚫고 나오는 듯한 세 젊은이의 모습이 조각되어 있다. 여기에 담겨있는 뜻을 이렇게 오석에 새기고 있었다.

대한민국 민주주의 첫 문을 연 3·15의거의 고귀한 희생정신과 불의와
부정에 항거하여 자유와 민주를 쟁취한 정의의 표상이며 개방과 소통,
날로 발전하는 민족의 밝은 미래를 상징한다.

세 번째로 '정의의 벽'이 있는 '다목적 광장'에 이르는 길이다. '민주의 탑'이 있는 광장에서 다시 직선 형태의 두 개의 부분으로 만든 계단과 하나의 원형 계단을 더 오르면 '다목적 광장'이 나온다. 이 광장 중앙에는 향로와 향합으로 이루어진 '참배단'

이 있다. 그 뒤쪽에는 병풍을 펼쳐 놓은 듯이 하얀 대리석에 포효하는 군중의 모습을 새긴 부조물인 '정의의 벽'이 자리했다. 그리고 그 벽의 왼쪽과 오른쪽 끝 부분에는 각각 세 개의 횃불이 타오르는 형상이다. 이 부조물은 이름하여 '민주의 횃불'이다.

이 '다목적 광장'에 설치된 상징물의 의미를 다음과 같이 밝히고 있었다.

이 땅에 정의를 세운 그날의 애국·희생정신과 저항·투쟁의 현장을
부각시킨 역사의 장으로 그 넋과 의로움을 밝히는 민주의 횃불과 함께
3·15정신을 계승, 승화시키는 영원성의 공간이다.

네 번째로 영령들의 영정을 모시고 있는 전통적인 한옥 형태의 '유영봉안소'에 이르는 길이다. '정의의 벽' 오른쪽으로 만들어진 비탈길로 들어섰다가 다시 열 개의 부분으로 구분하여 만들어진 계단을 엉금엉금 다가가면, 이 묘지의 가장 높은 곳에 '유영봉안소'가 우뚝 자리 잡고 있다. 그런데 열 개의 부분으로 만든 직선 형태의 대리석 계단 왼쪽과 오른쪽에는 좌우대칭 균형을 맞춰서 각각 네 개의 단계로 묘지가 조성되어 모두 80기를 모실 수 있게 되어있었다. 조심스럽게 봉안소 내부로 들어섰더니 '김주열' 열사를 비롯한 26위의 영정 대부분이 10대의 어린 모습으로서, 피지도 못하고 시들어간 꽃이라 생각하니 아득할 뿐 머릿속은 깜깜해졌다. 이 봉안소 건물은 남향으로 마산 시내를 한눈에 굽어볼 수 있는 명당에 터를 잡고 있어 영령들에게 위안이 되지 않을까 싶다.

다섯 번째로 '3·15기념관'에는 의거에 관련되는 각종 선거 자

료와 당시의 보도된 내용과 사진, 영령들의 유품과 재판 기록, 영상매체를 이용한 입체적인 자료가 전시되어 있다.

마지막으로 '기념 시비' 동산에는 '김춘수' 시인의 '베꼬니아의 꽃잎처럼'을 비롯하여 열 사람의 작품이 새겨져 있었다. 그런데 후손들도 추가로 새길 수 있도록 빈자리 두 개를 남겨두는 넉넉함도 엿보였다.

흔히들 지역적인 기질을 얘기하던가. 그런 면에서 본다면 마산은 충절의 관향(貫鄕)이다. 근대와 현대를 보더라도 나라와 민족을 위해 누구도 넘보기 어려운 위대한 충절의 혼을 여실히 증명하고 있다. 지난 임진년 5월 '합포 해전', 선조 때 '안골포 해전'이나 '의병장 최강의 안민고개 전투' 같은 승전의 역사가 있었다. 그런가 하면 '삼진의거(三鎭義擧)'는 경기도 수원의 '제암리사건(堤岩里事件)', 황해도의 '수안의거(遂安義擧)', 평안도의 '선천읍의거(宣川邑義擧)'와 함께 '기미년 4대 의거(己未年 四大義擧)'로 3·1운동의 기념비적인 의거이기도 했다.

이렇게 면면히 이어진 곧은 충절은 부정부패한 이승만 정권을 단호하게 척결하기 위하여 3·15의거의 횃불을 높이 들어온 나라와 백성들을 일깨움으로써 결국은 '4월 혁명'의 도화선이 되었던 것이다. 이런 우국충정의 불꽃은 '10·18부마 항쟁'으로 이어져 박정희의 유신 체제를 몰락시키는 기폭제가 되었음은 물론이고 이 땅에서 군사독재를 몰아내며 도도한 역사의 심판자 역할을 해왔다.

사회학에 대하여 까막눈이라는 사실을 까마득하게 잊은 채 '국립 3·15묘지'를 둘러보면서 오지랖 넓게 이런 생각을 해봤다. 역사는 시대적 상황 논리에 따라 많은 이해집단 사이에 첨예한 대립이나 충돌 그리고 갈등이나 치열한 투쟁과 시련은 피할 수 없는 숙명일지도 모른다. 그런 과정을 거치면서 서로가 용서하고 와해의 과정을 거치면서 새로운 질서와 가치관에 따라 또 다른 집단으로 융화하는 게 보편적인 현상이다.

그러나 우리는 암울한 군사 독재정권 시절을 살아오면서 '3·15 정신'을 제대로 계승 발전시키지 못했고 흐름이 왜곡되었었다. 따라서 '3·15의거'의 숭고한 정신의 뿌리였던 인간의 존엄성 회복과 물이 높은 곳에서 낮은 곳으로 흐르듯이 순리가 상식이 되는 사회를 이룩하는 것은 우리에게 지워진 무거운 책무임에 틀림없다. 이를 달성하기 위해서는 보편적인 정의와 진실이 통용되는 열린 사회를 지향할 수 있는 지혜를 터득하고 실천 방안의 모색이 중대한 과제가 아닐까.

⋮

마산삼진의거

⋮

기미년 독립만세 사건에 대해서 아는 게 무엇일까? 아무리 생각해도 똑 부러지게 기억하는 내용이 없었다. 분명히 초·중·고교를 다니며 많이 배우고 시험을 위해서 열심히 외웠는데도, 신기하게도 지금 내 머릿속은 하얀 백지일 뿐이다. 하도 어이가 없어 집에 몰래 숨겨둔 지난 학창시절 성적표를 꺼내서 관련 과목들의 성적을 샅샅이 확인해봤다. 기가 찰 노릇이다. 다른 과목들에 비해서 월등하게 우수했었다.

그럼에도 불구하고 머릿속의 지식은 까맣게 지워졌으니 내가 바보가 아니라면 교육에서 그 원인을 찾아봐야 할 것 같다. 전체적인 내용은 몰라도 내가 사는 고장에서 분연히 일어섰던 독립만세 사건은 바르게 알고 있어야 도리가 아닐까. 하지만 이에 대해서도 깜깜한 처지이니 부끄러울 뿐이다. 지난 3·1절 저녁에 텔레비전 방송에서 '마산삼진의거(馬山三鎭義擧)'를 언급하는 내용을 보고, 관련 자료를 찾아보면서 놀랐다.

'마산삼진의거'는 1919년 기미년 3·1운동이 전국적으로 전개되는 시점에서 지금의 마산시 진전·진북·진동 등의 3개면 주민들이 연합해서 일으킨 의거를 말한다. 이는 제암리 사건(수원), 선천읍 의거(평안도), 수안 의거(황해도) 등과 함께 기미년의 4대 독립항쟁으로 손꼽히는 대의거(大義擧)라고 한다. 그런데 '마산삼진의거'는 크게 두 번의 거사였다.

그 첫 번째가 기미년 3월 28일 진동면 고현 장날의 봉기이다. 이는 기미년 국권 회복 중앙본부로부터 서부 경남 일원의 독립만세 의거의 지도책임자로 명 받았던 변상태(卞相泰) 선생이 동지들을 규합하여 고현 장날에 일어섰던 의거였다. 장터의 중앙에 단을 만들고 권영대 선생이 독립운동의 취지를 설명했다고 한다. 이때 장꾼들은 혼연일체가 되어 독립만세를 외치며 일본인들이 집단으로 거주하는 진동으로 진출하여 민족정기를 드높였었다. 그날 시위에서 수많은 군중이 일본 헌병에게 연행되어 고문을 당했고, 특히 주동자로 지목된 아홉 명의 열사들은 옥고를 치른 것으로 알려졌다.

그 두 번째는 첫 번째 봉기로부터 일주일 뒤인 4월 3일(음력으로 3월 3일 삼짇날)에 대대적으로 일어섰던 봉기이다. 일주일 전 고현 장날의 의거 다음에 변상태 선생은 다시 동지들을 규합하여 독립만세를 외쳤었다. 이날은 삼진면 양촌 냇가에 일천여 명이 모여 독립선언식을 거행했다. 군중들이 진동으로 향하면서 인근의 주민들이 자연스럽게 합세하여 8천여 명이 넘었던 것으로 전해지고 있다. 시위 행렬이 진동으로 가기 위해서 진군하다가 진북교(鎭北橋)에 이르렀을 때였다고 한다. 다리를 사이에 두고 대치하고 있던 왜병들이 마침내 칼을 휘두르고 총을 발포하여 여덟 명이 생명을 잃었었다. 또한, 스물두 명이 부상을 당하는 피의 아수라장이 되었으며, 다수가 연행되었다가 핵심 인물로 지목된 일곱 명은 참혹한 옥고를 치렀다는 기록이다.

'마산삼진의거' 에서 서른 살에도 이르지 못했던 꽃다운 나이에 순국했던 지사들은 8의사(義士)로 추앙되었다. 그리고 광복 이듬해(1946)에 지역민들이 '사동 다리' 건너편 암벽에 창의비(倡義碑)를 세웠었다. 그 후 1963년에 의거 당시 8의사들이 쓰러졌던 그 자리에 '8의사 창의탑(倡義塔)' 을 세워 영령들을 기리고 있다. 이 창의탑은 마진(馬晋) 국도를 따라가다가 진동을 막 벗어날 즈음 국도변(국도의 왼편의 고현으로 가는 길목)에 하늘을 향하여 우뚝 서 있는 8각형의 탑이다.

현재 의거의 진원지인 진전면 양촌리 산자락에 '8의사 묘역' 이 조성되어 있고, 그 앞에는 '삼진독립의거기념비' 와 '지사 석당 변상태 선생 기적비' 가 세워져 있다. 이 사건을 당시의 '매일신보' 는 1919년 4월 7일에 두 번째 봉기를 알렸고, 그 후 17일에도 보도했던 것으로 조사되었다. 한편, 지금도 매년 3·1절이 되면 그날의 정신을 되새기고 선열들의 거룩한 영혼을 위로하기 위하여 조촐한 기념행사가 이루어지고 있다.

오래전부터 불의에 항거해 왔던 선열들의 뜨거운 피와 대쪽 같은 지사들의 절개를 이어받아 왔던 충절의 고장이었던 때문이던가? 건국 이후에도 부정선거에 맞서 불같이 일어섰던 '3·15 의거' 는 '4·19혁명' 으로 이어지며 이승만 정권을 붕괴시키는 기폭제가 되었다. 이는 독립운동을 외치던 조상들의 거룩한 정신이 계승되었던 증거임이 틀림없다.

거기다가 군사독재가 하늘을 찌를 듯했던 유신정권의 몰락의 전주곡 역할을 한 '10·18 부마항쟁' 은 선열들의 송죽 같은 곧음과 푸른 기상이 오늘에 이어지고 있음이라. 우리는 '속에 간직하고 있는 끈기 있는 힘'을 저력이라고 한다. 모두가 부정이나 불의를 보면 외면하거나 돌아서지 못하는 의협심이 강한 천성을 타고난 것 같다. 아니 역사적 소명에 대승적으로 개인을 초개같이 버릴 줄 아는 예사롭지 않은 지조와 고매한 인품이 진정한 저력인지도 모르겠다.

부끄러운 조상이 나라와 민족을 팔아 얻었던 전답이나 임야를 찾기 위한 소송을 제기하는 친일파 후손들이 승소하며 기득권층으로 잘살고 있다는 매스컴의 보도가 새삼스럽게 떠오른다. 이런 반갑지 않은 소식에다가 적지 않은 독립운동가의 후손들은 빈민층으로 전락하여 어렵게 삶을 꾸린다는 뉴스가 잇따르며 알 수 없는 분노가 치민다. 만일 예와 비슷한 상황에 처한다면 우리는 어떤 길을 택할 것인지 무척 궁금하다. 우선 친일과 같은 매국노의 길로 들어서면 지난 세월과 현재가 말해 주듯이, 일생 동안 평안한 삶이 보장되고 자자손손 기득권을 보도처럼 휘두르며 살 것이다.

하지만 독립운동 쪽으로 방향을 틀면 그 순간부터 자신은 물론이고 주위가 모두 풍비박산으로 가시밭길을 자청하는 꼴이 될 것이다. 또한, 후손들은 교육의 기회를 잃음은 물론이고 경제적인 빈곤층이 되어 소외계층으로 전락은 피할 수 없을 것으로 여겨진다. 이렇게 혼란스러운 정황이기 때문에 어느 쪽을 택할 것인지 명쾌하게 단정하기 어려운 현실이라면 지나친 자의적 판단일까?

역사적으로 기미 독립을 외치던 '마산삼진 의거'와 '10·18 부마항쟁'의 중간인 '3·15 의거' 45주년을 맞이하는 특별한 날이다. 어렵고 힘들며 고난의 길임에도 영원한 삶에 이르는 길이 무엇인지 깨우쳐 주고 생의 가치를 웅변으로 일러주는 도도한 교훈을 헤아려 본다. 아무래도 어린 시절 학교에서 수없이 부르고 들었던 '3·1절 노래'를 진정 이해했었던지 반성해 봐야겠다. 가사가 가물거리지만, 이리저리 꿰어 맞춰보면서 새삼스럽게 여기에 담긴 뜻을 헤아려 봐도 마음이 가볍지 않다. 이는 아직 양심이 조금은 살아있다는 징표라고 위안으로 삼아야 내가 편할 것 같다.

기미년 삼월일일 정오
터지자 밀물 같은 대한 독립만세
태극기 곳곳마다 삼천만이 하나로
이 날은 우리의 의요 생명이요 교훈이다
한 강물 다시 흐르고 백두산 높았다.
선열아 이 나라를 보소서
동포야 이 날을 길이 빛내자

몽고정

마산합포구의 자산동에 자리한 몽고정(蒙古井)은 고려 후기에 군사목적으로 팠던 우물로서 '경상남도 문화재자료 제82호(1983년 12월 20일 지정)'로 지정되었다. 시내로 들어서 서성동 로터리에서 옛날 마산시청 쪽으로 길머리를 돌려 자동차 도로를 따라 몇 백 미터를 걸으면 오른쪽에 3·15의거 기념탑이 나타난다. 이 기념탑을 따라 앞쪽으로 눈길을 두리번거리다 보면 지금은 폐쇄된 임항선(臨港線) 철길을 따라 쌓은 담벽이 보인다. 이 담 벽과 자동차 길이 만나는 지점 가까이에 초라할 정도로 낮은 모양의 단청된 기와집이 있다. 이 집이 몽고정에 비나 눈이 섞이지 않도록 보호하는 건물이다.

고려의 원종 15년(1274년)과 충렬왕 7년(1281년) 등 2차에 걸쳐 여몽(麗蒙) 연합군의 일본 정벌에 실패했다. 그런 뒤에 같은 해(1281년) 10월에 남해안 방어를 목적으로 현재 마산시 정수장 부근 산비탈 일대의 환주산에 진을 치고 군사를 배치했다. 이때 군부대에 원활한 음료수 공급을 목적으로 팠던 우물이 몽고정이다.

원래의 이름은 고려정(高麗井)이었다는 전언이다. 그런데 1932년 일본인 단체인 고적보존회(古蹟保存會)에서 몽고정이라고 쓴 석물을 세우면서 이름이 바뀌었다는 전언이다. 이 우물의 크기는 지름이 1.7미터, 깊이 6~7미터 정도의 크기였다는 고증이다. 그리고 이 몽고정 옆에서 지름이 1.4미터 정도 되는 바퀴형 석제물이 있었다. 그런데 지금은 이를 마산시립 박물관 정원으로 옮겨 보관하고 있다.

실제로 마산시립 박물관 뜰에 전시되고 있는 원형석(圓形石) 옆에 오석(烏石)에 새겨진 "몽고정 맷돌"이라는 유래에 대해서 설명하는 원문 내용이다.

몽고정은 고려 충렬왕 7년(1281) 원나라와 고려가 일본을 정벌하기 위해 합포(合浦)에 주둔할 때 군사들의 음료수로 사용된 우물로서 원래 이름은 고려정이라고 한다. '몽고정 맷돌'의 직경은 1.4미터 원형(圓形) 석물(石物)로서 회원현성지(會原縣城地)에서 옮긴 것으로 알려져 있다. 이를 전차 수레바퀴 또는 옛날 대형 약연(약재를 가는 가구)이라고도 전하는데, 군량미를 가는 맷돌일 것이다. 우리나라 연자(맷돌)와 비슷한 원리로 밑돌 중앙에 기둥인 고줏대를 세우고, 이에 의지하여 윗돌을 돌리며 곡식을 찧거나 가는 기구이다. 몽고정의 맷돌은 맷돌의 윗돌(숫돌)이다. 밑돌은 윗돌의 비례에 맞추어 복원한 것이다. 몽고정 맷돌은 고려와 원나라의 일본 정벌 전진 기지로서의 흔적을 보여 준다는 점과 문화사적인 측면에서 그 역사의 의의가 있어 복원 전시하였다.

따지고 보면 7백 년이 지난 최근까지도 주민들이 식수로 사용해 왔다. 그리고 마산의 명물인 '몽고식품'도 초기에는 이 몽고정 물로 제품을 만들었다는 일화는 널리 알려진 진실이다. 그렇게 지역민의 자랑으로 여겨오던 존재인데, 옹색해진 입지와 큰 도롯가에 위치해 오염이나 훼손을 우려한 때문인지 지금은 두꺼운 뚜껑이 덥혀있어 우물 안을 들여다볼 수 없어 안타깝기 그지없다. 마산의 향토기업 중의 하나인 '몽고식품'이 1905년 창업 이래 몽고정 옆에서 터를 틀었다가 1988년 창원의 팔용단지로 공장을 옮겨가고 지금은 본사가 그 자리를 지키고 있다.

몽고정 앞에 세워진 안내문 내용이다.

> 고려 시대 말 1281년에 중국 원나라의 세조가 2차례의 일본 정벌에 실패한 뒤, 같은 해 10월에 남해안의 방어를 위해 지금의 마산시 정수장 일대의 환주산에 군사를 배치하고 진(陣)을 설치하였다. 몽고정은 이곳에 주둔한 군사들에게 마실 물을 공급하기 위해 만든 우물로 추정되고 있다. 우물 안에 몽고정이라고 쓰인 비석은 1932년에 일본인 단체인 고적보존회가 세운 것으로, 전에는 고려정이라 불러왔다고 한다.

진정 인연이란 무엇일까? 몽고식품 김 회장께 들은 얘기이다. 1905년에 회사를 설립한 창업주에 이어 가업을 이어받은 회장은 따지고 보면 몽골과 하등의 인연이 없단다. 하지만 창업 초기에는 몽고정 물로 제품을 만들었고 회사 이름에 "몽고"를 넣은 게 인연의 전부란다. 그런데 우리나라와 몽고가 수교되면서 민간인으로서는 가장 영향력 있는 인물로 추앙받아 수시로 몽골 정부의 공식적인 초청을 받고 그 나라를 일 년에도 몇 번씩 방문하며 민간사절 노릇을 톡톡하게 하고 있다.

회원현성지

마산 토박이도 잘 모르는 성지(城地)가 회원현성지(會原縣城地)이다. 그도 그럴 것이 이때까지 방치했다가 2005~2006년 발굴조사 결과를 바탕으로 하여 2007~2008년에 걸쳐서 회원현성지의 일부분에 해당하는 315미터 정도의 토성(土城)과 산성 정상부의 망루(望樓) 한 곳을 복원하여 널리 알려지지 않았기 때문이다.

현재 복원된 성은 마산시립 도서관과 문신미술관 뒤쪽에 자리한 산의 능선으로 이어지는 '자산동 산 12-4번지' 일원이다. 문신미술관을 오른쪽에 끼고 가파른 비탈과 계단을 몇십 미터 오르면 곧바로 성이 축조된 능선과 조우한다. 이 토성이나 그 옆에 만들어진 오솔길을 따라 몇 분 올라가면 산성의 정상에 자리한 망루에 닿는다. 안내판에 따르면 이 망루 자리를 발굴했을 때 그 옛날 지었을 망루의 내벽(內壁) 기단석(基壇石)으로 추정되는 석열(石列) 및 일부 건물의 흔적이 보였으나 훼손이 심하여 전체적인 건물의 형태나 배치 확인이 불가능해서 전통 양식에 따라 복원한 망루라는 설명이 적혀 있다. 이 망루에 올라 사방을 둘러보면 마산만과 신마산에서 서마산까지 한눈에 꿸 수 있어 군사의 주둔이나 적의 침입을 감시하는 요충지로서 더 할 수 없는 명당으로 여겨졌다.

과거에 회원현(會原縣)을 굴자군(屈自郡), 골포현(骨浦縣), 의안군(義安郡), 합포현(合浦縣) 등으로 불리다가, 고려 충렬왕 8년(1282)에 회원현으로 개명되었다고 한다. 이 지역주민들은 이 성(城)을 자산산성(慈山山城)이라고 이르지만, 원래는 이곳 현을 다스리던 관청이 있던 현성(縣城) 자리라는 주장이다. 또한 이 성은 몽고가 일본을 정벌하기 위한 전초기지였던 정동행성(征東行省)과 합포성(合浦城)으로 옮기기 전의 절도사영(節度使營) 등 중요한 군사 시설이 둥지를 틀었던 유서 깊은 곳이었다는 견해이다.

회원현성지는 마산의 중심지역에 자리한 무학산 남쪽 기슭에 툭 튀어나온 낮은 야산(해발 143.8미터)의 서남쪽 계곡을 둘러싼 포곡식성(包谷式城)으로 남북방향으로 장타원형(長橢圓形) 모습이다. 조사 결과 현재 성벽(城壁)은 산의 정상부를 중심으로 대략 620미터가 남아 있으며 야산 능선을 따라서 너비 4.3~5.2미터, 최고 높이 4.5미터 규모로 축조된 것으로 알려졌다.

성의 동북쪽은 추산동 뒷산으로 가파른 절벽을 이루고 남쪽에는 자산천(慈山川)이 흘러 자연적인 해자(垓字)*를 이룬 것으로 추정된다는 보고이다. 동서남북 사방에 문지(門址)가 위치했다

---

* 해자(垓字) : 동물이나 외부인, 특히 외적의 침입을 막기 위해 예로부터 성(城)의 주위를 파 경계로 삼은 구덩이를 뜻한다. 방어의 효과를 더욱 높이기 위해 해자에 물을 채워 넣어 못으로 만든 경우가 많았다. 다른 이름으로 외호(外濠)라고도 한다.

고 전해지지만 1988년도 시굴조사에서 북문이 있던 자리와 북문 밖에는 적의 접근을 원천적으로 봉쇄하기 위해서 도랑(垓字)을 팠던 흔적을 확인했다는 보고였다.

여태까지 조사 결과 성벽은 여러 번에 걸쳐 수리되어 재차 사용되었음과 흙을 켜켜이 쌓아 올리는 '판축(版築)' 기법으로 축조되었다는 보고이다. 원래 성곽(城郭)은 축조(築造) 재료에 따라서 목책(木柵), 토성(土城), 토석혼축성(土石混築城), 석성(石城) , 벽돌(甎)을 쌓는 전축성(甎築城)이 있다. 이 중에서 토성은 축조법에 따라 삭토법(削土法), 성토법(盛土法), 판축법(版築法)으로 구분된다. 여기서 판축법은 점질토와 사질토를 일정한 두께 간격으로 교대로 깔아 펴서 다진 다음에 재차 반복해서 쌓는 방법이다. 이 기법은 배수가 잘되고 성벽을 높고 견고하게 축조할 수 있다는 강점을 가지고 있다는 전문가들의 견해이다.

현재까지 남아 있는 성의 극히 일부만을 복원했기 때문일까? 성이라기보다는 누군가가 특별한 목적으로 능선을 가다듬고 공을 들여 잔디를 가꾼 것 같은 모습이 초라하고 을씨년스러워 엄청 아쉽다. 사정이 허락한다면 잔존하는 흔적을 되살려 복원을 계속하여 반듯한 모습으로 되살린다면 좋겠다. 그리된다면 자라나는 어린이들에게 우리 조상들의 얼이 살아 숨 쉬는 역사 교육의 현장으로 쓰임은 물론이고 인근 주민들의 옹골진 쉼터 역할도 겸할 수 있어 양수 겹장의 이를 누릴 수 있지 않을까?

⋮

국군 의무사 기념비석

⋮

현재 마산의 월영마을 아파트단지 '현대아파트 202동과 203동' 아래의 조그만 근린공원 내에 있는 작은 연못의 뒤편 아파트 쪽에는 화강암 기단(基壇) 위 놓인 오석(烏石)에는 '국군의무병과요람지지(國軍醫務兵科搖籃之址)' 라는 비석이 서 있다. 그러나 그 옆을 지나는 주민이 숱하게 많지만 누구도 관심을 가지고 살피는 경우가 거의 없다. 또한, 주위 상가의 상인들에게 그에 관해 물어봐도 아는 이가 도통 없었다. 결국, 그 비석은 건립 당시 참여했던 사람이나 그 옛날 추억을 돌이켜 보고픈 축을 제외하곤 전혀 관심이 없었다. 그 비석의 기단 앞면에 오석을 붙여 새긴 전문(全文)이다.

이곳은 6·25사변 후 국군 의무병과의 여러 부대들이 창설되거나 옮겨와서 오랫동안 머문 유서 깊은 곳입니다. 수도육군병원이 1950년 12월 서울에서 이곳으로 옮겨 왔고, 1952년 육군군의학교도 옮겨와서 11년 동안 수많은 군의관, 간호장교, 위생병을 배출했으며, 1954년 육군의무기지사령부가 이곳에서 창설되어 9년 동안 활동한 후 이전하였습니다. 수도육군병원은 이곳에서 계속 주둔하면서 1953년

제36육군병원, 1968년 제26육군병원으로 개명되었고, 1971년 국군마산통합병원으로 확대 개편된 다음 1984년 국군마산병원으로 바뀌었으며, 1993년 12월 합포구 진전면에 현대화된 병원을 신축하여 이전하였습니다. 지금은 붉은 벽돌로 지어진 옛 병영들은 보이지 않지만 국군 의무부대의 역사가 서려 있는 이곳이 온 국민의 가슴 속에 오래도록 기억되기를 기원합니다.

-1996년 4월 16일 국군의무사령관 대한의사협회장-

이 비석에는 새겨지지 않았지만, 그 이전에는 슬픈 사연도 안고 있는 터이다. 그러니까 지금부터 100여 년 전에 이 자리엔 일본군 중포병대대가 자리 잡았었고, 광복 이후엔 미군의 주둔지였다. 우리 정부가 수립되고 6·25전쟁을 겪으며 국군병원이 들어서서 우리 군의 의무병과 요람지로 다양한 역할을 해왔다. 그러다가 마산으로 편입된 지역인 진전면 임곡리로 마산국군병원이 옮겨가면서 기나긴 세월 군대문화가 지배하던 세상에서 평범한 시민들의 보금자리인 아파트 단지로 환골탈태한 셈이다.

결국은 마산의 '월영마을로 아파트 단지'는 '국군마산병원'이 자리했던 터를 개발하여 고층아파트 단지로 조성된 주거지이다. 지난 1990년대에 들어설 무렵까지 이 일대는 외곽에 철조망이나 시멘트 블록 담이 높이 설치되고 군인이 보초를 섰던 군병원이었다. 그 때문에 마산 시민과 소통이 사실상 단절된 푸른 제복의 세상으로 육해공군 장병 중에 결핵을 앓던 환자들이 입원했던 것으로 알려졌다. 따라서 우리는 단순히 군병원이 자리한 정도로 알고 있을 뿐 세세한 숨겨진 사연은 알 수도 없었고 관심도 없었다. 그런 까닭에 지금 아파트 단지의 주인인 주민들이 비석에 새겨진 사연을 알 재간이 없지 싶다.

벌써 마산에 둥지를 튼 지 서른여섯 해째에 접어든다. 그것도 월영마을인 옛 국군마산병원 자리에서 지름 3km 이내의 동일한 생활권에서 거주하다가 정확히 한 해 전에 월영마을 아파트로 이사를 왔다. 그래도 그런 숨겨진 사연을 전혀 몰랐다. 어쩌다가 이런저런 자료를 정리하다가 한구석에서 소개된 한 줄의 내용을 보고 부랴부랴 찾아 나서 확인하고 꼭 기록으로 남기고 싶은 마음에 정리를 해보지만, 모두가 빈껍데기뿐이다.

마산은 인구가 40만 조금 넘는 작은 도시임에도 불구하고 크고 작은 아파트 단지가 지나치게 많은 편인데 지금도 신축하는 아파트를 보면서 공연히 걱정이 앞선다. 저 많은 아파트에 누가 살 것인지 말이다. 현재 마산에 존재하는 수많은 아파트 단지 중에 가장 규모가 큰 곳이 신마산 끝쪽 산 밑에 자리한 '월영마을 아파트 단지'와 옛날 한일합섬 공장 터를 개발해 신축한 '한일타운'이다. 그런데 월영마을 아파트 단지는 지형적으로 좌우에 높은 산줄기가 뻗어 내린 분지 형상이다. 게다가 시내의 문화권의 끝자락과 단절된 비탈 위의 외돌아진 위치인 까닭에 무척 조용하고 한적하여 어쩌면 마산 속의 촌 동네에 해당하지 싶다. 그런 때문에 단지 내의 초등학교 정문 부근에 그 흔한 문방구나 가게가 하나도 없어 다른 행성 같아 을씨년스럽기도 하다.

오늘 감기 때문에 댓거리의 병원에서 치료를 받고 걸어서 집에 돌아왔다. 바로 아래에 위치한 거리인데도 10여 분 걸어 올라와야 하는 수월찮은 오르막이라서 사람들은 걷는 것을 기피한다. 하지만 적당히 쌀쌀한 날씨를 즐기고 싶어 휘적휘적 걸었다. 아파트 단지 입구에 다다르자 '국군의무사(國軍醫務司) 기념비석'을 다시 한 번 확인하고 싶어 썰렁한 근린공원 연못가를 어정어정 걷다가 상전벽해라는 말을 곱씹으며 비석 내용을 찬찬히 되새겨봤다.

⋮

마산오광대

⋮

말갛게 표백된 마산오광대(馬山五廣大)와 만남이다. 다른 지방의 그것처럼 현재 진행형의 전승 문화유산이었다면 유장한 혼백이 꿈틀댔을 터이다. 언제부터인가 명줄을 놓은 채 민속자료로 남아있던 기록은 차갑고 쓸쓸한 흔적에 지나지 않아 착잡했다.* 자산동에서 전승되었다는 탈놀음이 마산오광대이다. 다른 지역의 탈놀음 대부분이 정월 대보름에 판을 펼쳤다. 그들에 비해서 음력 3월에 열리는 '별신굿' 행사가 종료된 직후인 음력 3월 그믐이나 4월 초순에 행하던 게 특이했다.

초계(草溪) 대광대(竹廣大) 패거리가 마산 장터에 찾아와서 펼치는 모습을 보고 배우면서 시작된 탈놀음으로 창시자는 김순일(金珣壹)로 전해진다. 대체적으로 오광대는 19세기 말부터 1930년대까지 전성기였다고 한다. 그러다가 1937년 중일전쟁이 발발하면서 정국이 불안해졌는가 하면 한편으로는 일제의

* 한국세시풍속사전, 한국민족문화대백과, 국어국문학자료사전, 야유·오광대가면극·마산오광대가면극본, 최상수, 경상남도지(하), 경상남도, 1963. 등을 참조했다.

전통 민속 탄압책으로 쇠퇴의 길을 걸었다는 지적이다. 그 후 지난 1960년대에 이르러 다른 지역의 탈놀음은 하나둘 복원되었다. 그러나 마산의 경우는 연희자(演戲者)들의 고령화와 급격한 도시화로 뿔뿔이 흩어지면서 옛 모습을 잃었다는 분석이다.

오광대는 대표적인 광대의 숫자를 지칭하는 것이다. 마산오광대 역시 다섯 광대(오방신장역 또는 양반, 말뚝이, 영감, 할미, 제물집 역) 중심으로 구성되었던 것으로 유추하고 있다.

구체적으로 등장인물은 동방청제장군(東方青帝將軍)·서방백제장군(西方白帝將軍)·남방적제장군(南方赤帝將軍)·북방흑제장군(北方黑帝將軍)·중앙황제장군(中央黃帝將軍) 등의 오방신장(五方神將)과 노장·청보양반·차양반·말뚝이·문둥이·턱까불·홍백(紅白)·초란이·눈머리떼·콩밭골손·영노·비비양반·영감·할미·제물집·상주(喪主) 5·상도군(喪徒軍) 5·사자(獅子)·담비·마을사람·아기 등이다.

탈놀음에 참여하는 연희자들은 거의가 해당 지역 사람으로 춤에 능했다. 그리고 공연비용은 계원(契員)들이 음력 정월 초사흘부터 대보름날까지 마을을 돌며 기부금을 받거나 '지신밟기'를 해주고 받은 돈과 곡물로 충당했다는 기록이다. 한편, 탈놀음의 가면은 주로 바가지로 만들었는데 '턱까불' 가면을 제외하고는 모두 턱이 움직이지 않게 제작했다. 예외적으로 '턱까불' 가면은 턱의 아랫부분과 윗부분이 따로 움직이도록 만들었다고 한다. 그리고 가면의 재료가 예외적으로 바가지가 아닌 나무로 만든 것은 가면의 가장자리에 천을 붙여 머리 뒷부분을 가릴 수 있게 했는데, 이를 '탈보'라고 하여 가면을 쓸 때 붙잡아매기 편하도록 했다는 얘기이다.

마산오광대는 모두 7과장(科場 : 마당)으로 이루어진다. 방신장과장·중과장·문둥이과장·양반과장·영노과장·할미와 영감과정·사자무과장의 차례로 펼쳐진다. 각 과장의 구체적인 내용은 살짝 건너뛰어 넘어갈 참이다. 이 오광대는 타락한 중(僧)에 대한 풍자, 양반에 대한 조롱과 모욕, 남편의 첩살림으로 인한 가정 비극, 문둥이에 대한 원한 등을 주요 핵심으로 구성되어 있으며 여타의 탈놀음과 마찬가지로 벽사진경(辟邪進慶)에 그 의의를 두고 있다.

그 옛날 마산에서는 음력 3월 그믐 무렵에 '별신제'를 모신 뒤에 오광대를 펼쳤다. 그런데 3년마다 모시던 소제(小祭)와 10년마다 모시던 대제(大祭)가 있었다. 이때 무당이 주재하는 별신제와 별도로 탈춤의 연희자들은 정월 초사흘부터 대보름날까지 주민들에게 비용을 기부받으면서 한편으로는 탈을 만들어 오광대 준비를 했다. 공연 장소는 서원곡의 자산동 놀이터였다는 기록이 보인다.

또한, 이 오광대에서 영남의 풍물이나 지신밟기에 흔히 사용되는 '덧뵈기' 장단에 맞춰 춤을 췄다고 한다.* 자유롭고 다양하게 추는 '덧뵈기춤'이라는 용어가 여기서 생긴 것이라는 얘기이다. 그런가 하면 악사들은 자기 주특기 외에 노래와 춤에도 상당한 경지에 이르렀었다는 얘기이다. 그리고 탈놀음 공연 중간에 부르는 삽입가(揷入歌)는 타령·죽장망혜·신세타령·약타령·팔도강산 유람가·아기 어르는 노래·무가·상여노래 따위와

---

* 덧뵈기 : 덧뵈기라는 명칭은 말 그대로 '덧본다' 혹은 '곱본다'는 의미를 지녔다. 탈춤의 형식을 빈 재주이며 마당씻이, 옴탈잡이, 샌님잡이, 먹중잡이의 네 마당으로 구성되어 있다.

같은 서민이 즐겨 부르는 노래였다고 한다. 어찌 되었던 지금은 전승의 맥이 끊긴 화석으로 변하여 민속자료로서 지난날을 말해주고 있는 마산오광대는 그 옛날 낙동강 유역의 연희(演戲) 문화를 계승하고 빛냈던 탈놀음으로써 그 진정한 가치를 부여할 문화유산의 증적이라는 맺음말에 뜻을 더한다.

마산의 향토기업

창업주로부터 기업을 넘겨받아 가업으로 기업을 운영하는 대표적인 마산의 향토기업에 생각이 닿는다. 일본의 강점기나 해방 이후에 창업했다가 부침했던 기업이 수없이 많았으리라. 그중에서 마산을 상징할 만한 경우는 유원산업과 불로식품 그리고 몽고식품을 트로이카로 열거해도 손색이 없을 것이다. 이들 업체가 지금은 사실상 다른 곳으로 옮겨간 상태인데, 그중에서 몽고식품만 옛 공장 건물을 본사 사무실로 사용하고 있다.

먼저 유원산업의 경우이다. 정부의 주정회사와 소주회사 분리정책에 따라 주정공장을 제삼자에게 넘기고 부산에서 '대선소주' 회사와 건설회사로 외연을 넓혀가면서 활발한 기업 활동을 해왔다. 그러나 중간에 이런저런 악재와 불운이 겹치며 고전을 거듭하다가 사업에서 손을 뗄 수밖에 다른 대안이 없다는 안타까운 소식을 매스컴으로 전해 들었다. 가끔 오다가다 만나거나 모임의 자리에서 최 회장을 조우하기도 하며 안부를 들었는데 최근 오랫동안 소식이 단절되었다.

몽고간장은 1905년 현재의 김 회장 선친이 창업하여 자산동 몽고정(蒙古井) 옆에 자리 잡은 공장을 중심으로 활발하게 기업을 운영해 왔었다. 그러다가 지난 1988년에 창원 팔용단지에 공장을 짓고 생산시설은 옮겨 갔고 옛터는 본사 사무실로 사용하고 있다. 초기에는 간장 위주였지만 지금은 회사 이름도 '몽고식품 주식회사'로 개명하고 된장과 고추장까지 생산하는가 하면 '식품 전문 유통업체'까지 설립하는 등 외연을 상당히 넓히며 외국으로 활동 범위를 확장해 나가는 것으로 알고 있다.

불로식품의 경우 일찍이 인근 외곽지역으로 공장을 이전하고, 첨단 시설로 일신을 한 얼마 뒤 몇 분과 함께 공장을 방문했던 적이 있다. 주로 비상 전투식량을 개발하여 군에 납품하는 사업을 하는 것으로 알고 있다. 오랫동안 소식을 듣지 못해 인터넷을 뒤졌더니 다른 기업이 따라가기 어려울 정도인 족탈불급의 탁월한 제품으로 명성을 쌓고 있음을 간접적으로 확인하며 공연히 내가 흐뭇한 마음이었다.

세 기업 모두 창업주를 거쳐 경영권을 이어받은 2세 경영인들로 어찌어찌 연이 닿아 한동안 어떤 모임의 말석에서 그분들의 얘기를 나눴던 적이 더러 있었다. 그때의 느낌이었다. 역시 기업을 경영한다는 것은 남다른 열정과 애정 그리고 끝없는 사명감이 따라야 함을 엿볼 수 있었다. 게다가 대그룹의 무차별한 영역 확장과 불공정 경쟁을 비롯해서 부당한 거래가 횡행하는 현실이다. 이런 기업환경에도 불구하고 규모가 작은 향토기업이 자기 고유영역과 색깔의 확보와 블루오션(Blue Ocean)을 찾는다는 게 참으로 어려운 선택과 집중 그리고 결단이 불가결한 선결충족요건이지 싶었다.

한 가지 아쉽고 안타까운 점이 있다. 마산의 대표적인 향토기업 트로이카가 하나같이 시의 경계를 넘어 역외지역으로 떠났다는 상실감이다. 그 이면에는 여러 가지 요인이 작용했을 것이라는 유추할 수 있다. 그 요인 중에 중요한 원인이 필요한 부지 확보와 주변 주민과 환경 문제로 인한 갈등과 민원이었지 싶다. 어떤 문제가 내재된 연유였던 마산을 대표하는 향토기업이 외지로 모두 이전했다는 사실이 씁쓸하다. 농촌에 나부끼던 플랜카드 내용이 머리에 언뜻 스쳐 지나간다. "떠나는 농촌에서 돌아오는 농촌으로"라는 내용 말이다. 이 문구에서 "농촌"을 "마산"으로 바꿔보면 어떤 자화상이 그려질까?

급속한 공업화 과정에서 혜성같이 등장하여 나라의 정책을 쥐락펴락할 정도로 성공을 거둔 기업인들도 수없이 많다. 그런데 그들은 알게 모르게 나라의 크나큰 시혜를 입거나 부정한 방법을 동원하며 호가호위했던 경우가 비일비재하다. 언제나 양지만을 선호하는 해바라기성 기업인에 비해 향토기업을 이어나가는 격(格)은 엄청난 차이를 보인다. 그들은 휘황찬란한 조명이 비치지 않고 누군가의 아첨 섞인 환호가 없어도 묵묵히 자기 길을 걷는 구도자 같은 자세로 고향을 지키고 가업을 천직으로 여기는 숭고한 정신을 먹고 사는 진국들이다.

⋮

양조와 마산

⋮

남녘의 깊숙한 내만에 똬리를 튼 포구인 마산은 전형적인 배산임수의 길지(吉地)이다. 이런 천혜로 인해 한겨울에도 날씨가 온화하고 청청하며 맑고 맛이 빼어난 물이 풍부해 양조업의 조건을 점지받은 격이 아닐까? 게다가 마산을 둘러싸고 있는 배후인 함안과 김해 그리고 고성의 너른 들은 무진장한 물산으로 술의 원료인 쌀을 언제든지 원하는 만큼 공급받을 공급처까지 품에 아우르고 있는 형국이다. 이런 조건이 개항 이후 마산의 양조산업을 활성화시키는 초석이며 원동력으로 작용했을게다.

다양한 자료에 따르면 마산의 근대적인 양조의 역사는 암울했던 일제 강점기와 맥을 같이 한다. 조선총독부는 식민지 경제정책 일환으로 주세법(1916년)을 제정하여 누룩 제조와 가양주(家釀酒)를 통제하기 시작했다. 그렇게 통제의 고삐를 잔뜩 조여갔던 까닭에 1934년에 이르러 국가 세입의 30%를 점유할 정도로 주세의 비율이 높아졌다.

일본에 의해 1904년 마산에 최초로 근대적인 청주(정종 : 일본의 사케) 공장이 설립되어 운영되다가 1929년 소화(小和)

주류가 마산부 본정(本町)*에 공장을 세우고 본격적인 생산에 돌입했다는 기록이 보인다. 이렇게 철저하게 일본인 중심으로 설립된 청주공장이 1911년에는 14개에 달했다. 이들은 대부분 일본인들이 밀집해 둥지를 틀었던 신마산을 비롯해 중앙동이나 장군동 지역에 자리 잡았었다.

1920년대 초에 접어들며 더는 일본에서 청주를 수입하지 않아도 될 만큼 생산량이 대폭 늘어났다는 기록이다. 그 결과 1930년대의 끝 무렵에는 마산지역 상공업을 양조업계가 주도할 만큼 비중이 커졌다는 보고이다. 하지만 이 시대 막걸리 공장을 제외한 청주와 소주 생산시설의 허가는 철저하게 일본인으로 한정됐었다.

일제로부터 광복과 함께 미군정청이 적산공장(일본인 공장)을 접수한 뒤에 주류 제조 경험이나 공장을 운영했던 사람을 선정하여 운영권을 넘겨주었다. 그 정책으로 태어난 주조업체는 소화주류, 야마무라주조, 강남소주(1951년), 마산중앙양조공업사(1961년) 등으로 이들 공장에서 청주와 약주를 생산·판매했다.

1960년대에 접어들면서 마산에서는 유원, 무학, 마산, 강남 등의 소주회사에서 제품을 생산했었다. 그런데 소주의 수요가 늘어나면서 1970년대에는 무학, 강남, 삼천리, 백광, 영진 등으로 제조업체가 증가하기도 했다. 해방 이후 마산의 주조업계는 사회 재편에 따른 이합집산을 거듭하며 생존 터전의 확보와 생존전략 모색에 총력을 기울이면서 변신을 거듭했다.

야마무라주조의 경우 무학주조로 개명했고, 소화주류에서

---

* 경남 창원시 마산합포구 창포동 1가 20번지로서, 지금의 창포한백아파트 터라고 자료에 적시하고 있다.

명칭을 변경한 동양주정에 합병되어 유원산업으로 개명하고 1960년대 초에는 소주 백매(白梅)를 생산했다. 한편, 탄탄한 기반을 바탕으로 전도양양한 그룹으로 성장하여 부산의 대선소주, 유원개발, 유원연탄, 부곡 골프장 등을 운영하던 유원산업이 모진 풍파를 겪으며 사양길로 접어들어 향토기업 하나를 영원히 잃었지 싶다.

식량의 자급자족이 무엇보다 중요한 나라의 정책과제 중의 하나였던 시절이 있었다. 이 시절 소주 생산업체는 양곡관리법 시행(1965년)으로 증류식 생산방식에서 희석식 방식으로 전환했다. 특히 전국에 우후죽순 격으로 난립한 소주 생산업체를 정비하기 위하여 1도1사(一道一社) 원칙의 통합정책(1973년)에 의거하여 전국에 10개 소주회사만을 존속시키기로 했다. 이에 따라서 경남지역에서는 무학주조가 여타의 회사를 흡수·통합해서 무학주조주식회사로 문패 갈이를 하고 신창동 공장*으로 옮겼다가 그 이후 1984년에 봉암동으로 이전하였다.

일제 강점기에 승승장구하던 마산의 청주공장은 해방되고 서서히 사양길에 접어들어 하나 둘 흔적 없이 사라졌다. 그 많은 마산의 청주 중에서도 부용이나 삼광을 위시해서 관해와 교해가 4대 명주로 꼽혔다는 전언이다. 하지만 대부분의 청주업체는 60년대 이전에 폐업을 했고 삼광과 백광 등의 회사가 근근이 명맥을 이어오다가 정부의 주조업체 통합정책(1973년)이 강력히 추진되면서 완전히 맥이 끊기며 역사 속으로 사라졌다는 견해가

---

* 무학 신창동 공장 : 일제 강점기에 일본인이 “청수(淸水)” 라는 청주를 생산하던 공장 터로서, 해방 뒤에는 대동주조가 자리를 잡았었다고 한다. 그리고 무학주조공장으로 사용하다가 지금은 무학아파트가 건축되어 있다.

정설로 여겨진다.

근대적인 주조 역사를 중심으로 생각하면 일본인이 주도한 격일지라도 주도마산(酒都馬山)의 명성을 자랑했었다는 자긍심을 내세울 수 있으리라. 그런 마산이 변화의 소용돌이를 겪으며 겨우 무학소주가 봉암동에서 그 맥을 잇고 있다. 게다가 1970년대에 독일계의 이젠백 맥주가 국립 3·15묘지 옆의 구암동에 자리 잡고 가동하다가 크라운 맥주로 합병되어 현재는 하이트맥주 마산공장이다. 그런데 이 맥주회사도 역외(域外) 이전 카드를 만지작만지작거리면서 밀당을 계속하며 열심히 아람치를 챙겨보고 있는 상황이라는 우울한 소식이다.

⋮

가고파와 선구자

⋮

머릿속에 떠오르는 이런저런 생각이나 사연을 말끔하게 지우고 우리 가곡 '선구자'와 '가고파'를 대하면 고개가 절로 숙여지거나 감동이 물밀 듯이 밀려와 무진장 깊고 너른 상상의 세계로 이끈다. 누구나 잘 아는 두 가곡의 일절로서 앞이 '가고파'이고, 이어지는 내용이 '선구자'이다.

내 고향 남쪽 바다 그 파란 물 눈에 보이네
꿈엔들 잊으리오 그 잔잔한 고향바다
지금도 그 물새들 날으리 가고파라 가고파

일송정 푸른 솔은 늙어 늙어 갔어도
한 줄기 혜란강은 천년 두고 흐른다
지난 날 강가에서 말 달리던 선구자
지금은 어느 곳에 거친 꿈이 깊었나

이들 두 가곡에 어떤 단서나 조건을 붙이지 않고 오로지 가사 내용이나 뜻하는 바를 바탕으로 판단한다면 가히 "국민가곡"으로 호칭해도 손색이 없다. 그런데 여기에 작사자나 작곡자를 따지며 그들의 삶의 흔적이나 가치관 혹은 역사 인식의 문제를 대입하면 수학에서 미적분 풀기보다도 난해하며 혹독한 비판의 중심에서 비껴서기 어려운 처지를 벗어날 길이 없어 무척 곤혹스럽다.

'가고파'의 작시(作詩)자인 노산 이은상 님과 '선구자'의 작곡자인 조두남 님의 같은 듯 다른 점을 생각한다. 먼저 둘에 대한 대략적인 삶의 궤적을 더듬어 본다.

먼저 노산의 경우이다. 1903년 마산에서 태어나 창신학교를 졸업하고, 연희전문학교 문과를 거쳐 일본 유학을 마치고 귀국했다. 그리고 이화여자전문대학 교수, 동아일보사 기자, 조선일보사 출판 주간 등을 역임하며 창작활동에 심혈을 기울여 수많은 주옥같은 작품을 남기고 1982년에 몰(歿)했다.

한편, 조두남 님은 1912년 평양에서 태어나 미국인 신부 "J. 캐논스"에게 피아노를 배운 뒤에 1923년인 11세 때 가곡 "옛이야기"를 작곡했다고 한다. 그 이후에 작곡가로 데뷔했으며, 청년기에는 중국을 떠돌다가 광복과 함께 귀국했다. 한편, 6·25 후에는 마산에 정착해 피아노 교육에 전념하면서 가곡 "선구자"외에 여러 권의 작품집을 펴내는 활동을 하다가 1984년 타계했다.

두 분 모두 역사의 수레바퀴가 어둡고 깜깜한 질곡을 지날 때 태어났으며 마산과 인연이 깊다는 사실은 외형적으로 유사한 공통성을 지녔다. 하지만 인격 형성에 지대한 영향을 미쳤을 삶의 궤적은 사뭇 달라 보인다. 노산의 경우 당시로는 선민에 가까운 신식 교육을 받으며 탄탄대로인 엘리트 코스를 질주한

격이다. 이에 비해서 조두남 님은 온갖 풍상을 겪으며 젊음을 보냈던 것으로 보인다. 또한, 노산은 출생 이후 서울에서 상류 사회의 삶을 누렸다. 그에 견줄 때 조두남 님은 불혹의 언저리에서부터 마산으로 옮겨와서 뿌리를 내린 뒤에 평범한 시민으로서의 생을 마감했다. 이런 연유에서 노산에게 마산은 태를 묻은 탯자리이고, 조두남 님에겐 삶을 누렸던 마음의 고향이었지 싶다.

노산에겐 태어난 고향, 조두남 님에겐 보듬어 삶을 누리게 마음의 고향이 마산이다. 게다가 태어난 시대로 거의 엇비슷한 일제 강점기로 역사의 질곡도 함께 겪었던 그들이다. 그런 이들이 남긴 '가고파' 나 '선구자' 는 "국민가곡"으로 호칭되고도 남을 걸출한 기념비적인 작품이다. 그런데 그 두 분에게는 영원히 지울 수 없는 낙인 같은 허물이 있다는 가슴 아픈 사연을 믿고 싶지 않다. 공교롭게도 둘 다 친일을 했거나 독재정권에 부역을 했던 시비로부터 완전히 자유로울 수 없나 보다. 특히 노산에 대해서는 아직도 그 시시비비 논쟁이 이어지고 있어 쉬 마무리될 기미가 보이지 않아 안타깝다.

여기서는 두 분에 대한 전력의 시시비비를 따지려 함이 아니다. '걸출한 시인 또는 작곡가일지라도 험한 세상에 어떻게 살아야 하는지 웅변하는 표상' 같아 후세가 무언가를 느꼈으면 하는 마음에서 장황하게 중언부언할 따름이다. 이분들의 업적이 빼어났다는 견지에서 길이길이 기리고 본보기로 기념하려는 취지에서 옛날 마산시에서는 기념관 건립을 추진했었다.

하지만 전력에 대한 문제가 심각하게 제기되면서 결국은 다른 이름으로 명칭이 변경되어 개관되었다. 지금 마산 육호 광장 언저리 노비산 언덕배기(마산합포구 노산북8길 49-1(상남동))에 우뚝 자리 잡은 마산문학관의 시작은 "노산문학관"으로 추진되었다. 그리고 신포동 구항 근린공원에 자리(마산합포구 수산2길 35(신포동 1가 68-1))한 마산음악관 역시 처음엔 "조두남음악관"으로 추진되었었다.

마산의 육호 광장 옆에 "은상이 샘" 표지석이 있다. 이는 노산이 어려서 먹었던 샘이라고 전해진다. 원래 지금의 표지석 위치에서 20미터 정도 떨어진 곳에 자리했는데 도시개발로 마산시가 1996년 6월 현재의 자리로 옮겼다. 그런데 주위의 전언을 믿을 수 없으며, 사실이라고 해도 친일과 독재에 부역한 사실을 외치는 쪽에서 철거하는 게 합당하다는 주장이다.

노산이 작사한 '금강에 살으리랏다', '성불사의 밤', '가고파', '고향생각', '봄처녀', '옛동산에 올라' 등이나 조두남 님의 '선구자', '제비', '접동새', '그리움', '옛이야기' 같은 작품을 떠올리며 착잡한 마음을 주체하기 어려워 무척 버겁다. 어찌 되었던 어두운 질곡의 역사가 남기고 간 지울 수 없는 낙인 같은 흔적이자 오욕의 단면이다.

이 글은 두 분에 대한 생전의 행적에 대한 공과를 따지거나 섣부르게 정당성 여부를 겨냥한 게 아니다. 다만 우리가 삶을 누리며 범했던 업에 대한 인과응보는 더덜없이 자기가 감당해야 할 천형 같은 묶임을 모두가 직시해야 한다. 그런 연유에서 올곧은 삶과 바른길을 벗어나지 않도록 거듭 되씹어야 한다는 점을 되짚어 보고플 따름이다.

두 분에 대한 여러 생각들을 하다가 문득 옛 선인들의 말씀이 떠올랐다. '아무리 어려워도 의로움을 잃지 말며' 라는 "궁불실의(窮不失義)”와 ‘거침없이 잘 나갈 때 길을 벗어나지 말라’는 “달불이도(達不離道)”라는 이름을 곧이곧대로 믿어도 크게 어긋남이 없지 싶다.

팔용산 예찬

마산과 창원의 경계를 짓는 능선이 길게 드러누운 자태를 취하고 있는 모습이 팔용산(八龍山)이다. 하늘에서 여덟 마리의 용이 동쪽에 자리한 수원지를 중심으로 내려앉아 꿈틀거리는 형국을 닮았다는 이유에서 붙여진 이름이라고도 한다. 하지만 한편에서는 원래 반룡산(盤龍山)으로 불렸는데, 해방 이후에 점진적으로 그 음(音)이 변해서 오늘날에는 모두 팔용산으로 호칭한다고 한다. 정확한 내력이 궁금하다.

여덟 마리의 용이 서로 엉켜서 꿈틀대기 때문일까. 이 산에 접근하는 크고 작은 길이 다양한데 대부분 마산 쪽에서 시작된다. 높이는 겨우 328미터이기 때문에 산악인들의 입장에서 산으로 쳐주지도 않을 듯하다. 하지만 오르내리다 보면 곳곳에 암반이 깔려있고 여기저기 험한 암벽이 똬리를 틀고 있는 녹록지 않은 산이다. 그 때문인지 이 산의 주사위 바위, 꼬시락 바위, 상사바위, 계곡 암장 등은 암벽 등반의 좋은 교육장으로 알려졌다. 확실치는 않지만, 풍수지리학에서는 이런 산을 혈과 기가 강하고 명당이 많다고 들었던 것 같다.

정상의 넓이는 열 대 여섯 평 정도로 절반쯤은 암반이 돌출 되어 있는데 여기에 정상 328미터라는 표지석이 있다. 그리고 나머지 절반의 일부에는 조난구조대(119)의 교신을 위해서 세운 통신철탑이 서 있다. 또 다른 일부에는 숙종 때 사람으로 성주 이 씨의 묘가 사방이 각각 2미터 남짓한 야트막한 철책에 갇혀 고생하고 있는데도, 후손들은 그 묘의 숨겨진 사연을 담은 안내판을 세워 널리 자랑하고 있다.

묘의 주인은 여기서 꽤 떨어진 '북면의 고암' 출생으로 이 자리까지 도착하는데 난관이 많아 별도로 운구 비용을 2만 냥이나 들였다고 했다. 그럼에도 불구하고 오늘에는 철창에 갇힌 영어의 처지이니 영혼이 답답하지 않은지 모르겠다. 숙종 때 그 많은 돈은 요즘 화폐로 환산하면 얼마나 될까? 어마어마한 돈을 들여 어렵사리 산 정상에 터 잡은 명당인 줄 알았는데, 철창에 갇혀 있는 혼백이 오가는 등산객에게 처량한 꼴을 드러내 보이는 형국이 아닌지 씁쓸했다.

정상에서 마산만을 내려다볼 때 힘차게 내달려 바다로 뛰어내려 헤엄치면 단박에 내가 사는 서항 쪽에 닿을 것은 착각이 들 만큼 지척으로 보인다. 그리고 고개를 오른쪽으로 서서히 돌리면 무학산이 병풍처럼 드리워진 아래로 마산 시가지가 석류의 알 박히듯이 옹기종기 정겨운 모습으로 자리 잡고 있다.

그렇게 배산임수의 명당인 마산을 구경하다 싫어질 즈음 오른쪽으로 고개를 돌린다. 왼쪽의 서마산과 마산 교도소 쪽을 훑어보다 천천히 동마산과 남해 고속도로와 국립 3·15묘지를 살핀다. 또한, 자연스럽게 오른쪽으로 눈길을 주면서 창원의 대부분을 조감할 수 있다. 야트막한 동산 높이의 산에 올라 두 도시와 바다를 비롯하여 주변 산을 골고루 살피는 호사를 그 어디에서 누릴 수 있을까? 한편, 꼭 정상이 아니라도 오르내리는 중간에 쉬엄쉬엄 숨을 고르며 마산과 창원을 원하는 만큼 감상한다 해도 먼등골 길을 택하면 오가는데 두 시간이면 넉넉하다.

내가 즐겨 찾는 팔용산 길은 먼등골(탑골)을 거쳐서 정상에 이르는 경로이다. 나는 전문적인 등산에는 문외한이지만 가벼운 산길은 계절에 관계없이 즐기는 편이다. 삶터 바로 옆인 가포의 뒤편에 위치한 청량산 줄기를 가로질러 개설한 임도는 빼어난 산길로서 일주일에 다섯 번 정도 새벽마다 찾는다.

자동차가 다니는 도로를 지나기도 하고, 가파른 숲 비탈에서 가쁜 숨을 헉헉대기도 한다. 오르내리면서 넉넉한 어머니 품 같은 산과 말 없는 마산만을 벗 삼아 무심의 경지에 이를 수 있어 푹 빠지기 일쑤이다. 예로부터 '지혜로운 사람은 물을 좋아하고 어진 사람은 산을 좋아한다.'고 한다. 하지만 어느 모로 생각해 봐도 나는 그런 고상한 의미에서 산을 찾는 도인이 아니다.

특별한 경우가 아니라면 산길을 찾는 시간은 여명이 밝아오는 무렵이다. 집에서 나설 때는 어둡고 길이 잘 보이지 않지만 산 입구에 이르면 어둠이 가셔서 어려움을 겪지 않도록 조절한다. 천하일색도 늘 마주하면 싫증 나게 마련이다. 가끔은 이 길이 단조롭고 밋밋하다는 권태가 올 즈음이면 바람난 남정네가 조강지처 제쳐두고 바람피우듯이 미련 없이 풋사랑 찾아 발길을 돌린다. 설렘으로 달뜬 마음을 진정시키며 낯선 산길을 찾아 나서는 경우 거의가 팔용산이다. 우선 양덕시장 부근의 먼등골(탑골) 들머리까지 택시를 이용한다.

먼등골의 계곡에 접어들어 자연석으로 쌓은 돌탑에 얼이 빠져 허우적거리다가 오른쪽 비탈길을 따라 오르면 산줄기 등성에 이른다. 이 날등은 체력단련장(체육공원)에서 올라오는 길과 합쳐지는 지점으로 '정상 1.05km'라는 이정표가 있다. 이 이정표가 지시하는 외길을 따라 제법 가파른 오르막을 오른 다음에 평평한 능선을 따라가는 과정을 반복하다가 마지막 가파른 200미터를 오르면 정상이다. 길바닥 여기저기에 암반이 돌출하여 자칫하다 넘어지면 부상당할 위험이 도사리고 있다. 그런 위험지역엔 한쪽으로 철봉을 암반에 박고 쇠사슬을 늘여 두었기 때문에 조금만 조심한다면 어린아이라도 아무런 문제가 없다.

평소에 즐겨 찾는 청량산 산길에는 노인층이 많다. 그런데 팔용산 길은 휴일이 아닌데도 젊은 주부들이 많다는 사실을 내 머리로 설명할 길이 없었다. 같은 도시에서도 동마산 지역에 사는 젊은 여인네들이 서마산에 비해서 산길 걷기 운동을 많이 하는 걸까?

팔용산을 찾으려면 꼭두새벽부터 왕복 택시요금 만 원을 적선을 해도 그렇게 흐뭇할 수 없다. 되풀이되는 노정인데도 매번 새롭게 다가오는 풍광이 깊은 애정으로 새겨져 발길을 돌리고 매정하게 끊기 어렵게 만든다. 이러다가 앞뒤 분별없이 사이비 종교에 빠져드는 맹신자처럼 이 산의 품에 안겨 헤어나지 못하는 게 아닌지 모르겠다. 설령 그렇다 해도 나는 기회가 닿는 대로 팔용산 길을 또다시 찾을 게 틀림없다.

태풍 '매미'가 할퀸 생채기

조감(鳥瞰). 이는 드높은 산의 정상을 정복한 등산가나 누구도 따를 수 없는 걸출한 업적을 이룬 사람을 비롯해 득도에 이른 구도자 같이 빼어난 축이나 성현들만이 누릴 수 있는 축복이 아닐까? 이들의 조감은 무한한 사유의 세계에서 자연의 조화나 이치의 터득이며 삶의 길을 밝히는 깨달음을 얻는 영명함이다. 우뚝 선 이들의 그림자도 따를 수 없는 처지에 무엄하게도 최근 아파트 십일 층 베란다에서 상처받은 이웃들의 초췌한 모습을 내려다 보는 무례를 저질렀다.

난민이나 포로수용소에서 물자 배급을 받기 위해서 기다리는 듯한 낯선 풍경이 근 열흘 동안 이어졌다. 매일 세 번 끼니때만 되면 어김없이 적게는 수백 명에서 많게는 천여 명에 가까운 수재민들이 몇 겹으로 구불구불 줄지어 늘어서 무료급식을 기다렸다. 차례가 되면 식판을 받아들고 질척이는 잔디밭에 웅크리고 앉아 한 끼를 때웠다. 이는 기아에 허덕이는 아프리카의 얘기도 아니요, 전쟁터 수용소 풍경이 아니다. 매미의 피해를 당했던 나와 이웃 주민들이 연출했던 드라마를 아파트 십일 층에서 내려다본 정경이다.

주연 격인 이웃들의 표정이나 의상도 각자의 생긴 모습만큼이나 다양했다. 어린이에서 노인까지, 교복에 책가방을 멘 학생에서 날렵하고 세련된 젊은 직장여성, 물통을 손에 들고 슬리퍼를 끌면서 되는대로 차려입은 주부에서 정장에 양산까지 챙긴 요조숙녀도 있었다. 거기다가 출퇴근길 말쑥한 정장 차림에서 반바지의 청·장년, 당당한 모습에서 누가 볼세라 쑥스러워하는 모습 등이 절묘하게 하나를 이루며 가히 장관을 연출했다.

매미가 이 마을 저 고을 가리지 않고 처참하게 초토화시키면서 지나간 3일째던가? 내가 사는 아파트 베란다 아래의 자투리땅에 조성된 조그만 공원은 물기가 완전히 가시지 않아 질척이는 상태였다. 여기에 S사에서 무료급식소를 차렸다. 처음에는 요란스럽지만 하루 이틀 시늉을 하면서 신문이나 텔레비전 뉴스에 나오고 회사의 사보 사진 몇 장 찍으면 철수할 것으로 예단했다. 그래서 사시의 눈으로 보며 시큰둥하게 여겼다. 하지만 그것은 편견으로 섣부른 오해였음을 고백하지 않을 수 없다.

하루 이틀 지나면서 그곳에 가서 식사 문제를 해결하고 싶은 유혹이 일었지만, 우리 가족은 찾지 않기로 했다. 우리 가족의 성격이 유별나게 강직하거나 결벽증 때문이 아니다. 우리보다 피해가 더 심한 이웃이나, 더 높은 층에 살거나 어린이나 연로한 분들이 편하게 급식 혜택을 받아야 한다는 뜻이었다. 그래서 우리 가족은 집에서 밥을 지을 수 있을 때까지 침수되지 않은 지역의 식당을 찾았다.

그러다가 길가에 설치된 소화전의 물이 공급되면서 십일 층까지 계단을 오르내리며 물통으로 물을 길어다가 집에서 식사를 해결했다. 그런 와중에 침수되었던 아파트 지하실 청소에 나섰던 아내는 동네 아주머니들과 함께 무료급식소에서 점심을 먹었단다. 아내와 급식을 경험했던 몇 사람의 공통된 얘기이다.

급식은 밥과 국 그리고 네 가지 반찬인데, 끼마다 찬이 다르고 정갈하기 이를 데 없으며 맛깔스러움은 뼈대 있는 종가의 손끝 여문 맏며느리가 울고 갈 정도라는 극찬이었다. 또한, 네 사람이 각각 한 가지 반찬을 주는데 모두가 한결같이 상냥하고 예의 바른 태도로 맛있게 드시라는 인사가 특히 인상적이었다는 후일담이다.

천 리 타향 낯선 땅 마산을 찾은 셈이니 피곤하고 가족이 그리워 마음이 편치 않았을 것이다. 그렇지만 주는 자의 거만함이나 도도함은 찾아볼 수 없었다니 고맙기 이를 데 없다. 물론 기업의 사원은 회사의 방침에 따르는 게 정도이리라. 하지만 그들은 결코 단순하게 직장의 명에 따른 것이 아니었다. 참된 봉사와 희생정신을 바탕으로 수재민들과 고통을 함께하며 돈독한 참사랑을 몸으로 실천했던 따스한 이웃이었다.

기실은 그들에게 다가가서 어슬렁거리며 어둠이 가시지 않은 이른 새벽부터 아침 식사를 준비하거나 저녁 식사 이후 늦은 밤에 뒷설거지하는 모습을 훔쳐봤다. 그때 고맙다는 인사라도 건네고 싶었지만 마땅치 않아 발길을 돌리기도 했다. 그 고마움을 우리 동네 모두는 결코 쉽게 잊지 않으리라.

때늦은 인사지만 회사에 누가 되지 않을 것으로 생각되어 '삼성 에버랜드'께 마산합포구 해운동에서 무료급식을 하면서 보여준 희생과 사랑에 대하여 진정 고마웠다고 전하고 싶은 마음이다. 어디 이뿐이랴. 이번 태풍의 피해가 알려지면서 생업을 접고 경향 각지로 자원봉사에 나섰던 고마운 이웃들이나 군과 경찰 그리고 과로로 쓰러지면서도 묵묵히 소임을 다했던 공무원까지 모두가 고맙고 고귀한 사랑을 실천하던 천사들이 아니던가?

추석 다음 날 저녁 7시경 남해안으로 상륙해서 남부 지방을 가로질러 강원도를 지나 울릉도를 길목으로 잡고 분탕질을 하며 참혹한 피해를 안기고 사라진 매미. 현대문명에 도취되어 겸손을 잃은 우리에게 자중자애하라는 자연의 경고이었던가? 창조주가 만든 바다를 겁 없이 흙으로 메우고, 아파트나 마천루 같은 괴물을 세우며 우쭐대는 모습이 가소로워 불경죄로 다스림인지도 모르겠다. 태풍이 오는 시각에 만조가 되고 거기에다 집채같은 해일까지 더해서 시가지 모두를 물바다로 만들었다. 그렇게 점령군처럼 닥치는 대로 할퀴고 부수며 징벌하던 그 밤의 악몽을 두고 이르는 독백이다.

나는 마산 서항 부근의 매립지에 지은 아파트를 분양받아 10여 년째 살고 있다. 그동안 태풍이나 폭우에 아무런 문제가 없었다. 사상 초유의 위력을 떨칠 것이라고 경고하던 태풍의 위력이 8시경부터 나타나기 시작했다. 11층이니 제법 높아서인지 베란다 유리창을 한 번에 날릴 것 같았고 모든 걸 집어삼킬 듯한 소용돌이가 두려움을 안겼다.

베란다 유리창에 신경을 쓰며 간간이 창문으로 바깥 사정을 살피는데 10시 30분경부터 낮은 도로부터 침수되더니 아파트 마당까지도 물바다로 변했다. 놀란 가슴을 진정시키려는데 전기와 전화가 끊어졌다. 촛불을 밝혀보지만 흡사 유령의 집에 앉아 있는 기분이었다. 벌벌 떨다가 11시 반쯤이었을 게다. 어느 정도 태풍이 잦아드는가 싶었는데 밖에서 웅성거리는 소리가 들렸다. 깜깜한 아파트 계단을 더듬더듬 내려가 보니 바닷물은 거의 빠져나간 한밤중에 승용차의 무사 여부를 확인하는 진풍경이 벌어졌다. 그런데 어쩌랴. 모두가 바닷물에 잠겨 제 역할하기는 애저녁에 틀린 것을…

삶의 터전이 몽땅 유실되거나 파괴된 이들도 부지기수인데 승용차 한 대 폐차시킨 정도의 피해를 가지고 태풍을 얘기하려니 면구스럽다. 하지만 전기와 수도가 끊기고 휴대폰과 유선전화가 하나같이 먹통이 된 이후에 응급복구까지는 지옥이었다. 그 일주일 동안은 고립무원의 나락에 떨어져 현대문명으로부터 버림받은 꼴이 되어 난감하기만 했다.

태풍이 지나간 다음 날 아침부터 당장 음용과 세면 그리고 생리현상 뒤처리에 소용되는 물의 확보가 가장 시급한 문제였다. 궁해도 길은 있는 것일까? 화장실에 쓰일 물은 아파트 지하실을 가득 채운 바닷물을 펌프로 퍼내는 것을 물통에 받아 11층까지 들고 올라와 해결했는데 며칠 지나면서 비릿한 바다 냄새가 진동해 곤혹을 치렀다. 아파트 주변 모든 상가는 폐허 상태였다. 그래서 침수되지 않은 지역의 식당을 찾아 매식을 하고 돌아오는 길에는 식구대로 여섯 병 들이 물 박스를 이고 지고 높디높은 계단을 오르며 야무진 극기 훈련을 했다.

무심한 태풍이 남긴 막심한 피해를 슬기롭게 복구하고 생채기 치유 임무는 우리의 몫이다. 태풍의 뒤끝에 그래도 이 세상은 살맛 나는 곳이라는 희망과 꿈을 안겨 주며 거룩한 사랑을 몸소 실천하던 천사들이 있었다. 그런가 하면 일부에서 보였던 어두운 그림자는 숨겨진 우리의 참모습이 투명한 거울에 비친 것 같아 마음이 편치 않다.

자기 집에 분명히 수돗물이 나오는데 굳이 무료급식소에 찾아가 식사를 해결하는 심사는 왜일까? 조금 어렵더라도 각자 집에서 해결한다면 더 어려운 이웃이 편하게 식사할 수 있고 봉사자들의 수고도 덜어줄 텐데. 아무래도 그런 자세는 온당해 보이지 않았다. 태풍이 지나간 다음 날부터 가게가 물에 잠겨 폐기해야 할 물건들이 길옆에 쌓여갔다. 그런데 아침에 나가 보면 침수와 상관없는 헌 옷가지와 이불과 침대 매트릭스나 가구를 비롯하여 생활용 기구들이 수해 쓰레기보다 많이 버려져 있었다. 이는 밤중에 몰래 내다 버린 것으로 삐뚤어진 양심의 흔적에 당혹하지 않을 수 없었다.

아파트 전체 주민을 위해서 비상으로 가설한 수도꼭지 앞에서 수해와 무관한 많은 빨래를 하던 모습은 아무래도 성숙한 사회의 시민들이 취할 행동은 아니리라. 거기다가 폐허가 된 물고기 양식장 위에 배를 띄워놓고 낚시하던 몰염치한 사람들이나 침수된 차량의 야적장에서 자동차 부품을 도적질하던 별종들은 분명히 우리의 이웃이 아닐 것이다.

이제 한 달이 가까워져 오니 태풍의 흔적은 희미해지고, 가을 하늘은 예나 다름없이 높푸르다. 침수차들이 모두 폐차되어 텅텅 비었던 아파트 주차장이 새로 출고된 차들의 경연장을 이루며 옛 모습을 찾아가고 있다. 또한, 공원에 무료급식소가 들어서면서 안식처를 빼앗기고 신명을 잃었던 비둘기 무리도 제자리를 되찾고 힘찬 비상을 뽐낸다.

그렇게 우리는 매미를 기억 속에서 지우며 일상으로 돌아가고 있다. 그러나 이 태풍을 어떻게 볼 것인가? 오늘을 사는 우리에게 자연에 순응할 줄 아는 참된 지혜를 배우라는 이름이며, 경거망동하지 말고 겸허한 마음으로 살라는 창조주의 지엄한 경고는 아닐는지 돌아볼 일이다

가고파의 고향 유감

지금으로부터 약 백 년 전후에 마산에서 청소년 시절을 보냈던 사람들 가슴속에는 어떤 자태의 포구로 새겨졌었을까? 그 해답을 이곳이 낳은 노산 이은상 님이 명쾌하게 들려주신다. 우리가 익히 알고 있는 가곡 '가고파'의 노랫말을 통해서 말이다.

내 고향 남쪽 바다 그 파란 물 눈에 보이네
꿈엔들 잊으리요
그 잔잔한 고향바다
지금도 그 물새들 날으리 가고파라 가고파
어릴 제 같이 놀던 그 동무들 그리워라
어디 간들 잊으리요
그 뛰놀던 고향 동무
오늘은 다 무얼 하는고 보고파라 보고파
그 물새 그 동무들 고향에 다 있는데
나는 왜 어이타가 떠나
살게 되었는고
온갖 것 다 뿌리치고 돌아갈까 돌아가

가서 한데 얼려 옛날같이 살고 지고
내 마음 색동옷 입혀
웃고 웃고 지내고저
그 날 그 눈물 없던 때를 찾아가자 찾아가

그 당시만 해도 경남지역의 수부(首府)도시이면서 바닷길의 요충지로서 물자의 수송이나 어항으로서 큰 역할을 했다. 게다가 바닷물이 명경같이 맑고 풍광이 뛰어나게 아름다워 이상향으로 뇌리에 각인되어 있었나 보다. 하지만 지금은 맑은 바닷물에서 낚시를 하거나 갯벌에서 조개를 캐던 정겨운 포구의 정경은 전설로 남았을 뿐이다. 그리고 여인네의 둥근 눈썹을 닮아 아름다웠을 빼어난 해안선의 경관이나 옛 자취를 찾을 길 없게 갯벌을 마구 매립하고 난개발을 했던 흔적이 역력하다. 한편, 한국전쟁의 참화가 비껴간 때문인지 현대화에 뒤진 초라한 항구처럼 보여 안쓰러울 지경이다.

옛날에는 청정한 기후로 사랑을 받았지만, 요즘은 그렇지도 않은 현실이다. 원래 마산은 전형적인 배산임수의 형태로 발달한 도시이다. 육지 쪽으로는 무학산이 양팔을 벌리듯이 병풍처럼 펼쳐져 있다. 이처럼 비탈진 산자락이 펼쳐진 해안선을 따라서 옹기종기 삶터인 둥지를 틀며 발달한 항구도시이다. 그뿐이 아니다. 마산만은 여기저기에 불쑥불쑥 융기된 해안선과 크고 작은 섬이 가로막은 형국이다. 이렇게 내륙 깊숙한 위치에 형성된 내만인 관계로 바닷물의 순환이 매우 더디고 해수면은 언제나 잔잔한 호수 같다.

초등학교 사회 시간에 마산은 해상 교통이 편리하여 화력발전소가 있고 기후가 온화하고 공기가 맑아 결핵 요양원이 자리할 만큼 살기 좋은 도시라고 배웠다. 그런데 이 조용한 도시가 한국전쟁을 겪으며 피난민들이 밀려 들어와 난민촌을 이루면서 혼란기에 비정상적으로 팽창을 했던 것 같다. 그 이후 지난 60년대 말부터 질풍노도처럼 불어닥친 산업화 물결을 타고 '마산수출자유지역'을 비롯한 '한일합섬' 그리고 창원공단이 들어서면서 도시는 공룡처럼 덩치가 커졌는데도 기반시설은 거의 변함이 없어 다양한 부작용이 심각하게 나타나고 있다.

기껏해야 10여만 명의 인구에서 현재 40만을 넘었다. 또한, 시 경계를 맞대고 있는 창원 인구 50여만까지 합하면 백만에 이르는 인구가 모여 살면서 적지 않은 생활하수를 그대로 바다로 흘려내보냈었다. 거기다가 설상가상으로 공장 폐수의 상당 부분도 버려오기를 40여 년 동안 지속했으니 오염물질이 눈덩이처럼 퇴적되어 바다가 생명을 잃어 가는 것은 당연할지도 모른다.

해방 이후에 마산은 경남을 대표하는 도시로 자리 잡았으나 공업화 물결 속에 울산이 등치를 키우며 공룡으로 변하더니 분가해 나갔다. 그리고 이제는 맞닿은 창원에 공업단지가 조성되고 도청 소재지로 되면서 급기야 마산을 뒤로 밀쳐내고 경남 제일의 도시로 우뚝 섰다. 또한, 다른 경계로 이웃하고 있는 김해가 지난해 후반기 마산보다 인구가 많아졌다. 게다가 마산에 뿌리를 내리고 있던 '한국철강', '몽고간장', '한일합섬', '하이트 맥주' 같은 기업들이 역외로 이전했거나 계획하고 있다.

사정이 이러하니 변변한 기업이 하나도 없는 도시로 전락하고 있다는 자괴감을 지울 수 없다. 그런 면에서 인근의 창원이나 김해를 뜨는 해라고 한다면, 마산은 현대화라는 격랑에 허우적이다가 뒤안길로 내몰린 모양새이니 지는 해 같다면 지나친 자기 비하일까?

우리는 살면서 명분과 실리를 잃었을 때 패배를 했다고 하며 모든 것을 잃었다고 한다. 현재 마산이 그런 꼴이다. 그 아름답고 빼어난 산과 바다. 그리고 순백해서 부담스러울 만큼 청정한 기후 같은 것 중에 아무것도 옛날 그대로인 것이 없는 지금이다. 산업화와 인구의 도시 집중화로 발생하는 엄청난 생활 오수와 쓰레기, 공장 폐수와 산업 쓰레기가 바다 밑바닥에 퇴적되도록 한동안 방치했었다. 한편으로는 여기저기에서 심하게 자연을 훼손함으로써 아름답던 경관과 태고의 수려한 자태를 회복할 수 없게 되었다. 이런 현상들이 개발 후유증이리라. 이는 너무도 가혹한 재앙이며 후손들이 살아야 할 환경을 파괴했다고 호된 지탄을 받아야 할지도 모르겠다.

하지만 아직은 자연의 오묘함에서 복원의 가능성과 희망의 싹이 엿보이고 아울러 우리의 정신이 모두 오염되지 않았나 보다. 포기하고 방기하는 어리석음이 아니라 바로잡으려는 올곧은 생각들이 곳곳에서 행동으로 옮겨지고 있다. 그 외에도 부단한 자기 성찰을 통하여 개선을 위한 진지한 노력들이 이어지는 현실이다. 그동안 우리는 중요한데도 너무나 평범했기에 간과하고 지났던 이치를 되새겨 보는 지혜를 되찾았다.

즉, 개발논리도 중요하지만, 자연과 함께 공존해야 한다는 평범한 진리를 백안시했던 지난날 너무도 혹독한 대가를 지불해야 했다. 그런 각성과 노력으로 미미할지라도 지속적인 자연 복원을 위한 노력 때문인지 이제는 마산만의 물이 조금씩 맑아지고 멀리 떠났던 갈매기가 다시 날아들고 있다. 그런가 하면 갯벌에서 게가 숨바꼭질하고 가끔은 숭어 떼가 힘차게 유영하는 생동적인 바다의 원래 모습을 되찾아가는 기특한 현실에서 가고파의 옛 정취와 낭만을 꿈꿔 본다.

Ⅲ. 산장의 여인과 요양원

만날제

마산 가고파 국화축제

진동 큰줄다리기

전어축제

마산 대동제

진동 미더덕축제

마산 가고파 국화축제 II

산장의 여인과 요양원

주남의 철새 탐조

법선처사의 친견

연리지와 사랑의 기원

망월여관

⋮

만날제

⋮

우리나라의 기초자치단체는 거의가 자기 고을 고유의 축제를 가지고 있다. 따라서 경향 각지에서 이런저런 축제가 질펀하게 펼쳐지는 형편이니 축제 공화국의 반열에 올려놓아도 손색이 없을 듯하다. 예를 들면 귤이나 고추 혹은 마늘 또는 인삼 같은 특산물을 알리기 위한 축제가 수도 없이 많이 펼쳐지는가 하면, 진해에 흐드러지게 피는 벚꽃을 즐기기 위한 군항제 같은 축제도 열린다.

또한, 밀양의 '아랑제' 처럼 전설을 전제로 하는 축제도 있다. 이와 같이 전설에 바탕을 둔 '만날제' 라는 축제가 내가 사는 마산에서 매년 음력 팔월 열이렛날 '만날 고개' 에서 펼쳐진다. 이 고개는 마산시 예곡동과 월영동의 경계 지점에 위치하고 있으며, 내서읍 감천골로 가는 고갯길로서 모두가 걸어서 다니던 시절에 내남없이 힘겹게 넘어야 했던 길목이기도 하다. '만날제' 가 열리게 된 배경에는 곤궁한 삶에 얽힌 애환과 가난이라는 서러운 역사의 애틋한 전설이 담겨 있다.

옛날 옛적 마산포(馬山浦)에 매일 끼니 걱정을 해야 하는 무척 가난한 양반댁에 어린 것들은 많았는데, 어머니가 겨우 날품을 팔아 연명하는 처지였다. 한편, 고개 넘어 감천골에 천석꾼인 진사 댁이 있었다. 그런데 이 댁에는 혼인 적령기를 훌쩍 넘긴 외아들인 노총각이 있었다. 반신불수에 벙어리라서 백방으로 매파를 동원해도 혼인이 성사되지 않아 근심이 끊일 날이 없었다.

양쪽 집안 속내를 속속들이 꿰뚫고 있는 봇짐장수 아낙네가 양반집에 가서 큰딸과 진사 댁 아들 혼사가 이루어지면 전답을 비롯한 많은 재물을 받게 될 것이라고 부추겼다. 하지만 딸을 팔 수 없다며 거절하는 모정은 단호했다. 그러나 뛰어난 수완의 여우 같은 매파는 당사자인 처녀에게 네 한 몸 희생하면, 부모를 비롯한 형제자매의 팔자가 달라진다고 꼬드겨 그 혼인을 성사시켰다.

그렇게 어렵사리 혼인을 했다. 그런데 시부모의 시집살이가 지나치게 가혹했고, 출산을 못 하는 이유가 불구인 남편에게 있었음에도 지청구에 구박이 끊이지 않았다. 부당한 대우와 학대가 일상처럼 이어지는 암울한 삶을 지탱할 재간이 없어 친정으로 돌려보내 달라고 간청했으나 일언지하에 묵살했다. 그런 전후 사정을 나름대로 파악했던 심성 착한 신랑은 자기 부모 몰래 새댁에게 친정을 다녀오도록 조치하고, 자기는 고갯마루에서 기다리겠다고 했다. 그렇게 어렵사리 친정을 찾았던 새댁은 어머니와 동생들을 상봉하고 서둘러 남편이 기다리던 고갯마루로 돌아왔다. 하지만 불구인 남편은 자신의 처지를 비관해 자살로 생을 마감하고 주검으로 변해있었다.

기구한 운명의 새댁은 젊디젊은 스물이라는 청상과부가 되어 인고의 세월을 한스럽게 살다가 어느 해 팔월 열이렛날 친정 소식이 그리워 몰래 그 고개에 올라갔다. 지성이면 감천이고 이심전심으로 통했던가? 마침 친정어머니와 동생들도 그리운 마음을 달랠 길 없어 그 고갯마루를 찾아왔다가 감동적인 해후를 했다. 그 이후 매년 음력 팔월 열이렛날이면 한 많은 젊은 과수댁과 친정 식구들이 만나게 되었는데, 이 고개를 후세 사람들은 '만날 고개' 라고 부르기 시작했다.

이러한 만남은 전형적인 '반보기' 풍습이다.

'만날 고개' 는 신마산에 자리하고 있는 경남대학교의 화영 운동장 부근에 무학산 쪽으로 개설된 산복 도로 위를 가로지르는 육교를 건너서 좁디좁은 산동네(일명 당산마을) 골목길을 돌아 올라 가면 수백 년 된 당산나무를 만난다. 이 당산나무를 뒤로 하고 넉넉잡아 십 분 정도 걸음을 재촉하다 보면 야트막한 '만날 고개' 를 마주할 수 있다. 매년 거행되는 '만날제' 는 '시민축제위원회' 주관으로 이 '만날 고개' 에서 치러진다. 예로부터 헤어졌거나 꼭 만나고 싶었던 사람들이 팔월 열이렛날 찾아와 감격적인 상봉은 물론이고, 무학산의 수려한 자연경관과 마산만의 절경을 감상하면서 정담을 나누어 온 유서 깊은 역사를 가지고 있다.

'만날제' 라는 이름의 축제가 시작된 것은 그리 오래전의 일이 아니다. 지난 81년부터 '향토문화진흥회' 에서 행사를 주관하며 산신제, 미인대회, 효부 및 효녀 상을 수여하는 것 같이 모두의 축제를 펼치려는 노력을 꾀했다. 그 후 85년부터 주관 기관이 '시민축제위원회' 로 바뀌었고, 97년부터는 축제 기간은 음력 팔월 열이레와 열여드레에 걸친 이틀로 정해서 시행하고 있다.

‘만날제’는 오랫동안 잊고 지냈던 시민들의 만남이라는 일차적인 목표와 대화, 낭만, 흥취, 삶의 생기를 불어넣는다는 부수적인 효과를 겨냥하고 있다. 그러나 행사 장소가 산비탈에 위치하여 낮다고 하더라도 산마루인 고개 부근에서 이루어지는 관계로 시민들의 접근이 쉽지 않다. 또한, 일반적으로 평일에 행사를 치르는 관계로 대다수 시민이 참여할 길이 원천적으로 봉쇄된다는 문제점을 가지고 있다. 거기다가 획기적으로 시민들의 관심을 끌 지혜를 결집하는 슬기로움이 더해져야 한다. 왜냐하면 다양한 계층의 시민을 유인해 낼 그럴싸한 이벤트가 없다는 취약점을 지적하지 않을 수 없는 현실이다.

이런 형편이니 해마다 반복되는 ‘만날제’가 그들만의 축제로 전락했다는 아쉬운 느낌이다. 하지만 이런 문제는 어디 여기뿐이랴. 전국 이백오십여 기초자치단체마다 나름대로 축제를 가지고 있는 현실을 감안한다면 심각한 고민이 필요할 듯하다. 물론 자기 고을을 널리 알리거나 특산물을 백방으로 선전하기 위한 방안이라는 주장을 액면 그대로 받아들인다 해도 다각적인 기준을 적용하여 수지 타산을 점검해서 좌표를 수정하는 열린 사고가 필요할 것 같다. 이런 뜻에서 오랫동안 병고에 시달리며 죽음의 문턱에 이른 환자를 일거에 완치시켰다던 명의 허준처럼, 우리 지역 축제인 ‘만날제’에 경향 각지에서 방문객이 구름처럼 모이게 할 빼어난 지략을 지닌 선지자는 어디에도 없는 걸까?

마산 가고파 국화축제

마산항 여객 터미널에서 도선을 타고 미끄러지듯 몇 분 동안 물길을 따라 달리면 돝섬의 선착장에 닿는다. 배에서 내려 섬 쪽으로 눈길을 주는 순간 비탈진 언덕에 형형색색의 국화(Chrysanthemum) 무리가 장엄한 꽃 대궐을 연상시키며 탐방객의 얼을 빼놓았다. 갑자기 현란하게 펼쳐진 비경에 속세의 풍진과 탐욕에 찌든 육신으로 거리낌 없이 다가가도 탈이 없는 것인지 판단이 서지 않아 걸음을 멈추고 혼란에 빠진 정신을 가다듬어야 했다.

섬에 첫발을 딛는 지점의 양쪽에는 그 크기에 압도될 정도의 꽃으로 가꿔진 수직의 벽이 울타리처럼 떡 버티고 서 있었다. 꽃 벽에는 대형 국화 문양이 자연스럽게 새겨지도록 기르는 빼어난 화훼 재주를 은연중에 뽐냄으로써 찾는 이들의 기를 애초부터 완전히 제압했다. 조금 멀리 눈길을 보냈더니 정면에 키 큰 수목과 건물을 제외하면 온통 꽃으로 치장되어 다른 행성에 불시착한 기분이었다. 이 국화 왕국의 백성은 귀족같이 화분에 잘 가꿔진 몇 송이가 아니라 일일이 헤아릴 수 없는 엄청난 양이었다. 주최하는 이들의 말에 의하면 이 지상에서 가장 규모가 크고 질적으로 견줄 수 없이 월등한 꽃의 축제란다.

샛노란 색깔의 해맑음인가 하면 순백의 단아함이 전부인 것 같아 정신을 빼앗기다 보면 자주색의 짙은 색감에 사로잡혀 문외한이 제대로 색깔을 가름하기 어려웠다. 크기를 생각하면 엔간한 어린아이 머리 크기만 한 대국에서 중국과 소국이 즐비했다. 게다가 아주 작아 앙증맞은 산국(山菊)의 무리도 눈길을 끌기에 충분했다. 이 꽃의 세계도 갖가지 품종이 공존하는 관계로 형형색색의 독특한 자태를 보이는 외양은 다양한 사람이 어우러져 사는 인간 사회와 다를 바 없었다. 또한, 옛날에 돌담이나 울타리 옆 혹은 깊은 산골짜기 절집의 뜰 안을 홀로 지키던 청초한 모습과 판이하다는 느낌이었다. 그 이유는 육종학의 발달이 크기와 모양 그리고 색깔의 측면에서 상식을 뛰어넘게 만들기 때문으로 여겨졌다.

하나의 줄기에 수백 송이의 꽃을 피우게 만드는 재주를 보인 대작이 있는가 하면, 회전식 탑과 등대가 있었고, 하트(Heart)나 우리나라 지도 혹은 나비 모양을 만든 형상은 모두의 발길을 붙들었다. 이렇게 다양한 자태에 넋을 잃고 여기저기 정신없이 기웃거리다가 잠시 휴식을 취하면서 국화를 원료로 만든 국화차와 국화술 그리고 국화화전과 빵 같은 먹거리를 맛보는 즐거움도 별스러운 멋을 느낄 수 있었다. 이들 먹거리 뿐만 아니라 압화(꽃 누르미 : Pressed Flower)나 속에 건조시킨 국화를 넣어 베개를 만드는 법이나 국화를 이용한 천연염색의 터득도 쏠쏠한 경험이 될 듯했다.

마산시가 "사랑해요 푸른마산! 함께해요 오색국화!"라는 슬로건을 내세우고 개최하는 '마산 가고파 국화축제'는 단순히 꽃만을 전시하는 축제가 아니었다. 거기에다가 여러 가지 행사를 곁들여 열흘 동안 개최하기 때문에 다양한 볼거리와 즐길 거리가 곁들인 축제였다. '꿈의 바다 음악회', '반야월 가요제', '국제 국악대전' 같은 다채로운 문화행사와 체험행사가 그것이다.

여기저기 둘러보다가 시큰둥해져 섬의 정상에 '하늘마루'라고 명명된 곳에서 다양한 형상의 국화를 둘러보고 휴식을 겸해서 모노레일 위를 달리는 '하늘 자전거'에 탑승했다. 하늘 자전거를 타는 재미는 또 다른 백미를 누리는 호사이며 대미를 장식하는 압권이었다. 이 자전거를 타고 천천히 돌면서 바로 밑을 내려다보면 섬은 온통 꽃 모양의 수를 놓은 형국으로 선경에서 노니는 신선이 된 기분에 이르러 황홀했다. 그러다가 시야를 좀 더 넓히면 사방이 마산만의 푸른 물결이 너울거리며 섬을 출렁이게 만드는 것 같아 묘한 감흥이 일었다.

바다가 심드렁해질 무렵에 눈을 조금 더 높이 들면 마산만을 둘러싸고 있는 산과 시가지가 병풍처럼 드리워진 자연과 조우했다. 그 순간 땅 위에 발을 딛고 삶을 꾸리는 평범한 자신을 새삼스럽게 돌아보면서 자연스럽게 현실에 안착하는 느낌이었다. 공중을 달리면서 꿨던 꿈에서 벗어나 땅에 내려와 바로 옆 빈터에 세워진 이은상 님의 '가고파 탑'과 세계적인 조각가 문신 님의 '평화'라는 조각상을 감상하면서 천만리 높이 날았던 상념들을 차분하게 불러들이기에 제격이었다.

옛 선인 중에 어떤 이는

국화야 너는 어이

삼월 춘풍 다 지나고

낙목 한천에 네 홀로 피었나니

아마도 오상고절은 너 뿐인가 하노라

라고 노래했었다. 여기서 특히 눈을 끄는 사항은 "서릿발이 심한 속에서도 굴하지 않고 외로이 지키는 절개라는 뜻으로 국화를 지칭하는 '오상고절(傲霜孤節)'이라는 말"이다. 그렇다면 나는 오늘 억세게 운이 좋았으며 태어나서 가장 많은 절개 곧은 이들을 친견하는 축복을 누렸다.

여태까지 여기저기서 가끔 화분에 심어 가꾼 몇 본을 가지고 개최하던 전시회를 구경했던 적이 있다. 하지만 이번에 여섯 번째로 맞이하는 '마산 가고파 국화축제'와 같이 작은 섬의 절반 이상을 꽃으로 꾸민 대단한 경우는 미답의 신선한 체험이었다.

내가 사는 아파트가 위치한 마산 서항의 코앞에 있는 돝섬에서 매년 축제가 열리기 때문에 자투리 시간에 달려가 볼 수도 있으련만 입때까지 그렇지 못해서 무척 궁금했었다. 그런 데다가 행사 소식이 다양한 매스컴을 통하여 널리 전해지면서 타지에 사는 지인들이 물어 와도 할 말이 없었다. 오늘은 강의가 없는 날이기에 오전에 편안한 마음으로 돝섬에 건너가서 관람했다.

하기야 축제가 어디 여기뿐이겠는가? 이 가을에도 전북 익산의 '천만 송이 국화축제'와 '국화 옆에서'라는 시를 지은 미당 서정주 님의 고향인 고창의 '100억 송이 국화축제'가 있다. 그런가 하면 전남 함평의 '2006 대한민국 국향대전'을 비롯하여 경향 각지에서 크고 작은 축제가 열리고 있다. 하지만 마산시에 따르면 우리나라에서 최초로 국화의 상업적 재배가 시작된 고을이면서 세계 최대 규모의 축제를 겨냥하며 야심만만하게 준비했다는데 의미를 부여하고 생각하니 더욱 대견했다.

우리는 여태까지 각종 행사장이나 관광지 혹은 유원지에서 '접근금지'나 '출입 금지'를 비롯하여 '잔디밭에 들어가지 마시오.'와 같은 팻말을 보면서 괜스레 기분이 상했던 적이 많다. 거기에는 '강요'나 '경고'라는 타율적 강압의 냄새가 짙게 풍겼기 때문이다. 그런데 이곳 국화밭의 출입을 삼가 달라는 팻말은 '아니 온 듯 다녀가세요.'라는 부드러운 문구로 바뀌어 있었다.

이제 사회가 다양한 면에서 긍정적인 모습으로 바꾸려고 부단하게 궁리한다는 희망의 싹을 마주하는 것 같은 전율을 느꼈다. 그 팻말을 거듭해서 대하던 기쁨뿐만 아니라 은은히 풍기는 국화 향에도 자연스럽게 취하도록 만들어 세상이 더욱 아름답게 보였다. 또한, 쪽빛 바다와 깊고 드높은 코발트빛 하늘은 한 층 정겹게 다가와 충일감에 푹 빠져 마냥 행복한 한나절을 보냈다.

⋮

진동 큰줄다리기

⋮

몇 날 며칠에 걸쳐 수많은 주민이 정성과 십시일반으로 울력을 기꺼이 투자해 동촌 냇가 너른 마당에 준비했던 제23회 '진동 큰줄다리기'가 눈 깜짝할 사이에 끝났다는 사실이 믿어지지 않고 한편으로는 허무했다. 그동안 몇 차례 구경을 했어도 매번 마찬가지 기분이었다. 상 위에 제수를 진설하고 축문을 읽고 절을 하며 고사를 지내는 시간은 지루할 정도였다. 그에 비해 찰나적인 순간에 결판이 난 짧은 겨루기 3판으로 막을 내리다니 무언가 성에 차지 않고 아쉬웠다. 올해는 동부가 2 : 1로 이겼으니 동부 지역에 축복이 담뿍 내리려나?

지름이 1.5m(클 때는 2m에 이른다고 함)이고, 길이가 200m에 가까운 거대한 괴물 같은 줄에 500명(많을 경우 1,000명 정도가 참여했다고 함)에 이르는 주민과 관객이 벌떼처럼 달라붙었다. 사회자의 선도에 따라 징재비가 치는 징소리에 나름대로 용을 쓰며 당기고 발버둥을 치기 시작하자 거짓말처럼 승패가 쉬 갈라졌다. 거대한 줄은 섣불리 당기거나 들려고 해도 꿈쩍하지 않는다. 따라서 어린 시절 초등학교 운동회 때 경험했던 밧줄을 연상했다가는 큰코다칠 일이다. 실제로 거대한 큰 줄을 잡고 당긴다는 것은 언감생심이다. 기껏해야 큰 줄에 여러 가닥으로 이어진 작은 줄을 수많은 사람이 잡아당기면 서서히 꿈틀거리다가 본격적으로 달리기 경연이 가열되면 탄력이 붙어 부지불식간에 어느 한쪽으로 승패가 결정되었다. 그 순간 마치 태산을 옮겨놓은 것 같은 우공이산(愚公移山)이라는 말이 떠올랐다.

자연과 사람 그리고 산이 하나로 어우러지는 정월 대보름을 맞아 모두가 마음에 품은 소원이 이루어지도록 빌고 액운을 날리고픈 간절한 마음을 담은 민속놀이가 줄다리기나 달집태우기 따위이다. 이런 전통 민속놀이가 우리의 가까운 이웃들에게 전승되어 해마다 재현되어 명맥이 이어진다는 것은 축복이고 행운이다.

원래는 고려 때부터 시작된 민속놀이로 알려졌다. 이 행사와 함께 펼쳐졌을 달집태우기와 여타의 민속놀이가 한 해의 풍년과 마을의 안녕을 기원하는 뜻을 담았다. 그런데 이는 일제 말기까지 전승되다가 중단되었는데, 지난 1965년경에 재현되었다는 전언이다. 당시만 해도 마산에 인접한 진동의 주업은 농업인 까닭에 농경문화의 성격이 강해 주민들의 뜻을 쉽게 하나로 수렴하여 재현했을 것으로 유추된다. 오늘날처럼 도시화된 정서였다면 어려웠을지도 모른다.

1992년 처음으로 행사가 열렸다는 기록이다. 지금도 별반 다르지 않겠지만, 음력으로 섣달 보름부터 줄 만들기 작업이 이어졌다는 회고담이다. 지금의 삼진 주유소에서 동촌 다리까지 작업 틀을 설치하고 일단 가는 줄을 꼬았단다. 그리고 만들어진 가는 줄을 행사장으로 옮겨와서 크고 굵은 줄로 틀어 완성했다고 들려준다.

마산·창원 쪽의 동부와 고성·통영 쪽의 서부로 갈라 동서 진영으로 나누어 시합을 펼친다. 이는 편의상 나눔의 규칙일 뿐 실제로 시합을 할 경우는 그 기준을 철저히 따지거나 감독하는 경우가 없다. 줄을 당겨야 할 사람이 부족하다 싶으면 행사 주관자가 외지의 관광객에게도 참여토록 청을 하고 독려한다. 문자 글대로 외형적인 시합의 형태를 취하면서 주민과 외지인의 혼연일체로 어우러져 즐기는 축제마당이다.

이렇게 큰 줄로 줄다리기를 하는 광경은 생전 처음으로 경악 그 자체였다. 줄의 길이가 150~200m이고, 큰 줄(몸줄)의 지름이 1.5m이다. 게다가 젖줄 꼬리 줄까지 만드는데 소요되는 볏짚이 자그마치 700~800동이라는 얘기이다. 과거 탈곡기로 타작을 하던 시절 묶었던 볏 한 단의 지름은 대략 15cm 남짓한 크기였다. 그리고 볏짚 한 동은 '볏짚 100단'을 이른다. 그러므로 큰 줄을 만드는데 볏짚 800동이 소요됨은 결국 볏짚을 모두 80,000단이라는 엄청난 양이 필요하다는 계산이다. 여기서 짚의 키가 1m라고 한다면 짚단째로 연이어 줄을 세운다면 자그마치 8km가 된다는 사실을 생각해 봐도 줄을 트는데 어마어마한 양의 짚이 사용됨을 어림짐작할 수 있다.

큰 줄은 동부가 숫줄, 서부가 암줄을 틀었는데, 초기에는 사용되는 짚을 집집마다 갹출했었다. 그러나 최근에서는 모두 외지에서 구매하여 충당하는 것으로 알려졌다. 줄을 트는데도 심지어는 섣달 보름부터 시작하여 정월 보름까지 한 달 정도 소요되기도 했던 관계로 부녀자들도 술과 음식을 장만하는데 참여하기도 했었다.

줄이 완성되면 밤에 주민들이 돌아가며 번을 서면서 지키는가 하면 마을에서 모시던 동제나 산신제처럼 마을에서 추앙받는 주민을 선정해 냉수에 목욕재계하고 제를 올리며 돌보기도 했다는 얘기이다. 또한, 시합 당일엔 동촌과 서촌이 각각 깃대를 앞세우고 풍물패를 앞세워 동네 구석구석 돌면서 분위기를 고조시켰다고 한다. 한편, 원래 이 승패는 단판 승부를 원칙으로 했는데, 요즈음은 3판 2승제로 치르고 있다.

세시 풍속의 참된 얼과 혼을 계승하고 모든 주민의 무사 안녕과 풍년을 비롯하여 대동단결을 염원하는 취지로 달집태우기와 여러 부수 행사를 지역의 민속문화보존회가 야심 차게 선보이고 있다. 이런 행사가 외돌아진 오지나 심심산골이 아닌 도시 외곽지역에서 열리는 경우가 없다. 게다가 이처럼 큰 줄로 줄다리기를 하는 경우는 어디에서도 찾아보기 어려운 독보적인 문화유산이다.

전어축제

오매불망 기다리던 전어의 계절인 가을이 열리면서 올해도 어김없이 마산 어시장에는 전어축체 막이 올랐다. 그저께인 9월 19일부터 오늘 21일까지 마산 어시장 일원에서 '제14회 마산 어시장 가을 전어축제'가 펼쳐지며 각종 이벤트와 함께 현재 진행형이다. 지난 2000년부터 시작하였기에 어느덧 10년을 훌쩍 넘겼기에 더욱 알차고 사랑받는 축제로 도약할 발판을 마련하고 웅비를 꿈꿀 이력을 차곡차곡 여투어 끌끌한 축제로서 면모가 옹골지다.

흔히 바닷가 사람들은 봄 도다리 가을 전어를 노래처럼 읊는다. 봄에는 도다리가 최고이고, 가을에는 전어가 으뜸임을 이르는 얘기다. 통통하게 살진 가을 전어는 '뼈를 발라내고 뜬 회' 또는 '뼈와 함께 자잘하게 썬 회(세꼬시)'를 비롯해 '무침' 어느 것으로 먹어도 고소하고 쫄깃쫄깃해 일품이다. 그런데 나는 익숙지 않아 기피해도 진정한 마니아들은 뼈 채 썬 회(세꼬시)를 오독오독 씹어야 제맛이라며 즐긴다. 그러나 나는 회를 꽤나 즐겨도 회보다는 숯불이나 연탄불 위에 석쇠를 놓고 즉석에서 구워내는 '전어구이'를 최고로 여긴다.

하기야 예로부터 이르지 않았던가. 전어를 굽는 냄새는 고소하고 맛이 있어서 집을 나간 며느리도 그 냄새를 맡으면 돌아온다는 얘기는 전설처럼 자리 잡은 지 오래다. 지난날 주머니 사정을 감안해 포장마차를 찾던 시절의 얘기다. 적당히 소주잔으로 목을 축이며 어묵 국물을 훌쩍일 때 연탄불에 굽던 전어의 모습에 침이 꿀꺽이던 기억은 아직도 행복하고 미간에 웃음이 번진다. 갓 구워 따끈따끈한 전어를 통째로 들고 뼈째 씹었던 충만감과 행복감은 그 무엇으로도 대신할 수 없었다.

축제가 막을 올리는 개막식을 넘겨다 볼 요량으로 살뜰한 추억에 젖어 해거름 녘에 리베라 호텔 쪽의 어시장 입구에서부터 어슬렁어슬렁 구경에 나섰다. 나를 찾는 지인이나 찾아야 할 사람이 없어서 유유자적 발걸음 내키는 대로였다. 개막식에는 어시장 고객지원센터 앞의 공터에서 초청가수 노래와 야시장, 어시장 활력 콘서트를 비롯해 각설이 타령의 공연이 있다는데도 거기엔 마음이 내키지 않았다. 그저 몰려든 인파 속에서 밀고 밀리며 걸으면서 시장의 활어를 전문으로 하는 횟집과 수조 속의 활어와 생선 가게를 구경하다가 말끔하게 단장된 건어물 가게 거리를 살필 심산이었기 때문이다.

외돌아진 구석으로 들어서 행사 안내 팸플릿을 일견했다. 행사 개막일의 일정은 앞에서 얘기한 바와 같고, 둘째 날엔 어시장 가요제, 마산 성신대제, 오광대 탈놀이 공연, 추억의 동창회 뮤직 퍼레이드 같은 다양한 이벤트를 내세워 유혹했다. 그리고 마지막 날엔 '어식(魚食) 건강 100세 힐링 콘서트'를 비롯해 '관람객이 함께 참여하는 이벤트'가 빼곡하게 적혀 있었다. 이들 이벤트 외에도 관람객에게 제공되는 '전어무침 무료 시식회' 와 '수산물 현장 경매' 같은 양념도 알차게 준비되어 볼거리, 먹을거리, 참여할 거리의 다양한 재미가 쏠쏠해 보였다.

해를 거듭하면서 내용이나 방법도 자연스럽게 진화하게 마련이었던가. 올에는 개막식의 주된 무대인 어시장 고객지원센터 앞에 제2 특설무대는 활어횟집 부근에 설치하는 것처럼 관람객 밀착 지향형 행사로 이끌도록 세심한 배려의 흔적이 도처에서 역력히 드러났다. 이 축제가 겨냥하는 일차적 목표는 전국에서 많은 관광객을 유치하여 함께 참여하고 어울리며 전어 시식과 행사 관람토록 하는 것이다. 아울러 각종 활어와 건어물을 둘러보고 구매케 하려는 의도가 깔려있다. 그렇게 함으로써 지역 상인의 매출 증대를 꾀하고 마산 어시장을 널리 알리며 재래시장의 활성화 기틀을 다지려는 꿈을 담고 있다.

차별화된 유일무이한 축제를 생각해 본다. 지방자치제가 시행되면서 기초 자치 단체마다 적게는 한두 가지 많게는 여남은 가지의 축제가 열려 가히 축제 공화국 양상이다. 따라서 붕어빵 축제가 숱한 현실이다. 그저 그런 축제가 날짜와 겉치레만 달리해서 개최되어 예산 낭비라는 비난이 심하다. '전어축제' 만 하더라도 그렇다. 충남 서천의 '홍원항 전어축제 ', 보령의 '무창포 전어축제', '섬진강 문화축제(구 전어축제)', ' 보성 전어축제', '장흥군 전어축제' 를 비롯해 여러 곳에서 대동소이한 내용의 축제가 날짜와 이름만 살짝 바꿔서 열리고 있다.

이런 맥락에서 보면 마산의 '어시장 전어축제' 도 그 아류에 속하기 때문에 특화 전략을 통한 수월성 확보가 앞으로 축제 성패를 가름할 수 있다. 전국에서 찾는 축제가 아니면 앞으로 남고 뒤로 손해 보는 눈 감고 아웅 하는 식의 엉터리 수지타산에 자위할밖에 도리가 없는 동네잔치 수준을 벗어나기 어렵다는 이유에서이다. 우리나라 아니 세계적인 명품 축제라는 엄숙한 화두가 절박한 현안이 되었다. 하지만 그 문제를 슬기롭게 풀어낼 잠재된 능력을 가진 DNA를 과연 우리가 지니고 있는 걸까?

마산 대동제

마산에는 다른 지역에서 유래를 찾아보기 어려운 마산 대동제(馬山 大同祭)라는 지역의 문화예술 축제가 있다. 매년 정초에 지역의 문화 예술인과 시민들이 새해를 맞아 한자리에 모여 선·후배, 이웃 사이에 세배와 함께 덕담을 나누면서 문화를 공유하려는 취지에서 각자의 작품을 출품해서 공연 전시도 겸하는 행사이다. 지난 갑오년 정월에는 제27회 대동제를 대우백화점 8층 대우갤러리에서 개막했었다.

그 연원 및 개최 경위는 대충 이렇다. 지난 1987년 겨울 마산 지역의 문화 예술인들이 선·후배를 찾아뵈며 세배를 나눌 수 없다는 현실에 착안하여 합동으로 신년 하례의 방안을 모색했다. 이를 구체화하기 위해 운영 위원회를 결성하고 설날을 지난 뒤 초사흗날에 마산합포구 수성동 '고모령'이라는 실비 술집에서 만나 합동으로 세배를 나누면서 민속놀이와 공연을 비롯하여 작품 전시회를 개최하는 방안을 모색했다. 그런데 자연스럽게 예술인과 시민들이 함께하는 자리를 만든다는 뜻에서 며칠 동안 행사를 계속하기로 작정했던 것이 효시이다. 이 계획에 따라 매년 음력 정월 초사흘부터 대보름날까지(1월 3일~1월 15일) 12일 동안 신포동에 자리한 대우백화점* 갤러리와 창동예술소극장을 비롯해서 추산동 산비탈 둔덕에 자리한 문신미술관 등에서 이 대동제 운영위원회 주최로 개최해오고 있다.

대동제 참여는 미술, 문학, 사진, 음악, 무용, 국악, 연극, 대중예술, 민속놀이 등이다. 그리고 참가 자격은 마산 대동제 취지에 동참하는 시민과 지역 예술인으로서 전시 작품은 그림이나 사진과 시화를 비롯한 서각과 입체 작품이다. 한편, 행사를 큰 틀에서 나뉘면 개막식, 전시, 예술 공연, 기원제와 폐막 등의 차례로 이어진다.

지난 80년대 말까지도 부림시장 안쪽 골목길에 '고모령'이라는 허름한 선술집이 있었다. 그곳에 가면 지역에 둥지를 틀었던 시인이나 화가를 위시해서 음악인을 망라한 원로 문화예술인들이 막걸리나 맥주잔을 앞에 놓고 세상사나 문학에 대한 담론을 펼치는 모습이 일상처럼 흔했었다. 그렇게 모여들던 지역 예술인들이 창안했던 기막힌 묘책이 마산 대동제의 모태였다.

그렇게 해마다 설날 새해맞이 '대동제'를 개최하고 지역사회의 모든 예술인들이 모여 세배도 하며 한자리에 어울려 문화 예술인의 축제를 시작한 지가 어느결에 28번째인 을미년 대동제 행사의 날이 밝아왔다. 대동제의 산실이었던 고모령은 변하는 세월 따라 역사의 뒤안길로 사라져 자취를 찾기도 힘든 현실이다. 하지만 거기서 태어난 옥동자는 올해 스물여덟 번째 생일을 맞으려 하니 세월의 무상함이어라.

---

* 대우백화점 : 대우백화점은 이 글을 쓴 이후에 주인이 바뀌어 '롯데백화점'으로 이름이 변경되었다.

대승적 차원의 발전적 통합이라는 기치를 내걸고 마산과 진해 그리고 창원이 하나의 시로 통합한 지 오래다. 따라서 이제 마산은 창원시의 다섯 개 구(區) 중에 두 조각에 해당하는 도시의 한 부분이다. 이런 까닭에 마산 대동제 역시 이전처럼 활발한 시의 축제 분위기가 아니다. 통합 창원시가 돼 버린 지금 어쩐지 향수를 불러일으키기에 충분한 이유와 아쉬움이 커질 수밖에 없다. 그래도 지역 예술인들의 끈끈한 정표이기도 한 이 행사는 그 옛날 마산 고유의 얼과 혼을 살리기 위해서라도 영원히 지속되고 명칭 또한 고유명사로 존속하길 소망한다. 아울러 마산 문화예술의 르네상스를 이룩하는 초석이 된다면 오죽이나 좋을까?

세상을 살다 보면 때로는 돌아봄이 필요하고, 때로는 내다봄이 절실한 현안이기도 하다. 하지만 세월과 함께 생몰(生沒)을 거듭하며 발전하는 자연의 섭리를 곧이곧대로 직시해야 할 혜안이 필요하다. 이런 명제를 전제로 유례를 찾아보기 어려운 마산 대동제는 지난날의 돌아봄이 아닌 내일을 향한 내다봄의 지혜를 일깨우는 자성과 성찰의 계기로 거듭나길 염원한다.

⋮

진동 미더덕축제

⋮

진동은 우리나라 미더덕(Warty sea squirt)의 70%를 생산하는 특산지로서 매년 4월이면 전국에서 유일하게 '진동면 요장리 일원의 광암항'에서 사흘 일정으로 '진동 미더덕축제'(2014년 제9회로서 4월 11일~4월 13일)가 열린다. 이 축제는 미더덕의 판매 촉진은 물론이고 지역 어민의 매출을 늘리고 관광객들을 유인하는 역할을 겸하고 있다.

원래 향이 독특하고 오독오독 씹히는 소리와 함께 입안으로 번지는 고유한 맛이 빼어난 미더덕은 바다에서 나는 더덕과 같이 생겼다 하여 미더덕이라고 불린다는 얘기이다. 그런데 지난날에는 곤봉형이나 둥근형에다가 표면이 울퉁불퉁하고 색깔마저 별로인 데다가 여타의 해산물처럼 즉석에서 먹기 어렵다는 이유에서 눈길을 끌지 못하고 외면당했었다. 그러던 미더덕이 양지로 나서 각광을 받기 시작한 전기를 맞은 것은 비교적 최근의 일이란다.

그동안 제대로 된 평가를 받을 기회가 없어 방치되었다가 미더덕 속에는 혈중 콜레스테롤을 개선해 주는 성분이 들어있어 성

인병 예방에 효과가 있다는 연구결과가 발표되었다. 결국, 동맥경화, 고혈압, 뇌출혈 예방이나 항암 작용과 노화 억제 효과 등이 있다는 사실이 입증되면서 미더덕 홍보와 보급에 기폭제가 되었지 싶다. 게다가 지난 2013년 9월 국립 수산물 품질 관리 원에서 '지리적 표시(Geographical Indication)'* 수산물 제16호로 등록하기도 했다.

오늘날과 같은 축제가 열린 연원 및 개최 경위는 대충 이런 과정을 거쳤다. 1999년 미더덕이 양식품종으로 지정된 이후 진동면 경제에 커다란 영향을 미치는 특산물로 자리 잡아갔다. 이에 따라 미더덕과 오만둥이(주름 미더덕)의 판매를 촉진하고 홍보하기 위해서 미더덕 축제를 개최하기에 이르렀다.

지난 2005년 4월 '마산 미더덕축제' 라는 명칭으로 처음 출발했고, 그 이후 매년 4월에 진동면 요장리에 자리한 진동 수협의 '광암 위판장' 옆에서 열고 있다. 그리고 2006년부터는 일제 강점기에 명맥이 끊겼다가 1995년부터 진동 민속문화보존회가 재현한 "불꽃 낙화(落火)축제"와 함께 엮어서 "불꽃 낙화&미더덕축제"라는 이름으로 개최하기도 했다. 그러다가 2011년부터 다시 "진동 미더덕축제"로 이름을 바꿔서 입때까지 축제를 열

---

* 지리적 표시제(GI : Geographical Indication) : 농수산물 및 가공품의 명성·품질 기타 특징이 본질적으로 특정 지역의 지리적 특성에 기인하는 경우 그 특정 지역에서 생산된 특산품임을 표시하는 제도이다. 이는 우수한 지리적 특성을 가진 농산물 및 가공품의 지리적 표시를 등록·보호함으로써 지리적 특산품의 품질향상, 지역특화산업으로의 육성을 도모를 목표로 한다. 지리적 표시제는 세계무역기구(WTO) 협정에도 규정돼 있다. 이에 따르면 원산지 국가에서 보호받지 못하는 지리적 표시는 국제적으로도 보호받을 수 없다고 천명하고 있다. 결국, 이 제도는 특정 장소의 이름을 상표권으로 인정하는 제도이다.

어 오고 있다.

한편, 미더덕 축제의 대략적인 뼈대는 이렇다. 그동안 개최되었던 경우를 살펴보면 정형적인 틀을 고집하지 않고 매년 상황을 감안하여 프로그램을 조정하여 구성했던 것으로 보인다. 따라서 첫날은 전야제와 개막행사, 둘째 날은 공식적 개막행사와 문화 공연, 셋째 날은 마무리 공연행사 등을 배경으로 하여 불꽃놀이와 미더덕 나눔 행사나 수산물 경매, 미더덕 맛보기와 다루기 같은 생활밀착 행사가 이루어졌다. 이를 통해 외지에서 찾아온 관광객과 주민이 어울려 즐기도록 유도함으로써 미더덕을 핵심축으로 하여 볼거리와 먹거리가 다양한 축제를 겨냥해 행사를 이끈 것 같다.

전문가들에 의하면 미더덕의 종류는 미더덕, 두 줄 미더덕, 세 줄 미더덕, 상칭 미더덕, 긴 자루 미더덕으로 구분한다는 얘기이다. 자세히 문헌을 들여다봐도 그 차이와 특징을 정확하게 꿰뚫는 것은 전문가의 몫으로 여겨져 그냥 넘기기로 했다. 그리고 미더덕은 된장찌개, 찜, 덮밥, 콩나물탕, 콩나물 찜, 부침개 등과 같이 다양하게 요리된다. 내 개인적으로는 미더덕찜과 미더덕 된장찌개, 미더덕 덮밥을 최고라고 손을 들어주고 싶다. 을미의 새봄이다. 벌써부터 꽃 피는 4월 광암항에서 열릴 제10회 '진동 미더덕축제' 현장을 찬찬히 살피면서 봄을 완상하며 즐길 다부진 꿈이 눈앞에 어른거린다.

마산 가고파 국화축제 II

'빛나는 오색국화 가고파라 꽃의 바다' 라는 주제 내세운 제14회 '마산 가고파 국화축제' (2014년 10월 24일~11월 2일)가 열리는 마산항 제1부두는 꽃의 세상이 펼치는 별천지 선계의 무릉도원인가? 해안도로 하나를 건너면 풍진에 찌든 우리네가 아옹다옹 삐걱대며 살아가는 속세인 동네와 영판 다른 모습이다. 언제부터인가 부두 안쪽을 넘겨다볼 수 없게 가로막았던 담벽을 과감하게 철거하면서 황량한 민얼굴을 드러내 을씨년스러웠다. 그래서 늘 외면하고 지나치던 자리에 울긋불긋 꽃 대궐이 차려지고 요란하게 치장하여 어리둥절해도 기분은 상종가 언저리를 맴돈다.

마산과 국화는 어떤 연이 이어지고 있을까. 마산은 우리나라 국화재배의 시조 격인 곳으로 1961년 회원동 일대에서 여섯 농가가 전국 최초로 국화의 상업적인 재배를 시작했다고 한다. 이 이후 비약적인 발전을 거듭하는 중 1972년 우리나라 최초로 일본에 국화를 수출했다. 그리고 현재 마산의 국화 재배 면적은 전국의 13%에 이르는 국화 산업의 메카이다. 그런 맥락에서 마산국화의 우수성을 국내외에 널리 홍보하고 국화 소비 촉진을 겨냥해서 2000년부터 마산 국화축제를 개최하게 되었다는 기록이다.

올해의 축제 내용을 살펴보니 전야제, 개막행사, 국향대전, 전시행사, 체험행사, 문화행사 등이 다양하게 기획되어 있다. 게다가 단순하게 수많은 국화를 전시하는 단순한 전시를 뛰어넘을 기획을 전제로 펼쳐지고 있었다. 7,600여 점에 이르는 국화 작품을 제대로 연출하기 위해 주제존(Thema Zone), 국화마루, 명작존, 해양존, 국화정원, 키즈존, 일반테마존 등의 7개 테마로 나누어 창의적인 스토리텔링(Storytelling)으로 구성해 전시하고 있었다. 이 같은 원칙하에 전시장은 '행정·안내부스'를 비롯하여 모두 30개로 나뉘어 나름대로 이름을 붙여 있었다. 그중에 몇 개 눈에 띄는 이름이다. 주제광장(힘찬쌍마), 애마부부, 고니부부, 다륜대작, 공룡, 질주하는 청마, 기네스 경신작, LOVE 모형 따위가 그것이다.

행사장 입구에 들어서며 마주하는 주제광장(힘찬쌍마)에는 청마의 해인 갑오년을 맞아 '도약과 새 시대 큰 창원' 을 상징하는 대형 조형물(높이 7미터)인 "힘찬쌍마"를 배치해 찾아오는 탐방객을 압도하며 강한 인상으로 각인시키기에 충분했다. '문화체육 관광부 선정 우수축제' 에 걸맞게 볼거리가 많아 전국 최대 규모의 단일종 '꽃 축제' 의 명성이 명불허전이 아니다. 내 머리로는 모두 기억하기도 힘들 정도로 심혈을 기울인 걸작들이 반겼다. 호랑이, 태극 모양, 나무, 말, 다양한 동물, 공작, 고니, 하트, 용, 탑, 기와집과 벽돌집 형상 등에 푹 빠져 꿈꾸듯 전시장을 돌고 또 돌게 만들었다. 전체적으로 이쯤 되면 단순히 화훼 전문가가 아니라 예술인의 경지에서 탐욕이나 번뇌와 결별하지 않으면 이룰 수 없는 장인을 떠올리게 했다.

전시회를 위해 초봄부터 일구월심으로 전력을 쏟았을 국화농가의 피땀을 가늠해 보며 하나하나마다 기웃거리다가 다륜대작(多輪大作) 앞에서는 할 말을 잃고 발길이 얼어붙었다. 국화 한 줄기에서 인고의 세월을 견뎌낸 끝에 1,507송이를 꽃피워 낸 "천향여심(千香旅心)" 앞에서는 멍청해질 뿐이었다. 한참을 석고상처럼 미동도 없이 서 있다가 꽃송이를 세어보려고 몇 번인가를 시도하다가 헷갈려 번번이 실패하고 말았다. 그리고 관계자를 찾아가 물었더니 1,507송이로 세계 최대 다륜대작으로 영국의 기네스 세계 기록(GWR : Guinness World Records)을 5년 연속 갱신한 쾌거라는 얘기였다.

여기까지 오는 과정이다. 2007년 702송이, 2008년 1,053송이, 2009년 1,315송이, 2010년 1,370송이의 꽃을 피운 국화의 외형은 지름이 2.8미터이고 높이가 2.6미터로서 장방형 원통 밑바닥을 자르고 세운 형태의 작품이었다는 기록이다. 이 수준이라면 숭배의 대상인 신(神)으로 여겨도 모자람이 없지 않을까? 관람객마다 이 국화 앞에서 정갈하고 경건한 마음으로 두 손 모으고 자녀의 시험 합격, 건강, 결혼을 빌어볼 만한 가치가 충분해 보였다.

축제는 전시회가 개최되는 마산항 제1부두에 국한되지 않았다. 지금 마산 시내 어디를 둘러봐도 국화 풍년으로 넘쳐나고 있다. 이는 축제를 위한 주체측의 눈물겨운 홍보 전략의 일환이다. 축제 분위기 조성을 한껏 높이기 위해서 마산의 관문 도로와 시내 요소요소에 꽃 탑을 여러 개 설치했다. 그런가 하면 공한지에 봄부터 국화를 식재하여 가꾸거나 국화 화분을 수없이 전시하는 게 확연했다.

단순한 볼거리만으로 관람객의 유인책으로는 어딘지 부족할지 모른다, 그런 모자람을 채우는 방안 중의 하나가 다양한 장르의 문화나 방안이 동원되게 마련일 게다. 행사 기간 중에 경연이나 공연 행사로 국화 가요제, 꽃그림대회, 국화 백일장, 천국 플라워 경기 대회 같은 행사가 개최되었다. 그리고 가족 단위의 체험 부스로 국화 분재작품 품평대회, 마산항 해양레포츠 체험 따위가 병행되도록 짜여 있었다. 아울러 수석관, 국화 분재, 수목 분재, 야생화 같은 양념으로 구색을 갖춰 적당히 얼버무리는 연출을 통하여 관람객에게 또 다른 즐거움과 볼거리를 제공하는 세심한 배려까지도 맘에 쏙 들었다.

산장의 여인과 요양원

한 뼘쯤 더 다가가면 서산마루에 걸릴 것 같은 늦가을의 석양을 등지고 바람결에 낙엽이 휘날리는 요양원의 뜨락을 그림자처럼 거니는 수척한 환자의 자태는 이방인의 눈에 어떤 모습으로 투영될지 모르겠다. 언제나 함께 살아온 이가 아니라 출입통제가 철저한 영역에 특별 허가를 받고 방문했던 맑은 영혼을 가진 예술인에게는 어떻게 비칠 것인지 자못 궁금하다. 거기다가 백옥 같은 살결에 파리한 얼굴의 젊은 여인네가 하얀 환자복을 입고 단풍이 무르익은 정원을 가로지르는 모습에 어떤 표현이 가능할까?

그런 정황을 가슴이 터질 듯한 아픔과 고독으로 풀어낸 '반야월' 님이 있었다. 님은 '산장의 여인' 이라는 노랫말을 통해서 곱디고운 시어로 속삭이듯이 조용하지만, 심금을 울리는 뭉클한 음률로 깊은 속내를 열어 보였다.

아무도 날 찾는 이 없는 외로운 이 산장에

단풍잎만 차곡차곡 떨어져 쌓여있네

세상에 버림받고 사랑마저 물리친 몸
병들어 쓰라린 가슴을 부여안고
나 홀로 재생의 길 찾으며 외로이 살아가네

아무도 날 찾는 이 없는 외로운 이 산장에
풀벌레만 애처로이 밤새워 울고 있네
행운의 별을 보고 속삭이던 지난날의
추억을 더듬어 적막한 이 한밤에
임 뵈올 그 날을 생각하며 쓸쓸히 살아가네

이 노래의 작사자 '반야월' 님이나, 작곡가인 '이재호' 님 그리고 노래를 부른 가수 '권혜경' 님을 통하여 숨겨진 얘기를 들은 바 없다. 다만 마산에 살다 보니 우연히 '반야월' 님이 이 고장 출신이라는 사실과 그 노래의 배경이 된 장소가 지금의 '국립마산병원' (옛날의 마산 결핵요양원)이었다는 얘기를 전해 들었다.

확증은 없지만 지난 1950년대 중반 어느 가을날 '반야월' 님이 환자들의 위문공연을 왔었단다. 그때 엄격히 격리된 요양소의 경내를 헐떡이며 걷고 있던 여인의 슬프고 애절한 모습을 보고 시상이 떠올라 노랫말을 만든 것이라고 했다.

가수 '권혜경' 님도 입원했었다는 풍문을 듣고 이런저런 통로와 인터넷을 이용하여 확인해 보려고 했으나 애통하게도 정확한 기록을 찾을 수 없었다. 그러나 그 노랫말의 배경이 '국립마산병원' 이 틀림없다고 믿고 있다. 그 믿음은 다음과 같은 몇 가지 사실들에 근거한다.

우선 그런 내용을 전해주던 이들이 이런 예술 분야에 몸을 담았었고 '반야월' 님과 인연이 있던 전문가들이라는 점이다. 그리고 현재 '국립마산병원'의 울타리 옆을 지나가는 산길을 걷기 위하여 한 달에도 열 번 이상 지나면서 느낀 지형적 특성을 감안할 때 허무맹랑하게 날조된 얘기가 아니라는 확신을 갖게 되었다. 또한, 최근에 이 지역에 소재한 텔레비전 방송에서 그 사실을 방영한 내용이 움직일 수 없는 증거라고 생각한다.

승용차로 신마산의 경남대학교 앞 월영광장 오거리에서 '가포'를 향하여 삼사 분 달리면 오른쪽으로 '월영마을'(옛날 마산 국군통합병원 자리)이라는 아파트 단지가 나온다. 이 아파트 단지를 거의 빠져나가다 보면 길 왼쪽에 옛날 한국철강 터가 나타난다. 여기서부터 '가포'에 이르는 길은 왕복 2차선 일지라도 좁고 어설프기 짝이 없다. 이 도로를 평지로 백여 미터 남짓하게 달리면 도시의 변두리에서 보기 쉽지 않은 이백 미터 정도 길이의 가파른 오르막 고갯길이 나타나 숨을 가쁘게 만든다.

고갯길은 불과 20년 전에 십여 미터 깎아내리고 넓혀 지금은 상당히 순탄한 길이 되었다. 그래도 과적했거나 오래된 차량들은 힘겨워 매연을 내뿜으며 오가는 맹랑한 경사를 하고 있다. 그러니 그 공사 이전에는 외돌아져 통행이 뜸한 시골길과 다름이 없었으리라. 이 고갯마루에 올라서면서 왼쪽에 나타나는 철책 울타리를 따라서 개설된 도로를 직진하다가 다시 직각에 가깝게 왼쪽으로 휘어지는 철책과 궤를 같이하며 달리면 '가포'에 이른다.

그런데 이 고갯마루의 왼쪽에 나타나는 철책 울타리 아래쪽으로 움푹 들어앉은 분지에 '국립마산병원'이 숨은 듯이 자리하고 있다. 이곳은 원래부터 병원이 있던 구관이다*. 그리고 몇

* 2015년 1월 현재 구관은 발전적 이전 신축을 위해 철거 중이다.

해 전에 길 건너 위쪽 산속에 별관을 건축하여 지금은 구관과 별관으로 되어있다. 그러므로 '산장의 여인' 의 무대가 되었던 것은 구관이다.

'국립마산병원' 의 터는 삼면을 산이 병풍처럼 감싸 안은 형국이고 한쪽으로 겨우 바다가 얼핏 비껴 보일 뿐이다. 병원의 정면인 남쪽을 향해 서서 보면 왼쪽에 '가포' 바다 일부가 호수처럼 내려다보이기 때문에 해안 가까이에 있다기보다는 풍광이 빼어난 산속 깊숙한 곳에 다소곳이 자리한 안식처 같다. 따라서 계절과 관계없이 바람이 거의 없고 정남향 움푹 들어간 분지에 자리 잡아 따스하고 안온하니 풍수 지리적으로 명당임이 틀림없다.

게다가 한국전쟁 이후에 나무를 땔감으로 사용하던 시절부터 주위에 도벌을 철저히 금지해 수령이 아주 오래된 나무가 즐비한 데다가, 처음부터 결핵요양원이라는 특수성 때문이었는지 부근에 민가가 한 채도 없이 고립되어 있다. 게다가 병원 정문 앞에 있게 마련인 병문안용 선물 가게 하나도 없으니 절해고도를 연상시키는 수도원 같은 분위기이다.

한편, 처음 찾는 길손들의 눈에는 다른 병원처럼 가족이나 친지의 내왕이 없어 신기할 지경일 것이다. 외부인 출입도 필요 이상으로 통제되고 있으며 환자들도 병실 밖 출입이 거의 없어 한적하기 그지없는 산장을 연상시켰을 개연성은 충분하다. 몇 년 동안 수없이 이 병원 옆을 스쳐 지나며 유심히 살펴봤어도, 정문을 드나드는 사람이나 차량은 거의 없었다. 그렇기 때문에 고립무원의 외로움이 짙게 밴 별천지 같다는 생각에 이르는 것은 무리가 아닐 성싶다.

한국전쟁 무렵에 변변한 치료 약이 없어 결핵에 한번 걸리면 병마를 털고 일어서지 못한 채 유명을 달리해야 했던 암울한 시절을 생각해본다. 신통한 치료 약이 절대 부족하며 결핵으로부터 자유롭지 못했던 시절에, 환자들에게 희망의 병원이라는 인식은커녕 두려움의 대상이었을 것으로 여겨진다. 따라서 병원의 정문은 이승과 저승을 구분하는 지옥문쯤으로 치부했던 두려움의 대상이 아니었을까?

그런 정황이기에 입원환자들이 뜨락을 거닌다고 해도 가볍고 상쾌한 기분을 느낄 수 없었을 것으로 생각된다. 하기야 치료 약이 한없이 좋아졌다는 지금도 전 세계에 결핵에 감염된 사람이 20억에 이른다고 한다. 또한, 우리나라에도 현재 10만을 넘는 환자가 치료와 요양을 받고 있으며, 일 년에 몇 천 명 정도가 목숨을 잃는다는 관점에서 무서운 병임이 틀림없다.

오늘도 겨울답지 않게 완연한 봄 같은 날씨의 꼬드김에 산길을 찾아 나섰다가 돌아오는 길이었다. 산골짝 아래로 내려다 보이는 '마산 국립병원' 뜨락을 천천히 거니는 환자 모습이 들어왔다. 평소에도 한없는 고독이 짙게 드리워진 산장 같은 자태가 안쓰럽다 못해 애처로웠다. 그런데 오늘따라 석양으로 길게 늘어진 산그늘 때문인지 잔뜩 가라앉은 듯한 그 정경이 자꾸만 눈에 밟혀 발길 또한 가볍지 않았다.

⋮

주남의 철새 탐조

⋮

싸늘한 겨울 해가 서북쪽 백월산(白月山) 마루에 걸려 불그레한 긴 그림자의 한끝은 주남저수지(注南貯水池)에 잠기면서 어둠이 서서히 드리워지는 일몰 직전이다. 물 위를 유유히 유영하거나 줄기가 잘려나간 나무의 그루터기처럼 미동도 없는 철새들은 동지섣달 긴긴밤을 물 위에서 맞으려는지 요지부동이다. 이쯤해서 뭍으로 나와 하룻밤 은신할 임시 거처라도 정한다면 더할 나위 없이 좋으련만 나그네의 쓸데없는 기우였나 보다.

답지 않게 이른 봄처럼 푸근한 날씨라도 절기가 동지인 오늘이다. 해가 서산 너머로 숨어들어 어둠이 밀려오는 어스름에 물속은 사지가 뒤틀릴 정도로 차디찰 터인데 아랑곳하지 않는 겨울 손님들이 은근히 걱정된다. 인접한 들판이나 신남 저수지 또는 동판 저수지로 먹이활동을 나갔다가 아직 돌아오지 않았기 때문인가 보다. 저수지의 수면 위를 유유자적 노닐거나 갈대밭을 들락거리는 겨울의 진객인 철새 무리가 띄엄띄엄 눈에 들어올 뿐이다.

철새에 대해서 아는 바가 별로 없는 내게는 수십만 마리의 가

창오리가 하늘을 뒤덮고 훨훨 나는 군무나 수많은 기러기가 떼를 지어 편대를 이뤄 비상하는 모습이 아니면 성이 차지 않는다. 철새에 대해서 조예가 깊다면 양적으로 많고 적음에 연연하지 않고 희귀성이나 학술 가치에 초점을 맞춰서 질적인 평가를 할 터인데 그렇지 못해 유감이다. 기껏해야 주남 저수지를 찾는 겨울 철새로 가창오리, 가마우치, 고니, 재두루미, 청둥오리, 큰 기러기, 쇠기러기, 저어새 등을 전부라고 생각하는 주제에 너무도 야무진 꿈이지 싶다.

병술의 세밑이 가까운 동짓날 일터의 급한 일상사를 서둘러 마치고 아내와 함께 주남저수지로 향했다. 겨울 철새의 탐조여행을 떠난 셈이다. 거창하게 탐조여행이라고 이름을 붙였다. 하지만 실상은 경계를 맞대고 있는 창원의 농촌 편입지역에 위치해 있어 승용차로 반 시간 남짓한 길이다.

주남저수지는 '창원시 동읍과 대산면 일대' 에 펼쳐져 있다. 그 주위에 신남 저수지와 동판 저수지를 합해서 대략 180만 평의 광활한 면적을 자랑한다. 원래의 기능은 '동읍과 대산 평야에 농업용수 공급과 낙동강의 범람과 홍수 조절을 하거나 주위 크고 작은 공단의 공업용수를 대주는 역할' 이다.

이 거대한 저수지에는 풍부하고 다양한 민물 어류가 서식하고 여러 가지 식물이 자생하며 갈대나 억새가 무성하다. 때문에 새들의 먹이가 넉넉하고 특히 겨울철 날씨가 따스해서 철새들의 낙원이다. 여기에 겨울 철새는 매일 평균 3~4만 마리에서 최대 10만 마리까지 머문다는 전언이다. 또한, 여름 철새의 경우는 매일 5~6천 마리 정도가 드나든다고 한다.

이전에 여러 차례 찾았을 때는 하늘을 까맣게 뒤덮을 정도로 수십만 마리의 새떼들이 몰렸었다. 그런데 이번에는 다른 곳으로 먹이활동을 떠난 시간에 도착했는지 한산한 파장 분위기였다. 하지만 저수지 한가운데 자리 잡은 세 그루의 큰 왕버들 나무 위에 앉아 평화롭게 쉬고 있는 80여 마리의 민물 가마우치나 평화롭게 수면 위를 미끄러지듯 오가며 먹이 활동을 하던 저어새를 똑똑히 확인하는 즐거움을 누렸다.

그리고 그 옆쪽으로 저수지 가운데 섬 모습으로 발달한 갈대밭 너머에서 한가롭게 노닐던 고니와 재두루미 그리고 각종 오리와 이름 모를 새들을 물리도록 관찰했던 호사는 축복이었다. 평일의 해 질 무렵 늦은 시간이라서 탐조객이 뜸해 저수지 둑에 설치된 망원경을 독차지할 수 있었던 기회도 따지고 보면 행운이었다.

개발이라는 무자비한 마수가 미치기 전에 우리나라에서 철새 도래지 중에 으뜸으로 꼽았음은 물론이고 동양 최대라고 일컫던 곳은 을숙도였다. 이 천혜의 철새 도래지 부근에 낙동강 하구언이라는 괴물이 들어서고 서식환경이 철저히 파괴되어 새들이 발길을 돌리면서 그 명성은 곤두박질했다.

그런데 이즈음 주남 저수지 부근의 자연환경은 인간에 의해 무분별하게 파괴되면서 서식환경이 극도로 열악해지고 먹이가 부족해지면서 찾아오는 철새의 개체 수가 눈에 띄게 줄어들었다. 현재 자연적인 서식환경을 유지하고 있는 청정한 철새 도래지로 꼽을 수 있는 곳은 충남 서산 쪽의 천수만 정도가 아닐까 싶다.

대체적으로 우리나라의 크고 작은 철새 도래지는 바다에 인접해 있는데 주남저수지는 내륙 안쪽에 자리 잡고 있다는 특징을 자랑한다. 이런 이유로 개발과 주민의 생존을 위한 기본권 확보라는 측면과 자연환경을 훼손하지 않고 보존하여 철새들을 찾아오게 만들어야 한다는 원론적인 입장이 첨예하게 맞서 갑론을박을 지루하게 반복하고 있는 안타까운 현실이다.

자연은 신이 인간에게 내려준 최대의 축복이다. 그러나 한 번 파괴되면 원형으로 복구가 거의 불가능하다는 엄혹한 특징을 가지고 있다. 그럼에도 미욱한 인간들은 자연의 소중함을 깨우치지 못하고 개발이라는 이름으로 속절없이 마구 훼손하며 그 결과를 놓고 전리품 인양 의기양양하며 거들먹거리는 어리석음을 범한다. 그런 관점에서 겸손한 자세로 개발하는 슬기로움을 터득한다면 자연 친화적인 지혜를 발견할 터이다. 그런데도 어줍잖게 여기저기를 깎고 메우고 산허리를 자르고 두더지처럼 땅 속을 파고들며 우쭐댄다.

자성과 비판의 눈으로 철새의 입장이 되어 주남저수지 환경을 돌아본다. 마천루 같은 고층 아파트나 크고 작은 공장을 세우고 지붕을 울긋불긋 칠하여 하늘에서 내려다보면 도깨비 나라나 마귀 소굴을 연상케 하여 놓고 기고만장한 인간들이 모습이 눈꼴사납다.

또한, 먹이활동 무대인 주변의 논밭에는 허연 괴물 비닐하우스가 무질서하게 누워있는 흉물스러운 괴이한 자태가 두려울 뿐이다. 엎친 데 덮친 격으로 저수지 둑 밑으로 잘 닦여진 포장길이 만들어져 차들이 씽씽 달리도록 한 것과 같은 어리석음 일색의 모양새가 더욱 마뜩잖다.

지금 주남저수지 주변 환경은 자연 원래대로의 유지와 개발이라는 사람의 입장이 정면으로 상충되면서 철새의 설 자리가 점점 줄어드는 꼬락서니이다. 이렇게 요절난 환경이기 때문에 철새들이 찾아오다가도 놀라서 다른 안식처를 찾아 날아가는 게 아닌지 자성을 전제로 심각하게 곱씹어 봐야 할 문제이다.

⋮

법선처사의 친견

⋮

가을 햇살이 따사로운 시월의 첫 번째 목요일 오후 새참 무렵 마산의 변두리 지역에 있는 광산사(匡山寺) 경내를 거닐었다. 극락전 왼쪽에 자리 잡은 종무소의 마루 위에 불서와 불구의 판매대를 지키면서 망중한을 즐기고 있는 그와의 만남이 이루어졌다. 외형적으로 언뜻 보면 판매대의 파수꾼으로 착각할 정도였다. 그에 대한 약간의 사전 지식이 있기 때문에 조용히 다가가서 마루에 걸터앉아 어설프게 손을 내밀어 인사를 청했다.

실눈을 치켜뜨고 넘겨다보더니 그 나름대로 첫인사를 나누는 방법인지 입으로 내 손목을 핥으며 경계심이 없음을 눈으로 말했다. 나도 답례로 목덜미 부근의 털을 가볍게 문질러 주자 경계를 완전히 풀었다는 신호이던가? 오직 자기 관심사에 푹 빠져서 나에게는 곁눈질도 하지 않았다. 무언가 대화를 이어가고 싶었지만 그에게 다가가는 방법을 몰라 주춤거리며 애를 태웠다. 그럴 즈음 종무소 안에 있던 보살이 나오더니 법선처사를 발로 툭툭 건드리며 밀어내려 했다. 그는 귀찮고 마뜩잖다는 표정을 지으며 불편한 다리를 이끌고 마루 아래로 내려서서 어슬렁거렸다.

마루에서 쫓겨난 게 원통했었던가? 나와 보살을 번갈아 바라보며 절뚝이는 모양새로 마냥 그렇게 어정거렸다.

'법선처사 그는 누구인가. 지난해 유월 초순 마산의 광려산 중턱에 자리한 광산사에서 수행 중이던 '혜수' 스님이 산속의 산책을 하다가 숨이 떨어지기 직전의 연약한 '고라니' 새끼 한 마리를 주웠다고 한다. 이 어린 생명을 데려다가 분유를 먹여 키우며, '법선' 이라고 이름을 지어 주었다 했다. 그런 와중에 '혜수' 스님이 본사인 동래 범어사로 떠났는데 스님을 찾아 나섬인지 '법선' 이 사찰 아래에 있는 동네로 내려가기 시작하더란다.

풍진에 더럽혀진 세속의 사나운 인심 때문이었던가? 지난해 구월 중순에는 동네 개에게 심하게 물려 큰 상처를 입고 치료를 받는 시련을 겪었다고 했다. 화불단행(禍不單行)이라는 옛말은 빈말이 아니었던가 보다. 올해 삼월에는 동네 길가에서 달리는 차에 치여 왼쪽 앞다리 뼈가 부서져 6시간 수술을 받고 십여 일을 입원하는 우여곡절을 겪었단다. 그 사고로 하나의 다리는 영원히 장애를 극복할 수 없어 사실상 나머지 세 개의 다리로 몸을 지탱하고 살아야 하는 기구한 운명이 되었단다. 그렇게 험한 고생과 역경을 딛고 일어선 그이지만 세월은 속일 수 없었나 보다. 이제 생후 일 년 하고 몇 개월 정도 지났기 때문인지 정수리에 돋아난 두 개의 뿔은 아주 작고 연약해 보여 애송이 티를 벗어나지 못하는 자태였다.

전생에 지었던 업보 때문일까? 처음 어린 핏덩이를 데려다가 키우면서부터 풀어놨지만, 항상 절의 주위를 맴돌 뿐 산으로 돌아가지 않는단다. 야성을 잃었음인가 아니면 끊을 수 없는 질긴 인연 때문인지 알 길은 없다. 지금도 낮에는 산으로 가서 놀다가도 저녁이면 돌아와 조석으로 절을 지키며 예불에 참여한단다. 거기다가 비록 몸은 장애를 입고 쩔뚝이는 처지라 해도 여자 친구도 있단다.

가끔은 숲에서 사는 여자 친구를 데리고 절에 나타나 스님이나 보살들께 인사를 시키고 돌려보내기도 한단다. 그렇게 질긴 불문과 인연임에도 본성은 달라지지 않았나 보다. 되새김 동물들이 좋아하는 호박잎, 국화잎, 칡덩굴이나 잎을 좋아하는가 하면 사과 같은 과일들을 즐긴다고 했다. 나와 상면을 했던 그 날도 마루에서 뜰로 내려선 한참 뒤에 사과 껍질과 홍시가 담겨 있는 먹이통에 다가가서 맛있게 먹었다.

산문 안에 들어온 사람이라면 낮을 가리거나 경계하지 않음은 별스러운 일이다. 그러나 잿빛 옷을 걸친 스님이나 보살들을 더욱 좋아한다니 그 또한 불성을 말해주는 것은 아닌가? 그리고 처마 밖이나 나무 아래 풀 섶에 잠자리를 정하기보다는 사람 가까운 곳을 선호한다고 했다. 그래서 처마 밑이나 마루 위에 올라앉거나 법당 안에 가부좌를 틀고 참선하거나 와선하는 모습을 어렵지 않게 발견할 수 있다는 보살의 얘기였다.

아무리 생각해 봐도 법선처사는 전생의 업보에 대한 대가를 치르기 위하여 축생도를 벗어날 수 없는 운명인 것 같다. 그렇다고 하더라도 보통의 상식으로는 특이한 경우로서 많은 사람들의 관심을 끌기에 충분하다. 이런저런 연유에서 '법선'의 숨겨진 사연이 지난봄, 이 지역 신문에 대문짝만하게 보도되어 유명해졌다 하더라도 무언가 잘못된 것 같아 신기하다기보다는 고개를 갸우뚱할 수밖에 없었다. 거기다가 종교에 청맹과니인 까닭에 전생과 인연 그리고 업보를 훤히 꿰뚫을 수 없으니 그 무한하고 높은 법력을 어찌 깨달을 수 있으랴. 그래서 보이는 현상을 그대로 받아들이는 겸손함으로 대하고 쓸데없는 탐욕은 버리기로 했다.

법선처사의 거처인 광산사에 이르는 길은 이렇다. 마산의 외곽도로로 내서 나들목(IC)에서 남해안 고속도로나 구마고속도로와 연결시키기 위해서 최근에 개통한 '내서·현동 5번 국도'를 이용하면 찾아가기 매우 쉽다. 내서에서 접근하려면 이 도로를 타고 '현동' 방면으로 달리다가 '감천리·신감리'를 가리키는 이정표 지시대로 길을 내려서 안내 표지판을 따라가다가 '신목마을' 한복판으로 나 있는 고샅길을 지나서 광려산 중턱에 자리한 사찰에 이르면 된다. 또한, 현동에서 접근하는 경우에는 '쌀재터널'을 지나서 '감천리·신감리'라는 이정표를 보고 길을 내려서 안내판을 따라가면 쉽게 찾아갈 수 있다.

이 사찰은 일명 백련사(白蓮寺) 혹은 감천사(甘泉寺)라고도 불린다. 그리고 신라의 원효대사와 중국에서 왔던 은신대사가 협력하여 665년에 창건했다는 기록을 보면 불력이 대단히 깊다. 현재는 부산의 동래에 위치한 범어사의 말사이다. 이런 유장한 불교적 인연과 이 지역을 지나며 아우르는 대간인 낙남정맥(洛南正脈)의 정기를 이어받은 불국정토에 터를 잡고 있기에 법선처사 같은 불가사의한 현상이 나타난 게 아닌지 하는 생각해 봐도 갈피를 잡을 길이 없다.

⋮

연리지와 사랑의 기원

⋮

당나라 시인 백거이는 현종과 양귀비의 사랑을 노래한 장한가에서 '하늘에 나면 비익조가 되고(在天願作比翼鳥)', '땅에서는 연리지가 되리라(在地願爲連理枝)' 라고 읊조렸다. 여기서 '비익(比翼)' 과 '연리(連理)' 는 남녀가 떨어질 수 없는 결합의 형상을 뜻한다. 연리지와 사랑의 함수를 지혜롭게 접목시킨 선인들의 기지를 헤아리련다.

두 그루의 나무가 맞닿아 세월이 지나며 하나의 몸체로 변하는 현상을 '연리(連理)' 라고 한다. 그런데 예로부터 연리지에 연인이나 부부가 사랑을 빌면 성취되고, 자녀의 효심을 깊게 해준다고 믿어 상서롭게 여겨왔다.

다른 나무줄기가 하나로 합쳐짐을 연리목(連理木), 다른 나뭇가지가 하나로 이어지면 연리지(連理枝), 땅속의 나무뿌리가 서로 연결되면 연리근(連理根)이다. 이 연리는 같은 종류의 나무끼리만 발생하며, 종류가 다른 나무 사이에는 발생하지 않는다.

연리의 진행은 대략 세 과정을 거쳐서 완성된다. 먼저 서로 다른 나무줄기나 가지 혹은 뿌리가 맞닿으면 겉껍질이 벗겨지면서 부름켜가 조금씩 이어진다. 다음은 앞 단계를 거치며 폭넓게 부름켜가 연결되고, 영양분 공급 통로인 유세포(柔細胞)들도 합쳐져 한 몸으로 진화가 시작된다. 끝으로 일반 세포들도 합쳐지며 융합되어 하나의 몸체를 형성한다. 다른 조직이 이어진다는 점에서 접목(接木)과 접순(接荀)의 부름켜를 맞대어 접을 붙이는 원리와 완전히 닮은꼴이다.

중국의 '수신기(搜神記)'에 소개된 연리지이다. 송의 강왕 시절 한빙의 아내는 절세미인이었다. 미색을 탐했던 왕은 강제로 그녀를 후궁으로 만들었고, 그 남편은 성을 쌓는 석축공으로 임명해 멀리 변방으로 내몰았다. 그 후 어느 날 한빙이 자살했다. 그러자 그 아내 역시 스스로 목숨을 끊으며 '전 남편과 합장해 달라.'는 유언을 남겼다.

괘씸하게 여긴 왕은 두 사람의 무덤 사이를 멀리 떨어지게 만들도록 엄명했다. 그런데 두 무덤에서 나무가 솟아나 성장하여 열흘도 지나지 않아 지하에서는 뿌리가 땅 위에서는 가지가 맞닿았다. 그뿐만이 아니라 그 나무에 원앙 한 쌍이 날아와 서로 비벼대며 슬피 울어 사람들은 부부의 넋이라고 쑥덕거렸다. 사람들은 그 나무를 상사수(相思樹)라고 이르면서, 서로 이어진 가지를 연리지라고 호칭했다. 결국, 두 사람의 영혼을 제왕도 갈라놓을 수 없었던 애절한 사랑의 전설이 연리지에 새겨져 있다.

아주 가까이에 있는 예사롭지 않은 존재를 깨우치거나 인지하지 못하고 지나치는 경우를 '등잔 밑이 어둡다.'하여 등하불명이라고 한다. 매일 걸어서 등하교하며 월영지를 지나치는 처지에 길옆에 버티고 선 연리목을 알아보지 못했으니 내가 그 꼴이다.

10·18 광장에서 월영교 쪽을 향해 돌계단을 내려가면 바닥은 대리석이다. 이 길을 몇 걸음 내딛다 보면 왼쪽의 낮은 둔덕에 철쭉이나 몇 그루의 당종려가 있고, 아래 연못 쪽으로 비스듬히 누워있는 배롱나무 두 그루 중에 하나가 연리목이다.

배롱나무는 빨리 자라는 나무가 아닌 까닭에 그 정도 굵기이면 오래된 고목이다. 형태는 서로 다른 나무가 독립적으로 자라다가 어떤 원인으로 지상에서 맞닿아 하나로 완전히 합쳐져 하나로 된 뒤에 다시 독립된 줄기로 나뉘어 성장한 형상이다. 현재 비스듬하게 반쯤 누운 형태로 심어졌으니 노쇠한 나무 덩치가 편안한 자세를 취한 모습 같아 빙그레 웃음이 번진다. 우리 교정엔 수많은 나무가 늠름한 자태를 뽐내고 있다. 이들 중에 군계일학은 단연코 연리목으로 가장 값이 나갈 것이며 황태자 대접을 받아도 마땅하다.

몇 해 전 월영지 보수공사를 하면서 다른 데서 옮겨 심으며 연리목이라는 사실을 눈치채지 못했던 것 같다. 전국적으로 연리목이 발견된 사례가 극히 적어 제왕 대접을 받고 있으며 대학 캠퍼스에는 우리 교정의 배롱나무가 유일하지 싶다. 이런 연유에서 완벽한 갈무리 대책을 마련하고 표지판을 세워 널리 알렸으면 하는 바람이다.

연리목 주위를 다듬고 가꾼다면 캠퍼스를 오가는 수많은 젊은 연인들이 찾아 간절한 사랑을 빌고 영험한 효험이 나타나는 명소로 거듭나리라. 또한, 이 같은 소문이 널리 알려지면 월영언덕과 연이 닿았던 이들이 버겁고 팍팍한 현실 때문에 생겼던 마음의 상처나 뒤틀어진 사랑을 치유하고 바로잡으려고 성지순례를 하듯이 줄지어 찾을지도 모른다.

연리목이 자리한 명당에서 젊은 연인들의 애틋한 사랑이나 부부의 금슬을 빌거나 영혼을 정화하려는 절절한 사연들을 통하여 후세에 전할 아름다운 전설이 주저리주저리 새겨지기를 꿈꿔본다.

⋮

망월여관

⋮

내 책 중에서 전자계산학개론(현재 이름은 '컴퓨터개론')이 잉태된 곳은 여관 2층의 구석방이다. 숱한 사람이 무시로 드나드는 번잡한 여관방 태생 덕이었나 보다. 그동안 수많은 사람의 면전에 염치없이 다가갔었고, 그런 뻔뻔스러움 때문이었던지 참으로 많은 이들이 가까이했던 것으로 유추된다. 고상하지 못한 곳에서 명을 받아 출산했던 천출이라서 수명이 길기 때문인지 급격하게 변하는 첨단 분야의 전공서적치고는 환갑이나 진갑을 지나서 여태까지 서점의 진열대를 지키는 이무기 노릇을 하고 있다.

여관방에서 아이가 잉태되었다면 무슨 사연이 숨겨져 있을 법하다고 관심을 갖게 마련이다. 하지만 책이 만들어졌다면 누구나 고개를 갸우뚱하지 싶다. 그래도 어찌하랴. 출생의 비밀은 숨길 수 없는 사실인데. 원래 책이라면 근엄하다 못해 고리타분한 연구실이나 학문에 매진하는 지성의 고상한 서재에 뿌리를 둬야 진골이나 성골로 분류되어 뼈대를 자랑할 법하다. 하기야 자의와 관계없이 태어난 책이 무슨 죄가 있으며 티끌만

한 흠결인들 있을 수 있겠는가?

집필자인 내가 갑자기 집을 떠나 여관 신세를 면할 수 없었던 시절에 앉을 자리나 누울 자리를 따지지 않고 앞으로 내달으면서 산고를 겪으며 태어났다. 그러므로 밖에서 머물던 시절에 얻어 집으로 데리고 들어온 셈이니 개구멍받이처럼 오해를 불러일으키기 십상인 이력을 어쩔 수 없이 안고 있다.

지난 80년 이월 스무엿샛날 아무런 준비 없이 마산에 내려왔다가 번갯불에 콩 구워 먹듯이 경남대학교에 적을 두는 것으로 확정했다. 그리고 일주일쯤 뒤인 3월 2일부터 시작되는 첫 학기를 맞았다. 너무도 황급하게 내려왔던 관계로 숙소도 정하지 못 했을 뿐 아니라 이부자리도 챙기지 못한 채 겨우 가방 하나 달랑 들고 가벼운 여행길 나서듯이 마산으로 내려왔다.

내 처지가 무척 안쓰러워 보였던가? 당시 교무과장이던 M 교수가 남성동에 소재 한 낡은 일본식의 '입구(口)자' 형태의 이층 건물인 망월여관(현재 한국투자신탁 마산지점의 건너편에 자리했었음)을 소개해 줬다. 원래 여느 여관처럼 투숙객을 대상으로 운영하다가, 한두 해 전부터 2층에는 사회인 하숙생만 받는 용도로 전환하여 직장인들이 방을 하나씩 꿰차고 기숙을 했다.

아내와 두 아이를 서울에 남겨두고 지연이나 학연이 전혀 없는 낯설고 물선 도시에 자리한 여관방에서 하숙은 무척 자유롭고 거칠 것 없어 좋을 것으로 여겼다. 그것은 오산으로 한 치 앞을 내다보지 못하는 단견으로 무식의 소치였다. 저녁 시간에 시내를 배회하거나 거리를 어슬렁거리다가 술집을 기웃거렸다 하면 틀림없이 누군가의 눈에 띄어 입이 간지러워 안달하는 참새 족의 입방아에 오르기 마련이었다.

결국, 작은 도시의 중심가는 촉수를 늘어뜨리고 지키는 파수꾼의 고성능 감시망의 사정권이라는 사실에 당혹감에 빠지게도 했다. 그런 연유에서 밤에 하숙방을 조신하게 지키며 누구의 방해나 간섭도 받지 않고 내 일에 몰입할 수 있었다. 또한, 아무리 하숙집이라고 하더라도 오밤중에 생쥐 드나들 듯이 여관을 드나들면 오해를 받을 소지가 다분하다는 생각이 하숙방 지킴이 노릇을 톡톡히 하도록 옥죄는 또 다른 요인이 되었다.

라디오나 텔레비전을 비롯하여 전화기도 없는 하숙방에서 책에 파묻혀 원고를 쓰는 작업은 물고기가 물을 만난 격이었으며 가속도가 붙어 빠른 진척을 보였다. 온 방 가득하게 책을 펼쳐 놓거나 어질러도 전혀 문제가 되거나 시빗거리가 되지 않아 좋았다. 거기다가 맘에 내키면 날밤을 지새우며 책과 씨름해도 불편해할 가족도 옆에 없고 부대낄 성가신 일이 없기 때문에 환상적인 환경이었다.

좌고우면하며 망설일 필요 없이 오직 책을 읽으며 자료를 정리하고 원고를 쓰는 일에 최선을 다하던 무렵 5·18 광주민주항쟁이라는 불행한 사태가 발발하여 조기 방학에 들어갔다. 방학은 미진한 원고를 수정하거나 가필하고 남은 부분의 내용을 완성시키는데, 정신적 여유와 물리적 시간을 넉넉하게 제공했다. 그렇게 가족과 떨어져 지내던 여관방에서 원고를 쓰기 시작해서 탈고되어 출판사로 넘겨져 세상에 얼굴을 내밀었다.

거의 30년 전이기에 '호랑이 담배 먹던 시절' 에 해당하며 지난 역사일지도 모른다. 책이 나올 무렵 전자계산학이 한창 각광을 받기 시작하여 거의 모든 전문대학이나 대학에서 관련 학과를 우후죽순처럼 개설하던 시기였다. 그럼에도 관련 전문서적은 턱없이 부족했었다. 이런 초창기의 특이한 환경 때문으로 생각된다.

책을 출판하면서 경향 각지의 적지 않은 대학에서 교재로 택해 날개 돋친 듯이 팔려 나가는 특이한 현상이 오랫동안 변함없이 지속되었다. 우연하게 적시에 출간된 책이라서 오랫동안 많은 사람들의 사랑을 받으면서 변화에 적응하기 위해 증보 혹은 개정을 거듭하며 자신의 자리를 지켜왔다. 그러다가 몇 해 전에는 내용을 대폭 일신하면서 책 이름도 '컴퓨터개론'으로 개명했고 기존의 출판사가 폐업하여 어쩔 수 없어 출판사도 바뀌었다.

하숙방에서 원고 정리에 여념이 없었던 어느 날 발생한 웃지 못 할 일화이다. 다음 날 강의가 없어 밤을 새워가며, 여러 날에 걸쳐서 작업했던 내용을 지우고 다시 쓰기를 되풀이해 정리한 원고 뭉치를 책상 위가 아닌 휴지통 옆의 방바닥에 폐지처럼 어지럽게 쌓아 놓고 출근을 했다. 그런데 퇴근 후에 방에 들어서면서 무언가 허전하여 이리저리 살폈는데, 원고 뭉치가 통째로 자취 없이 사라졌다.

황당해서 수소문했더니 낮에 방 청소를 하던 아주머니가 몽땅 내다 버렸다는 얘기였다. 서둘러 대문 밖의 악취가 진동하는 쓰레기통을 이 잡듯이 뒤졌지만, 청소차가 수거해간 뒤라서 그림자도 찾을 길이 없었다. 한동안 그 내용을 다시 찾고 정리하는 고충을 감수해야 했다. 그렇게 고생해 썼던 소중한 원고 뭉치를 휴지통 옆에 두었던 자신을 무척 원망하고 미워했던 쓰디쓴 경험이 지금은 빙그레 웃음을 짓게 한다.

원고를 쓰는 작업은 따지고 보면 당연한 일이었다. 그런데 나와 비할 수 없이 높은 연배인 하숙 동기들에게는 신선한 모습으로 비쳤는지, 위로와 격려의 말을 많이 들었을 뿐 아니라 격려주도 심심치 않게 얻어 마시는 즐거움을 누렸다. 당시에 지천명을 넘겼기에 지금은 모두 팔순의 세월을 헤쳐나갈 터이다. 그분들이 어디에 계신지 무심했던 세월 저 너머에 아른거리는 희미한 모습을 떠올려본다.

그 시절 가정이라는 울타리를 벗어나 내일을 꿈꾸며 여관방에 머물던 추억이 그리울 때면, 연구실의 서가에 꽂혀있는 빛바랜 그 책을 꺼내 펼쳐 들고 생각에 잠기곤 한다. 나른한 봄날 하오에 대책 없이 몰려오는 오수에 잔뜩 취해 비몽사몽 간을 헤맸던 찰나가 지났을 것으로 여겨질 뿐이다. 그런데 그때 두 살이던 작은 아이에게서 얻은 손자가 벌써 세 살을 지나 네 살을 넘겨다 보고 있다.

Ⅳ. 마산의 맛

내 삶의 터전

무학산 둘레길

질박한 번개시장의 아리랑

마산의 맛

만날재와 쌀재 그리고 바람재

저도 비치로드

올해의 마무리 등산

독감 백신 접종

내 단골 이발소

계곡 물놀이

이웃사촌의 선물

구두 수선공 할아버지와 나

⋮

내 삶의 터전

⋮

마파람에 움튼 연의 실마리

전생의 업보로 인해 디아스포라(Diaspora)의 운명을 타고났음인가. 중학교부터 배움을 핑계로 부모님 곁을 떠나 부평초처럼 이리저리 옮겨 다닌 지 어언 반백 년이 되었다. 하지만 그동안 오래 정착했던 곳은 오직 두 군데뿐이다. 먼저 대학을 다녔고 신혼의 둥지를 틀어 두 아이를 얻으며 열다섯 해를 살았던 서울이다.

그다음은 스물아홉 해를 살아오고 있는 일터가 자리한 마산이다. 이런 관점에서 생각할 때 실질적인 사회생활의 시작부터 여태까지 마산의 문화와 인정을 먹으며 진한 정서에 푹 빠져 삶을 누렸다. 그러므로 부모에게 물려받은 육체를 제외하고 정신이나 가치관을 가릴 것 없이 마산 사람 때깔이 확연한 모습으로 변모했지 싶다. 이런 셈법이 맞는다면 내가 보고 들으며 느끼는 마산은 얼추 참에 가까운 궤와 맥에 근접하리라고 믿는다.

돌이켜보니 마산과 인연의 시작은 거리낄 게 없고 풋풋한 젊음을 구가하던 삼십 대 중반이었다. 우연히 그것도 아주 우연히 일터가 마산으로 정해졌다. 흔히 말하는 지연이나 혈연 그리고 학연이 닿지 않은 생소한 도시로 말이다. 서른다섯이 되던 해인 지난 80년 봄 얼떨결에 경남대학교에 몸을 담게 되었다. 그리고 새로운 학문을 전공하는 컴퓨터공학과를 개설하여 일하면서 캠퍼스를 지켜왔다.

마산으로 머리를 틀던 해의 봄에 너무도 급해 진동한동*하며 혼자 내려와 하숙을 하다가 그해 섣달에 아내와 두 아이까지 이사를 하며 둥지를 옮겼다. 참으로 죄송한 얘기지만 한두 해 살다가 서울 쪽으로 옮겨갈 것이라는 약삭빠른 셈을 하며 가벼운 여행을 떠나는 심정으로 내려왔었다. 그런데 얽히고설킨 연의 끈에 순응하다가 백두옹 모습을 한 오늘에 이르렀다.

배산임수의 땅

어린 시절 사회 시간에 마산은 기후가 온화하여 결핵요양소가 있고 항구라는 이점을 살려 화력발전소를 가진 도시로 배웠을 뿐 '가고파의 고향'이라는 사실에 대해서는 깜깜했다. 따라서 마산에 터 잡기 전에는 지형적 특성이나 유장한 도시의 색깔에 대해서 무지한 맹탕이었다.

월영골(경남대학교)의 가족이 되었던 그해 오월의 개교 기념 축제 일환으로 벌이던 '무학산 등반'에 참여했었다. 무학산 정상에서 바라본 마산의 지형적 특징은 배산임수의 땅으로서 풍수지리에서 얘기하는 좌청룡 우백호 형국이었다. 먼저 주산인 무학산에서 왼쪽으로 지기를 이어나간 팔용산이 창원과 마산의 경계를 지으며 좌청룡 역할을 하고, 오른쪽으로 길게 뻗

* 진동한동 : 바쁘거나 급해서 몹시 서두르는 모양

어 덕동에 이르는 청량산 줄기가 우백호 형상이었다. 이처럼 좌우로 내닫는 산줄기 사이에 마산만을 향하여 급하게 흘러내리던 산비탈은 경사가 완만해지며 널따란 둔덕을 빚어놓고 바다와 맞닿은 해안선을 따라 병풍처럼 마산항이 펼쳐졌다.

마산은 무학산 자락이 뻗어 내리다 생성된 둔덕에 터 잡아 해안을 경계로 한 자태가 자연스러웠다. 또한, 산 위에서 내려다보면 마산만에 가득한 바닷물은 잘 차린 밥상을 받아 놓은 넉넉한 모양새였다. 만일 바닷물이 먼바다로 빠져나가는 날물 모양이라면 재물이 새나가는 형상이기 때문에 쇠락하는 형국이다. 그런데 마산만은 먼바다에서 내만으로 들어오는 길목이 구불구불하여 막힌 것처럼 보인다.

거기다가 가까운 돌섬이 만의 한가운데를 가로막아 바닷물이 늘 고여 있는 형상이라서 곳간에 재물을 그득하게 쌓아둔 길상이었다. 결국, 마산은 배산임수 지형이며 무학산을 중심으로 팔용산과 청량산을 좌우에 거느린 명당에 똬리를 틀었기에 기라성 같은 인걸이 즐비한가 보다.

다른 분야는 어물쩍 넘긴다 해도 문학계에서는 우리 가곡의 격조를 한층 드높인 '가고파'의 가사를 읊조렸던 노산 이은상 님이나 사후의 내세를 생각게 하는 '귀천'의 천상병 님이 유난히 빛난다. 음악계에서는 선구자의 조두남 님이 우뚝하고 미술계에서는 세계적인 조각가 문신 님이 불멸의 업적을 남겼다. 거기다가 대한민국 빈한한 아버지들이 술 한 잔 거나하게 걸치면 뉘랄 것 없이 불러대는 '불효자는 웁니다'의 반야월 님 또한 가요계의 영원한 별이리라.

송죽을 빼닮은 충절의 고을

크고 깊은 마산의 인심과 기백을 작은 눈과 새가슴으로 어찌 혜량하리요 마는 내게 투영된 실상은 이렇다. 한 번 옳다고 판단되면 망설이거나 남의 눈치 보는 비루한 모습을 보이지 않고 과감하게 추진하지만, 남에게 책임을 전가하거나 변명을 하지 않는 활달하고 호방하며 저어함*이 없는 기품이 마산을 대표한다는 생각이다. 이는 언제나 '충언을 소신에 따라 직간하는 우직한 정의파'의 전형이 아닐까? 이런 기질에 연유했었나보다. 근현대를 거치며 역사의 질곡에서 민족이 고난에 빠져 허우적일 적에는 망설이지 않고 횃불을 높이 들고 나라를 위해 자신을 초개같이 던짐으로써 송죽 같은 기개를 자랑하는 충절의 고을이 마산이다.

일제의 탄압에 항거하고 독립을 염원하며 전국을 휩쓸었던 기미년(1919)의 '4대 독립항쟁(四大 獨立抗爭)' 중에 하나가 '마산삼진의거(馬山三鎭義擧)'이다. 이보다 더 자랑스럽고 영광스러운 조상의 얼을 어느 고을에서 찾을 수 있으리오. 그 이후 해방이 되고 건국 초기에 이승만 정권의 독재에 항거하기 위하여 부정선거를 계기로 봉기했던 '3·15 의거(1960)'는 이 땅에 민주화의 싹을 틔우면서 역사의 흐름을 바꿨다.

또한, 무력으로 정권을 휘어잡은 군사독재의 몰락을 재촉하는 기폭제인 '10·18 부마항쟁(1979)'의 불씨를 지핀 민주화 성지이기도 하다. 이처럼 마산은 나라와 민족이 어려울 때마다 분연히 일어서 선봉장으로서 단죄하거나 바로잡으려 했던 위대한 정신과 얼이 살아 숨 쉬는 고장임을 온 누리에 자랑할 일이다.

---

* 저어하다 : 염려하거나 두려워하다.

토속 먹거리 예찬

마산에서 먹거리와 술 문화에서 어리둥절하게 만들었던 것은 바닷가에 길게 말집처럼 지은 임시 건물에 아라비아 숫자를 달고 있던 '홍콩빠' 라고 불리던 횟집촌과 오동동을 중심으로 성업했던 '통술집' 이었다. 먼저 '빠' 라고 하면 여자와 춤을 추며 술을 마시는 연상이 떠오르게 마련이다. 그러나 바닷가에 자리 잡았던 '홍콩빠' 는 횟집촌으로서 각 횟집을 '1', '2', '3' 식의 숫자로 구분하는 게 신기하기 짝이 없었다.

외지인들은 '통술집' 이라면 통에 담은 술을 파는 집으로 지레 짐작할 것이다. 그런데 실상은 전혀 다른 유형의 술집이다. 그곳에서는 병술을 팔며 기본 안주가 푸짐하게 나오는 일종의 실비집이었다. 나는 다른 도시에서 이런 유형의 술집을 본 적이 없어 무척 생경했지만 신선한 경험으로 각인되었다.

내가 마산에 뿌리내린 지 서른 해에 이르려는 지금 '홍콩빠' 는 영원히 사라졌다. 그런데 '통술집' 은 그 옛날 오동동에 주로 자리했는데, 요즈음은 신마산 '함흥집' 근처에서 무리를 이루어 성업 중이다. 이 멋스러운 주막을 타지역에서 찾아온 객에게 소개한다면 분명히 각별한 경험으로 간직될 것이다.

마산을 대표할 만한 먹거리는 무엇일까. 설왕설래하겠지만 대부분 '마산의 오미(五味)' 로 선정된 음식을 추천하지 싶다. 나는 서슴지 않고 그중에서 마산을 상징하며 토속적인 냄새가 물씬 풍기는 오동동의 '아구찜 골목' 의 아구 요리나 어시장 한 켠 골목에 성업 중인 '복국 거리' 의 복요리 등을 으뜸으로 추천한다. 이들 두 거리는 그들 먹거리를 전문으로 하는 음식점이 길게 늘어서 골목이 풍기는 특이한 맛과 멋이 외지인들에게는 자별하고 오롯한* 경험을 안겨주며 마산 음식 문화를 온새미로 ** 보여준다.

그러므로 외지의 길손에게 마산에서 다른 고급 음식 대접은 잘해야 체면치레(Face Saving)이고, 아구찜이나 복국 대접은 고유한 정취와 멋을 각인시켜 주는 미식 여행이지 싶다. 그러나 유감스럽게도 통틀어 생각할 때 마산의 먹거리 문화는 크게 내세우기 어렵다는 소견에서 자유로울 수 없다.

명품문화의 염원

마산을 대표하는 명품 브랜드의 문화나 축제는 있는 걸까? 얼핏 떠오르지 않아 고개가 갸우뚱해진다. 마산을 상징하는 축제를 생각한다. 진동의 정월 대보름 축제, 미더덕축제, 어시장 축제, 만날제, 가고파국화축제 등이 있다. 주최 측에서는 항변할지 모르지만, 지역 주민을 제외하고 외지에서 찾는 방문객이 얼마나 되는가? 그리고 경제 논리적 관점에서 수익 분기점을 넘긴 행사인지 유리 상자를 들여다보듯이 속속들이 따져볼 일이다.

최근 지방자치제도가 도입되면서 민선 단체장이 현시적으로 업적을 자랑하기 위하여 앞다투어 만든 축제 공화국이 되었다. 이 같은 연유로 축제를 위한 축제가 경향 각지에서 하루에도 여러 개 동시에 열리기 때문에 주관하는 그들만의 축제라는 비아냥을 피할 도리가 없는 경우가 많다. 그렇다면 마산에서 열리는 축제 중에서 진해의 '군항제' 처럼 전국에서 관광열차나 승용차로 줄지어 찾아오는 축제에 버금가는 경우가 없음은 왜일까?

---

* 오롯하다 : 모자람 없이 온전하다.

** 온새미로 : 가르거나 쪼개지 아니한 생긴 그대로의 상태

심각하게 고민해 봐야 할 사안이다. 케케묵은 삼류 가수의 노래는 슬프거나 심금을 울려도 들어줄 청중이 없다. 명품 축제나 문화가 없는 현실에서 끝없이 소모적인 행태를 반복하는 초라한 축제를 탈피하여 세계적인 걸출한 축제나 문화를 창출하여 고을의 성가를 드높이고 소득을 끌어올릴 꿈은 어디에서 실마리나 조짐을 찾아야 할까?

새로운 성장 동력 구축을 위한 자성

한동안 농촌을 살리겠다면서 '떠나는 농촌에서 돌아오는 농촌'으로 만든다는 구호를 호들갑스럽게 외치던 기억이 새삼스럽게 떠오른다. 마산을 지탱해 오며 버팀목 역할을 하던 산업체가 이런저런 이유로 역외로 줄지어 이사를 하였거나 역내의 마산자유무역지역(옛날에는 마산수출자유지역)에서도 다국적 기업도 봇짐을 싸고 다른 나라로 발길을 돌리는 경우가 적지 않다.

먼저 마산 역외로 떠난 국내 기업 중에 손꼽히는 경우가 한일합섬, 한국철강, 몽고간장, 유원산업이다. 이들 외에도 부지나 공해문제로 적지 않은 기업이 떠남으로써 산업 공동화 현상이 나타나는가 하면 세수가 줄어들어 시세가 약해지고 있음을 부인하기 어렵다. 이런 현실에서 이제까지 산업정책의 얼개에 대한 뼈아픈 자성을 토대로 어떤 성장 동력을 축으로 하여 부강한 도시로 다시 일으켜 세울 것인가와 함께 가고파의 명성을 되찾을 징조의 모색을 위한 고민이 절실한 작금이다.

화합과 융화의 지혜

'고향이 따로 있나 정들면 고향이지' 라는 유행가가 있다. 하지만 우리 사회는 언제부터 왜인지 정확하게 가름할 수 없지만 뿌리를 따져 너와 나의 존재를 이분법적으로 나누거나 줄 세우기에 길들었다. 특히 선거철에 이르면 그 변형된 증상이 적나라하게 나타난다. 이 때문에 서로 화해하고 용서하며 융합을 위한 지혜를 은근히 외면했던 것은 아닌지 곱씹어 볼 일이다. 이런 풍조가 만연되어 도시 인구의 절대다수가 외지에서 유입된 현실에도 불구하고 관행과 습성에 휩쓸려 쌀에 섞여 있는 뉘를 가려내듯이 골라 토박이와 뜨내기를 가름하는 데 익숙한 사회이다.

산업화로 인한 도시화는 오늘을 사는 모두가 고향에서 뿌리가 뽑히게 하여 이 고을 저 도시로 유랑하며 삶을 꾸리는 현대판 떠돌이를 확대·재생산시키는 꼴이다. 이 같은 비정상적인 정황을 치유하기 위한 방안은 화합과 하나 됨의 지혜로 모두가 슬기롭게 융합하는 길이 아닐까 싶다. 내 경우에 태어나 유아기에서부터 어린 시절과 6·25전쟁으로 인한 피란 시절을 포함하여 기껏해야 십 년 남짓 살았던 고향의 의미와 30년 가까이 내 일터이며 둥지를 틀고 삶을 꾸리는 마산중에서 어느 쪽이 더 각별한 인연이었으며 영향을 미쳤을까? 그 해답은 너무도 자명하다.

편 가름 문화는 우리 사회 전반에 만연된 고질적인 병리현상이다. 그러므로 결코 내 삶의 전부를 펼쳤던 마산을 두고 불손한 의도를 가지고 허투루 이르는 얘기가 아니다. 이렇게 괴이한 문화를 들먹임은 지역이나 계층을 기준으로 줄을 서도록 부추기고 패거리를 짓게 하는 견고한 유리 벽을 과감하게 타파하기 위하여 대승적 견지의 융화가 절실하다는 차원에서 사족으로 곁들인 얘기이다.

이같은 세상인심에도 세속이나 어쭙잖은 사회적 통념을 초월하여 내 생의 꿈을 펼치도록 넉넉히 품어주며 둥지를 틀고 가솔을 건사하도록 기꺼이 넓은 가슴을 활짝 열어 감싸준 마산은 영원한 어머니 품같이 안온한 또 다른 고향이어라.

무학산 둘레길*

벼르고 별렀던 길을 오늘 완주했다. 거창하게 떠벌였지만 이름난 산행이거나 격식을 갖추어야 하는 등산과는 거리가 먼 가벼운 차림의 걷기였다. 제주도의 올레길이 사람들에게 각광을 받으면서, 지리산에는 둘레길이 만들어졌다. 그리고 이 같은 걷기 열풍으로 각 지역마다 나름대로 크고 작은 무명 유명의 둘레길을 속속 뚫었다.

내 삶터에는 무학산(舞鶴山) 둘레길이 있다. 무학산은 마산시 배후를 병풍처럼 둘러싼 형국으로 서울의 남산, 대전의 보문산, 청주의 우암산쯤의 역할을 하는 것으로 생각하면 큰 무리가 없다. 이 산자락이 사방으로 뻗어 내린 줄기 중에서 일부의 구간을 개통했는데, 현재 길이는 12.5km이다. 처음 이 길에 대해 얘기를 듣는 순간부터 걸어 보고팠지만 여태까지 마음뿐이었다.

겨울방학에 접어들며 일터의 연구실 건물 전체에 냉난방 시설

* 이 글을 쓰고 나서도 수시로 '무학산 둘레길'을 필요한 만큼 걷고 또 걸었다. 그리고 2015년 1월 현재 한쪽 끝인 '봉국사 – 중리역3거리'까지 연장 개설되었다.

교체 공사가 벼락 치듯이 강행되면서 석면가루 분진 때문에 출입이 철저하게 통제되었다. 이런 연유로 일터에서 머물 공간이 마땅치 않아 결국 떠돌이 인공위성 신세로 전락한 꼴이다. 까닭에 공사가 마무리될 때까지는 매일 학부 사무실에 들러 급한 일을 설렁설렁 얼렁뚱땅 마무리하면 눈치껏 소일거리를 찾아야 한다. 이런 환경에 낮 시간을 보람되게 쓸 요량으로 택한 방편이 날마다 몇 시간씩 걷기이다.

산의 5부 능선에서 7부 능선 사이를 오르내리며 산자락을 굽이굽이 감아 도는 길이 결코 호락호락하지 않았다. 이 둘레길은 몇 개의 구간으로 구분이 가능하다.

먼저 한 쪽의 출발점인 밤밭 고개에서 시작하여 만날재에 이르는 3.1킬로미터 구간이다. 초입부터 잡목이 울창한 산비탈을 감아 돌다가 갑자기 내리막인가 하면 다시 오름길이 되풀이되어 힘이 부치거나 숨이 차는 관계로 섣불리 나부대다가는 초입에서 나가떨어지는 낭패를 당하기에 십상이다. 하지만 후반에 이르러 평평한 산등성이 숲 속을 걷노라면 콧노래가 절로 나고진감래를 연상시키는 노정이다.

두 번째 구간은 만날재에서 완월폭포에 이르는 2.4킬로미터 길이다. 잡목 숲 사이를 지루하게 오르내리며 무심히 앞을 보며 굼뜨다 싶을 정도로 느릿느릿 다소곳이 걸어야 한다. 울울창창한 숲 사이로 언뜻언뜻 시가지와 마산만의 바다가 내려다보여도 속이 탁 트이는 시원한 풍경은 보이지 않아 끝내 답답함을 털어 버릴 수 없었다. 잎이 무성한 하절기에는 시야가 모두 숲에 가려져 저 멀리 아련하게 내려다보이는 도심을 어지럽게 오가는 자동차 경적만 이따금 들릴법하다.

세 번째 구간은 완월폭포에서 서원곡에 이르는 험한 3.1킬로미터 길이다. 이 구간은 아무리 궁리를 해봐도 수도를 다짐하며 입산하는 구도자의 심정에 이르러 무념무상의 상태로 걸어야 격에 어울리지 싶다. 현재의 둘레길에서 가장 끈기와 인내를 요구하지만, 잡목이 아닌 편백나무숲이나 소나무 숲에 안기는 행운도 누린다.

네 번째 구간은 서원곡에서 광명암(봉화산)에 이르는 길로 거리가 3.4킬로미터로 멀며 나른해지므로 지겨워 포기하고 싶은 충동을 잠재우기 어려웠다. 마음을 다잡으며 인내와 오기로 버텨내면서 오르내리며 산자락을 휘감아 도는 길옆에 다닥다닥 이어진 크고 작은 밭뙈기나 과수원을 구경하는 또 다른 재미가 쏠쏠하다.

다섯 번째 구간은 마산여중 뒤편의 광명암 부근에서 길의 마지막인 석전동 쪽의 봉국사에 이르는 0.5킬로미터이다. 처음엔 완만한 오르막을 걷다가 수평으로 산자락을 돌고 돌다가 가파른 비탈의 공동묘지 사이 좁디좁은 비탈의 오솔길을 터덜터덜 내려가면 길의 종착지에 해당하는 봉국사에 이른다. 둘레길의 초입에 들어서 족히 4시간이 소요되는 노정이다.

지금의 무학산 둘레길 양쪽의 여기저기에 고사목이 즐비하게 널브러져 있으며 빼곡하게 웃자란 나뭇잎 때문에 봄부터 가을까지는 거의 모든 구간에서 햇볕이 차단되는 숲길이 될게 분명하다. 겨울인 지금도 상당한 구간에서 솔숲과 편백 나무숲을 지나려면 대낮에도 어둑어둑하다.

새로 개설한 때문인지 중간중간에 길을 잃기 쉬울 만큼 헷갈리게 하는 갈래 길이 여기저기에 눈에 띈다. 그런가 하면 올망졸망한 산벼랑의 묵정밭을 다시 일궈 푸성귀 나부랭이를 소일거리로 가꾸는 채마밭 울타리 사이를 오가도록 한 모양새는 무척 어색하여 영 탐탁하지 않았다.

또한, 여러 군데에서 이름 없는 작은 묘나 공동묘지의 무연고 묘를 함부로 다룬 게 눈에 거슬렸다. 그 묘들은 한결같이 이승에서 고단한 삶을 꾸렸던 때문에 변변한 유택 하나 마련하지 못했던 서러운 무지렁이들의 무덤이다. 그런 묘의 뜰이나 묘 사이로 오가도록 길을 낸 경우를 비롯하여 무엄하게도 봉분을 밟을 수밖에 선택의 여지 없이 길을 닦은 처사는 옹색하게 누워있는 고달픈 영혼에 대한 예가 아님은 물론이고 법도에 어긋나는 옥에 티 같아 께름칙했다.

처음부터 완벽할 수 없지만, 둘레길의 바닥이 진흙인 경우가 많아 해동기나 장마철에는 대단한 끈기가 없으면 다니기 어렵다는 문제도 해결해야 할 중대한 과제 중의 하나였다. 하지만 삭막한 도시의 삶에서 시민들이 원하는 만큼만 걸을 수 있게 다양한 접근이 가능하도록 둘레길을 만듦은 삶이 한층 풍요롭게 진화되었다는 명징이다.

나는 아직 워크홀릭(Walkholic)의 경지에 빠져들지 않았어도 걷기를 엄청 즐긴다. 그것도 산길을 훨씬 선호하는 애호가이다. 하지만 전문 산악인의 등반과는 애초부터 격이 사뭇 다른 하찮은 걷기일 뿐이다. 간편한 운동복에 등산화를 갖추는 엉성한 아웃도어 차림새로 생수 한 병을 손에 쥐고 나설 수 있는 두세 시간이 걷는 야트막한 산길을 제격으로 여긴다.

이런 때문에 걷는 길에 구태여 동무를 구할 필요가 없어 혼자이다. 짝을 짓거나 무리를 이루면 잡다한 속박과 취락펴락하려는 거드름이 따르게 마련일 뿐 아니라 질서라는 제약의 번거로움을 피할 길 없다. 이런 이유에서 자유를 만끽할 수 있는 나 홀로 산길을 끈질기게 고집한다.

평탄치 않은 오르막과 내리막 산길은 복잡한 일상의 얽매임에서 벗어날 수 있어 잠시라도 내가 몰랐던 또 다른 나와 만남이 기껍기 짝이 없다. 청정한 영혼의 나와 어렴풋하게라도 조우할 수 있음은 부질없는 탐욕이나 망상에서 조금이라도 비켜서서 생각할 여유를 가질 수 있으리라는 오달진 희망과 꿈을 품게 한다. 이런 사유의 철학을 고스란히 수용한다면 둘레길 걷기는 참된 나에게 좀 더 가까이 다가가기 위한 수행과 통하는 걸까?

질박한 번개시장의 아리랑

신마산 댓거리 월영광장 오른쪽 경민빌딩과 롯데마트와 삼우상가 언저리 인도를 무단 점령하고 펼쳐지는 번개시장과 만남이다. 매주 일요일 여명이 밝아올 때부터 오전 10시 무렵까지 수백에 이르는 난전이 빼곡하게 펼쳐지는 독특한 형태로서 질박한 삶과 투박한 정이 어우러지는 별천지이다. 내게는 번개시장하면 인터넷 문화와 연관되는 '벼락치기 모임' 격인 플래시몹(Flash Mob)이 떠오른다.

무기력하거나 해이해지면 번개시장을 자주 찾는다. 사람이 다니는 길에 여봐란듯이 난전을 펼치고도 마냥 당당한 우리네 형제자매의 강건한 삶이 꿈틀대기 때문이다. 장꾼들 틈에 끼어 난전 골목과 모퉁이를 다람쥐 쳇바퀴 돌듯이 몇 바퀴 어정거리며 구경하면 겨울에도 추위가 씻은 듯이 가시면서 힘이 솟는다. 아리랑 아라리요.

번개시장은 늘 계절을 한발 앞서 내단는다. 그래도 시장을 제대로 음미하며 밀당의 멋을 한껏 즐기려면 이른 봄부터 늦가을까지가 맞춤하다. 겨울은 움츠러들고 상대적으로 아쉬우며 단순하다. 하지만 엄동의 장터에 피운 모닥불에 곁불을 얻어 쬐는 맛은 단연 최고로 행복하다. 겨울이라도 설 대목이나 정월 대보름을 앞 둔 장터는 다양한 곡물과 헤아리기 어려울 정도로 쏟아져 나오는 묵나물로 무척 걸고 푸짐하다.

나를 몸살 나게 만드는 것은 터 서리에서 가꿨을 푸성귀 몇 줌과 논밭 둑이나 도랑가에서 채취했을 쑥이나 돌미나리 몇 무더기 펼쳐놓은 할머니들이다. 얍삽한 세상사에 어둡고 셈에 어릿한 내 누님 같아 슬며시 다가가 푸성귀 한두 무더기 원하면 함박웃음을 지으며 마수걸이 횡재라도 한 듯 흡족해하는 모습에 가슴이 훈훈해진다. 아리랑 아라리요.

풍성한 시장과 사람 냄새 제대로 맡으려면 들녘에 자생하는 나물류와 남새밭에서 키운 다양한 채소나 밭가에 돋아났을 머위순 따위가 흔해지면서 할머니들의 장사 보따리가 다양해져야 한다. 또한 여름과 가을로 넘어가면서 가지와 풋고추 열무와 어린 배추 심지어는 호박잎과 흐드러지게 과일이 등장하면 시장은 마냥 풍성해진다.

햇볕이나 비바람 가림막이 없는 노천이라도 거르는 일이 없는 번개시장이다. 이 마당은 다양한 수산물과 농산물에 일용잡화까지 소용이 닿는 것을 고르고 흥정하며 밀고 당기는 쏠쏠한 즐거움은 백화점이나 대형 마트의 상거래와 사뭇 다르다. 게다가 인정도 덤으로 듬뿍 얻어온다. 그런 까닭에 매주 일요일 꼭두새벽부터 원근에서 수많은 장꾼들이 모여들어 북새통을 이룰게다.

어쩌다 번개시장 지근에 살면서 그 동네 인심과 셈법에 익숙해졌다. 장터의 난전 주인 못지않게 장꾼인 이웃들도 천차만별이다. 어떤 이는 겉모습은 옥골선풍인데 아무에게나 하대(下待)를 퍼붓는 무례를 범하기도 했다. 그런가 하면 기껏해야 율곡이 지키는 지전 몇 장 셈하는 푸성귀 한 줌 사면서 백발의 할머니에게 비싸다고 쨍쨍대는 좀생이 앞에선 귀를 막고 싶었다.

서로 어우러져 밀당을 하면서 모두의 체취가 밴 민초들의 땅이며 세상인 번개시장이다. 누구나 자유롭게 밟아야 할 길 위에 무법자처럼 난전을 펼쳤다가 흔적 없이 거두어들이고 삶터로 떠나는 무애도인이며 또 다른 형태의 플래시몹이다. 틈이 나면 난전 마당을 서성이며 세상을 배운다. 다른 곳에서 느끼지 못하는 순수와 삶의 진솔함을 옹골지게 터득하는 희열 때문에 발길을 돌리지 못하고 그 주위를 맴도는 내가 싫지 않다. 아리랑 아라리요.

⋮

마산의 맛

⋮

마산에 둥지를 튼 뒤에 외지에서 찾아오는 지인들에게 무엇을 대접할 것인가 한동안 고민했었다. 그렇다고 대부분이 식상해 있을 호텔의 양식이나 천편일률적인 회나 갈비는 너무도 밋밋할 뿐 아니라 온 누리에 명성이 알려져 평판이 자자한 곳을 찾기 어려웠다. 이런 속내를 알 리 없는 손님들에게 만만치 않은 값의 회나 갈비를 대접해도 돌아오는 반응은 시큰둥하기 일쑤였다.

번번이 접대를 잘못했다는 허탈감이 거듭되는 와중에도 한편으로는 마산의 음식 문화에 익숙해지기 시작했고 내 식성도 변하여 손님 접대 방식도 몰라볼 정도로 달라졌다.

외지에서 찾아온 손님의 대부분은 바닷가와 인연이 먼 축이다. 따라서 그들은 회 문화에 낯설어 그 참 맛을 제대로 음미하지 못해도 자칭 그 방면에 전문가라고 착각하는 경우가 많다. 그런 연유로 어설프게 회를 대접하면 역효과가 날 수 있다. 그렇다면 적당한 부담을 전제로 접대에서 투자 효과의 묘미를 어디에서 찾을 것인가? 상당한 시행착오를 겪으며 마산의 고유한 맛과 분위기에서 찾기로 작정했다.

언젠가 대학 동기가 십여 명의 직장 후배들을 대동하고 총각 사원 주례를 선다고 마산을 찾았었다. 친구 체면을 위해서 무언가 인상적인 경험이 필요했다. 모가 아니면 도라는 심정으로 맵디매워서 눈물을 질금거릴 아구* 찜 집으로 안내하여 찜과 수육을 푸짐하게 대접했다. 먼 길에 시장기 때문이었던가 아니면 맛이 있던 때문인지 호호거리거나 냉수를 벌컥벌컥 들이켜면서도 잘도 먹었다.

다음날 새벽 어시장 복국 집 골목으로 안내하여 복국과 수육을 푸짐하게 맛보도록 했었다. 그 효과는 그야말로 상종가를 쳤다. 어떤 경로로 소문이 퍼졌는지 모르지만, 동기를 비롯하여 선·후배들에게도 널리 알려진 전설이 되었다. 또한, 주례를 위해 마산에 왔던 친구는 후배 직원들에게 자기가 무슨 보스라도 된 기분이었다고도 했다.

나는 삼십 대 중반까지도 매운 냉면이나 톡쏘는 무교동 낙지볶음을 먹으면 소화불량이 배탈로 이어져 곤혹을 치러야 했다. 이에 관련된 일화이다. 오래전 갑자기 일터가 마산으로 정해지면서 일 년 가까이 하숙을 했었다. 하숙집이 점심을 주지 않아 휴일이면 하숙 동기생들이 함께 식당을 찾아 떼로 몰려다녔다. 서로가 데면데면한 관계를 겨우 넘어선 어느 토요일에 하숙 동기인 C 병원장이 밥을 사겠다고 자청했다. 그래서 나와 교환교수였던 일본인 요꼬다 박사 등 세 명이 집을 나섰다. 그렇게 찾

* 아구 : 분명히 사전에는 '아귀(餓鬼 : Lophiomus setigerus)'로 표기되어있다. 그런데 마산 시내 아구 취급 음식점 어디를 막론하고 "아귀"로 표기한 곳은 없다.

아간 아구찜 집이었다.

공군 의무감 출신의 병원장이 사는 점심치고는 쩨쩨하다 못해 황당했다. 주문한 아구찜이 나오자 그는 매운 콩나물을 어적어적 씹으며 부지런히 먹으라는 눈짓을 했다. 나와 요꼬다 교수는 쩔쩔매면서도 초대해준 이를 생각해서 입에 넣고 우물거리다 연신 냉수를 들이켰다. 그와 관련된 난처한 문제는 그날 밤부터 이어졌다. 요꼬다 교수와 나는 하숙집 화장실 문지방이 닳도록 넘나들어야 했다.

그 이후 자연스레 매운 음식에 익숙해지면서, 끔찍한 첫 경험을 안겨 주었던 아구찜을 매우 즐기는 처지가 되었다. 거기다가 오래전부터 과음한 다음날 즐겨 찾던 선지해장국보다 복국의 시원함에 매료된 나를 발견하고 엄청나게 변한 사실에 크게 놀랬던 적이 있다.

아구찜, 어찌 보면 콩나물과 매운 고춧가루 범벅으로 아구는 가뭄에 콩 나듯 구색을 갖추는 정도가 아니던가. 생전 처음 먹어 볼 경우에는 왜 먹는지 이해되지 않을지 모르겠다. 하지만 이는 천부당만부당한 얼뜨기 같은 판단이리라. 아주 맵다지만 고춧가루 버무림 같은 콩나물이 아삭아삭 씹히는 순간 시원한 맛을 느끼기 시작할 즈음이면 참 맛에 한발 다가가는 현상으로 매니아(Mania)가 될 소질이 다분하다는 방증이다. 또한, 억센 뼈가 예사롭지 않은 아구 토막을 콩나물 더미 속에서 찾아내 쫄깃쫄깃한 살을 발라 먹으며 소주잔을 곁들이는 재미를 터득한다면 흙더미 속에서 보석을 캐는 기분의 만끽에 비견될 법하다.

문외한의 견해지만 맑은 물에 콩나물과 복을 넣고 끓이다가 미나리를 넣는 복국은 해장국으로 더 할 수 없는 존재가 아닐까 싶다. 생선의 비릿함이 문제가 없다면 그 시원하고 담백함은 숙취를 말끔하게 씻어낼 것으로 여겨져서 하는 얘기이다. 이에 비하여 복 매운탕은 얼큰함을 즐기거나 생선의 비린내에 자유롭지 못한 이들의 해장이나 식사용 찌개로서 조화는 환상적이다.

나는 미식가나 식도락가의 반열과 거리가 멀다. 하지만 바닷가에 오래 살다 보니 아구나 복을 즐기는 경지에 이르렀다. 세계적인 자랑거리는 가장 지역적인 특성을 살리는 것이라는 견해이다. 음식 문화도 같은 맥락이다. 따라서 이 지역에 독창적인 형태로 발전하여 자리 잡은 아구나 복요리는 외지 사람들에게 상당히 감명 깊은 존재로 자리매김 됨이 분명하다. 이런 연유에서 멀리서 찾아오는 이들을 대접하기 위하여 어시장 복국집 동네와 오동동 아구찜 골목을 거닐며 마산이 으뜸으로 꼽을 만한 별미라고 사설처럼 자랑을 읊조리는 내가 어색하지 않고 극히 자연스럽다고 여겨진다.

⁝

만날재와 쌀재 그리고 바람재

⁝

내가 애착을 가지고 찾는 등산로 중의 하나가 만날재를 거쳐 쌀재를 지나 바람재의 전망대에서 휴식을 취하고 돌아오는 왕복 삼십 리 안팎의 코스가 있다. 집을 나서 일터의 후문 부근에 위치한 만날재 마루에서 감천 방향으로 개설된 임도를 따라가면 쌀재에 이른다. 이 쌀재에서 왼쪽으로 거의 평지에 가까운 오르막 비포장 임도를 따라 광려산 쪽으로 걷다 보면 바람재에 이른다. 바람재의 전망대에서 숨을 돌리며 느긋하게 쉬다가 갔던 길을 되짚어 내려와 무학산 둘레길 중 일부 구간인 만날재에서 밤밭 고개까지 산길을 걷는 노정이다.

쌀재와 바람재는 산마루 능선의 생김새가 영문자 더블유(W) 형태라면 두 군데 가장 낮은 지점에 해당한다. 이들의 뿌리를 더듬어 보면, 마산의 무학산과 함안 쪽의 광려산을 잇는 낙남정맥(洛南正脈) 줄기의 고갯마루에 붙여진 이름들이다. 두 산이 경쟁하듯 마주 보며 힘차게 내달리면서 만들어진 긴 골짜기의 중간을 막아 남북으로 갈라놓은 지형이다. 그 남쪽 부분은 산자락에 둘러싸인 두릉 마을과 예곡동을 비롯하여 작은 들판이 자리하고 있다. 반대편인 북쪽에는 감천골의 크고 작은 마을과 내서 방향이 아스라이 내려다보인다.

등산길에서 마주하는 첫 번째 고개(재)는 만날재이다. 내 일터의 연구실에서 나서 후문 쪽의 산복도로 위를 가로지르는 육교를 건너면 곧바로 산동네 당산 마을의 초입이다. 동네의 담벼락 사이로 미로처럼 뚫린 골목길을 요리조리 숨바꼭질하듯이 빠져나가 가파른 비탈을 따라 뚫어놓은 큰 포장길을 오르면 만날재 정상에 다다른다. 얼마 되지 않은 길인데도 가파른 관계로 호흡이 헝클어지면 숨을 헉헉대기 일쑤이며 중간에 주저앉고 싶은 충동이 절로 난다.

길의 양편에는 각종 놀이 시설과 광장이 자리하고 있다. 정상에 이르러 숨을 돌릴 겸해서 마산만과 어우러진 시가지 정경에 눈을 팔다 보면 면구스러울 정도로 대책 없이 솟구친 땀방울이 잦아들고 숨도 평소대로 돌아와 상쾌하기 그지없다.

만날재 꼭대기에서 약간 오르막으로 올라 혼자 오가기에 알맞은 조붓한 오솔길을 터덜터덜 잠시 걷다 보면 감천 쪽으로 향하는 시멘트로 포장된 임도가 나오는데, 쌀재까지는 대략 1.4km이다. 산줄기를 구불구불 감아 도는 완만한 오르막이 정상까지 이어지는 길로서 오른쪽은 울창하게 우거진 잡목 숲이다. 그리고 왼쪽의 숲 아래로는 협곡 같은 골짜기로서 현동 쪽으로 향하는 국도 5호선이 느긋한 자태로 길게 드러누운 형국이다. 산자락을 휘감아 도는 길의 양편 경관에 정신을 팔며 발길을 옮기다가 지루해질 무렵이 되면 산마루 오목한 자리에 위치한 쌀재에 도착한다. 여기서 정면을 응시하면 감천과 내서읍이 아스라이 아른거리며 약간은 노작지근해진다.

쌀재의 잿마루에서 시작하여 아득한 감천골에 이르기까지 띄엄띄엄 자리 잡고 있는 전원주택들이 풍기는 맛과 멋은 여기가 과연 우리나라인가 착각을 불러일으킨다. 쌀재 터널을 지나 골짜기를 따라 곧게 빠져나가는 국도 5호선을 중심으로 양쪽의 양지바른 산자락에 자연과 어우러진 서양풍의 전원주택들은 별천지 같다. 수려한 자연경관과 완벽한 조화를 이룬 절묘한 풍경은 한 폭의 수채화 모양새로 세속을 까맣게 잊을만한 은둔의 세상이 떠올라 마음을 설레게 한다.

쌀재 꼭대기에서 왼쪽으로 약간 오르막의 비포장 산길로 접어들면 산자락을 휘감아 돌고 도는 비교적 평탄한 임도가 나타난다. 굽잇길을 따라 1.1km 정도를 걷다 보면 길 오른쪽에 바람재가 있다. 여기에는 지붕 모양이 육각(六角)인 전망대가 날렵한 모습으로 자리 잡고 그 주변에는 간단한 운동 기구도 마련되어 있다.

바람재는 이름이 말해 주듯이 바람이 사시사철 유별나게 많이 불어댄다. 아마도 양쪽에는 높은 산줄기가 병풍처럼 둘러져 있는 지형으로 움푹하게 낮은 능선 마루에 위치한 고개인 때문이리라. 바람이 유난히 심한 때문인지 이 재의 육각정 옆에는 행글라이더 활강장이 있고 가을부터 봄까지 많은 동호인들로 붐빈다.

한편, 이 바람재는 살을 에는 듯한 삭풍이 으르렁대면서 걷잡을 수 없이 휘몰아치며 기세등등한 한겨울에 찾는 게 제격이다. 감당하기 어렵게 산꼭대기를 넘나드는 바람과 추위를 온몸으로 느끼면서도 알싸하고 청아한 한기(寒氣)의 매력에 푹 빠져 헤어나지 못하게 하는 형용하기 어려운 매력을 두고 이르는 말이다.

바람재의 육각정 전망대에서 남쪽으로 눈을 돌린다. 바로 코앞에 두릉 마을이 다소곳하게 자리 잡았고, 저 멀리 골짜기 왼쪽 산비탈에는 예곡동의 빼어난 자태가 정겹게 눈에 들어온다. 그리고 예곡동 앞산 허리로 곧게 뻗은 국도 5호선이 산비탈로 파고들며 자취를 감추면서 국도 2호선과 맞닿아 자연스럽게 마창대교의 진입로 쪽으로 이어져 마치 하나의 길처럼 혼동을 일으킨다. 눈길을 조금 멀리하면 작은 청량산 줄기 너머로 마산 만을 가로지르는 마창대교가 날렵한 자태로 바다 위에 두둥실 떠 있는 모습이 엄청 아름답다. 또한, 바다 건너 왼쪽에는 두산중공업 오른쪽에는 진해가 손을 내밀어 반기는 꼴이다.

한편, 바람재의 북쪽은 감천골 정면에서 약간 옆으로 틀어진 곳에 전망대가 자리 잡고 있다. 그 때문에 광려산 줄기가 겹겹이 둘러싼 모양으로 시야가 제한되어 저 산 뒤에는 무엇이 있을까 호기심을 자극하기도 하지만 조금은 답답하기도 하다. 무심한 바람이 윙윙대는 전망대에 앉아 올망졸망한 산봉우리와 하늘 그리고 바람과 어우러진 아름다움을 조망하면서 느긋하게 쉬다가 시큰둥해서 따분해질 즈음 발길을 되돌려 쌀재를 거쳐 만날재로 돌아온다.

만날재에서 밤밭 고개까지 3.1km로서 무학산 둘레길의 일부를 연이어 걷는다. 만날재에서 오른쪽 언덕으로 오르면 바로 작은 산줄기 정상의 능선의 평탄한 길을 1km 남짓 걷는다. 그리고 나머지 2km 정도는 비탈길을 수없이 오르내리는 요지경 속 같은 길로서 잡목이 하늘을 뒤덮고 고사목이 즐비해서 모양새는 심산유곡을 연상시킨다. 하지만 언뜻언뜻 숲 사이로 괴물 같은 흉측한 몰골의 고층 아파트가 몹시 눈에 거슬린다. 거기에

다 쉴 새 없이 시내를 내달리는 자동차 소음이 몹시 거슬려 조용히 가라앉은 마음을 마구 뒤흔들어 뒤죽박죽으로 만들어 놓기에 십상이다.

내가 평소에 자주 찾는 산은 삶터 언저리에 자리한 청량산과 무학산이다. 비록 단순히 두 개의 산일지라도 거기에 접근하는 길은 헤아릴 수 없을 정도로 많다. 또한, 같은 곳이라도 계절에 따라 멋과 맛은 판이하고 아침과 저녁 사이에도 느낌과 모양새가 다른 조화를 부린다. 그런가 하면 같은 길도 혼자일 때와 동무가 있을 경우가 전혀 색다른 감흥을 일으킨다.

형형색색으로 변화무쌍한 자연과 어우러져 교감하며, 때로는 자신을 들여다보는 여유나 잡다한 일상을 잠시라도 벗어나는 즐거움과 보람을 만끽하고 싶다. 이런 욕구를 잠재우기 어려워 자투리 시간이라도 허락된다면 내일도 등산화 끈을 단단히 조여 맨 뒤에 손에 물 한 병 들어쥐고 넉넉한 산의 품에 안기는 즐거움을 누리는 호사를 부리련다.

⋮

저도 비치로드

⋮

어제 일요일(2014년 9월 28일)에 저도(猪島) 비치로드(Beach Road) 제1코스(단거리)를 '시와 늪'의 배성근 회장, 최문수 사무국장, 예시원 시인, 윤혜련 시인, 김미애 시인, 정인환 시인을 비롯해 나까지 일곱이서 동무 되어 함께 걸었다. 약간 아쉬워도 면면이 소중한 도반이며 글밭을 함께 가꾸는 농사꾼이다. 겨우 3.7킬 로미터의 섬 둘레길을 걸으며 공동 관심사인 문학에 대한 얘기를 주고받은 여정이었다. 이 길 안내도엔 불과 1시간 20분 정도 소요된다는 길을 쉬엄쉬엄 걷다 보니 얼추 3시간 가깝게 걸렸다. 그 짧은 길을 걷기 위해 멀리 경기도 파주, 김해와 진주 그리고 창원과 마산에서 일곱 문우가 함께 한 모꼬지였다.

원래 이 비치로드는 마산합포구 구산면 구복리와 저도를 잇는 연륙교에 연결된 섬을 일주하는 아름다운 둘레길이다. 때로는 해안을 끼고 도는 절경인가 하면 때로는 숲길을 걸으며 오르막과 내리막이 되풀이되는 환상적인 조건을 갖추고 있다. 때문에 경향 각지의 동호인들이 즐겨 찾는 경관이 수려한 길이다. 전체

길이는 6.6킬로미터로 걷는데 대충 2시간 50분쯤 걸린다는 안내이다. 그런데 우리 일행은 시간 관계로 전 구간 완주는 무리라는 판단에서 차선책을 택했다. 비치로드 중에 일부인 단거리를 걷기로 했다. 결국, 무모한 도전이라는 위험으로부터 현명한 결별을 택한 셈이었다.

일반적으로 주차장에서 출발하여 제1전망대, 제2전망대, 사각정자, 코스분기점, 코스합류점을 거쳐서 주차장에 이르는 노정이다. 안내대로라면 가파른 산비탈을 치고 올라야 하는 꽤나 험한 오르막길이다. 이 때문에 초보자들이 포기할 위험을 배제하기 위해 상대적으로 내리막이 많도록 정반대로 걷기로 했다.

출발지인 하포 길에서 코스 합류점까지 0.6킬로미터를 산비탈을 타고 오르다가 산길에 익숙하지 않은 여자 문우가 심하게 헉헉거려 일행이 모두 길바닥에 쭈그리고 앉아 쉬면서 완급을 조절해야 했다. 쉬면서 무심한 눈길이 닿은 풀숲에 불긋불긋 붉게 물들기 시작하는 옻나무 잎이나 수줍게 고개를 내민 하얀 들국화의 자태에서 시나브로 파고든 가을을 실감할 수 있었다. 출발한 지 20여 분 만에 코스 합류점에 도착해 생수와 준비해온 오이를 먹으며 숨을 돌렸다.

코스 합류점에서 사각정자까지는 0.5킬로미터로 능선과 비탈로 이어지면서 산꼭대기 언저리를 걷는 길인데도 바다가 전혀 보이지 않아 답답했다. 그래서 여기가 과연 비치로드가 맞는 것인지 의구심을 지울 수 없었다. 단조로운 내리막길을 걷다가 울창한 참나무 숲 아래에 앉아 쉬면서 새참을 먹기로 했다. 김미애 시인이 파주에서 새벽 2시에 기상해 만든 정성스런 샌드 위치와 윤혜련 시인이 준비해온 과일을 먹으며 정담을 나누다가 내리막 길을 계속 걸었다.

사각 정자에서 제2전망대까지는 0.3킬로미터인데 된비알이기 때문에 가파르고 몹시 미끄러웠다. 제2전망대는 거의 직각에 가까운 바다 쪽 바위 절벽을 이용해 만든 나무 계단과 바다를 멀리 내다볼 수 있는 조망대로 되어 있었다. 전망대 바로 밑에 시퍼런 물이 찰랑거리는 바위너설 해변이었다. 여기서 고성과 남해 그리고 거제도 쪽을 조망할 수 있어 속이 확 트이는 기분으로 날 것 같았다. 눈 앞에 펼쳐진 청정해역엔 굴과 홍합 양식장이 끝없이 이어져 마치 평야에서 잘 경지 정리된 논을 연상시키는 장관이 었다.

제2전망대에서 약간 오르내리며 구불구불 해안을 따라 산허리를 휘감아 돌고 도는 0.8킬로미터 걸어 도착한 제1전망대이다. 그다지 빼어난 풍광에 미치지 못해 경관도로(Scenic Road) 축에 끼일 정도가 아니라서 살짝 아쉬워 실망했다. 제1전망대에서 주차장까지 1.5킬로미터는 해안에 인접한 길로 숲 속인가 하면 오른쪽으로 바닷물이 넘실대는 해안가를 걸어 지루하지 않았다. 너무 얘기에 빠져들었음일까. 단거리 코스를 한 바퀴 걷고 나니 점심때가 지난 지 오래였다.

배성근 회장이 선두에서 차를 몰며 찾아가는 음식점마다 휴일로 영업을 하지 않아 발길을 돌려야 했다. 몇 차례 허탕을 친 다 음에 반동 초등학교를 지나 원전 쪽으로 달리다가 길옆에 자리한 해장국집을 겨우 찾아 새참 같은 점심을 먹었다. 마가 꼈었던가. 모두 맛있게 먹고 있을 때 하필이면 내 해장국 속에서 투신자살한 왕방울만 한 파리 사체 한 구를 인양하는 불상사가 발발했다. 일행 모두가 벌레 씹은 표정을 지었지만, 진정시키고 주인에게 조심했으면 좋겠다는 의사를 단호하게 피력하고 나머지 음식을 꾸역꾸역 먹어치웠다. 따라서 구차하게 그를 빌미 삼아 시비를 입찰하거나 얼굴 붉히지 않고 정인환 시인이 개인적으로 부담한다며 음식값을 정확하게 계산하는 신사도를 보였다.

점심은 3시를 넘겨 마쳤다. 외지에서 온 문우들을 위해 서둘러 석곡리에 자리한 '마산 해양 드라마 세트장'으로 향했다. 그동안 이곳에서 '김수로', '금초고왕', '짝패', '야차' 등을 위시해서 10여 편의 드라마 혹은 영화를 촬영했다. 몇 백 년전의 건물과 관아, 저잣거리, 항구와 배의 모습을 재연한 해양 세트장으로 우리 선조들의 생활이나 주거 문화의 편린을 어림해 볼 수 있다. 특히 바다와 연결되어 고선박이나 옛 항포구의 모습을 너끈하게 유추할 수 있어 상당한 의미를 부여할 수 있다.

드라마 세트장을 개가 머루 먹듯이 얼렁뚱땅 둘러본 시각은 오후 4시 무렵이었다. 멀리 파주 집으로 돌아가야 하는 김미애 시인이 창원고속버스터미널에서 5시에 출발하는 버스표를 예매한 까닭에 오늘 모꼬지는 여기서 공식적으로 대미를 내렸다. 승용차 3대에 적당히 편승하고 각자의 삶터로 떠났다. 나는 배성근 회장 차에 편승하여 아파트까지 도착했다. 서산마루 쪽으로 기운 듯 보여도 초가을 해는 아직 몇 발 남아 쨍쨍했다.

⋮

올해의 마무리 등산

⋮

유진이가 어제(2014년 12월 28일) 나섰던 청량산 정상 등정이 올해 35번째로 다녀온 것으로서 갑오년의 마지막 등산이지 싶다. 아직 새해를 맞으려면 며칠 여유가 있어도 추운 날씨 때문에 조심해야 하기 때문에 또다시 도전하기는 어려워 보인다. 지난 정월 지금의 둥지로 이사를 온 뒤에 주말에 특별한 일이 없으면 유진이를 데리고 왕복 10여 킬로미터 남짓한 청량산 정상을 오갔었다. 처음에는 여덟 살의 유진이에게 한두 번만 경험을 쌓아줄 요량이었다. 그런데 어쩌다가 유진이를 얼치기 산꾼으로 버려놨고 결국 35번의 등정을 했다. 아마도 유진이 나이에 이처럼 산을 많이 탔던 경우는 흔치 않으리라.

처음엔 대충 차려 입히고 산행을 했다. 그렇게 등산이 계속되면서 운동화와 등산복 그리고 모자와 장갑까지 갖춰 전문 등산인의 겉모양새를 닮을 만큼 갖췄다. 그것도 봄과 여름, 가을과 겨울용으로 구분해 두루 갖췄다. 이쯤 되면 멀쩡한 아이를 얼치기 산꾼으로 만들어 놨다고 우려를 해도 변명의 여지가 없지 싶다.

나 혼자라면 넉넉잡아 2시간이면 족한 길이다. 그런데도 유진이와 처음 걸었을 때는 걷는 시간보다 구경하거나 쉬는 시간이 더 많아 5시간 이상이 소요되었다. 정상에서 되돌아오는 길엔 다리가 아파 걷지 못한다고 엄살을 피워 중간중간에 업고 내려오기를 되풀이하기도 했다. 그 이후에도 서너 차례는 야단법석을 떨며 따라다니더니 어느 때부터인가 저 스스로 걷는 장족의 진화 모습을 보여 신통방통했다.

중독이 된 걸까? 아니면 산꾼이 다 된 걸까? 얼추 여나무 번 등산을 한 뒤로는 주말만 되면 등산을 가자며 먼저 설쳐댄다. 그렇게 설레발을 쳐도 들어주지 않으면 토라져 불뚝 대기 일쑤이다. 심지어는 지난 10월 중간고사를 치르기 전의 토요일과 일요일 연거푸 이틀 동안 등산을 했다. 아마도 제 부모가 알았다면 방방 뛰었을 게다. 아이에게 시험공부는 시키지 않고 뚱딴지같이 산이나 데리고 다니는 푼수 같은 할아버지라고 말이다.

산을 다니며 무엇을 보고 배웠을까? 산을 오가며 만났던 다람쥐, 청솔모, 뱀, 개구리, 각종 산새와 곤충, 나비는 이제 친숙한 친구 같을 게다. 또한, 산행 길섶에 피어났던 벚꽃, 생강나무꽃, 개나리, 진달래, 영산홍, 싸리꽃, 칡꽃, 산나리, 구절초 등도 잊을 수 없으리라. 게다가 봄의 신록, 여름의 녹음, 가을의 단풍, 겨울의 나목을 제대로 기억할 수 있을지 모르겠다.

아울러 가파른 비탈길을 오르내리며 느낌은 무엇이었을까? 아주 당연하지만 높이 오르면 힘은 갑절로 들지라도 더 많이 내려다보이며 산 아래 세상이 더욱 아름답게 보이는 즐거움이 있다는 사실을 깨우쳤는지 모르겠다. 산을 오르내리다가 힘들면 쉬면서 숨을 골라야 더 빨리 그리고 더 멀리 갈 수 있다는 사실까지도 제대로 꿰었으면 좋겠다.

산에 오르며 체력 단련을 한 효험일까? 유진이는 지난 시월에 열렸던 학교 체육 대회 릴레이 종목에서 반대표로 뛰었었다. 제 얘기라서 신빙성을 보장할 수 없지만 자기가 반에서 달리기 일등이라고 자랑질을 해댔다. 기껏해야 남학생 열여섯 중에 일등일 뿐인데 말이다. 이번 섣달에는 학교의 '2014년도 줄넘기 달인 대회' 에서 자그마치 3백 개를 넘게 하여 자기 반에서 당당히 1등을 했다는 얘기였다. 그렇게 우쭐대더니 드디어 학교장이 수여하는 '우수상' 상장을 받아와 사실임을 증명했다. 이런 일련의 일들은 유진의 체력이 튼튼하다는 사실을 방증하는 사실로 치부하련다.

초등학교라는 새로운 세상에 첫발을 내디딘 유진이가 혼란을 겪지 않고 잘 적응하며 건강하고 바르게 성장해 준 올해가 무척 감사하고 행복하다. 알싸한 겨울바람 때문에 본능적으로 잔뜩 웅크리고 걸을지라도 방학 내내 틈틈이 등산에 나설 참이다. 그렇게 조붓한 등산길을 조손이 앞서거니 뒤서거니 자분자분 걸으며 오순도순 나누는 얘기 속에서 정을 여퉈 쌓으리라.

독감 백신 접종

오늘 구청 보건소에서 65세 이상 노인에게 무료로 접종하는 독감 백신을 접종했다. 일정한 기간 동안 편리한 날짜에 보건소를 찾아가 접종하는 방식이 아니었다. 거주하는 동별(洞別)로 정해진 날짜가 아니면 접종이 불가능한 관계로 여간 불편하지 않았다. 거주하는 동별로 정해진 날짜를 지키지 않으면 접종할 수 없는 폐쇄적인 운영 방식은 행정 편의주의 전형으로 '싫으면 그만두라' 는 갑(甲)의 횡포에 가까운 처사가 아닐까.

손주가 학교의 정문으로 들어가는 모습을 확인하고 나서 곧바로 아내와 보건소로 달려갔다. 보건소 앞에 도착한 시간은 대략 아침 8시 20분경이었다. 눈앞이 아찔했다. 접종을 위해 구불구불 조붓한 골목길만으로는 어림도 없어 '합포 도서관' 너른 마당 절반 가까이 서리서리 늘어선 길이가 족히 4~5백 미터쯤 되었다. 아내와 함께 엉거주춤 맨 뒤에 섰다.

그 옛날 명절에 귀성 열차표를 구입하기 위해 서울역 광장에 늘어서 날밤을 꼬박 지새우던 모양새를 연상시켰다. 다른 것이 있다면 오늘 줄은 모두가 65세 이상의 노인이라는 점이다. 줄

선 노인들을 물끄러미 바라보고 있는데, 오늘은 '월영동·문화동·가포동·현동' 등에 거주하는 분이 아니면 접종이 불가능하기 때문에 다른 동(洞)에 거주하는 분들은 돌아가라고 귀가 따갑도록 읊어댔다.

참으로 놀랐다. 마산 중에서도 극히 일부인 4개 동에 거주하는 노인들이 이렇게 많다는 사실에 놀라 기절할 지경이었다. 같은 노인이라고 해도 이순(耳順)의 후반과 산수(傘壽) 이상인 노인 사이는 부모와 자식 같은 차이가 분명하다. 그런데 어느 누구도 예외 없이 그 길고 긴 줄을 서서 기다렸다가 접종을 해야 했다. 개중에는 허약하거나 다리가 아파서 오래 서 있지 못해 쭈그리고 앉기를 반복하는 안쓰러운 경우도 숱했다. 이 같은 정황인데도 불구하고 겨우 고희 언저리에 이르렀을 정도로 보이는 멀쩡한 남정네가 산수를 지나 졸수(卒壽)쯤의 호호백발 노인이 지팡이에 의지한 채 아는 사람 앞에 끼어든다고 왈왈대는 팍팍한 인정에 울컥한 마음을 다잡기 어려워 허둥대야 했다.

병원에서 손주에게 독감 백신을 접종하는데 3만 원이었다. 무료 접종이기에 둘이면 6만 원을 아낀다는 생각에서 아내와 거의 2시간 가까이 쌔빠지게 줄을 서서 기다려 접종을 마쳤다. 기다리던 중간에 포기할까 여러 번 망설이다가 결국은 복잡한 손익계산을 접은 채 눈 딱 감고 버텨냈다. 아마도 보건소에서 무료 접종을 하는 모든 노인들도 나와 비슷한 차원의 고민을 했을 법하다. 경제적으로 여유가 많은 사람들에게 몇 시간씩 줄을 서라면 기겁을 하고 손사래를 치며 사양할 게다. 그들은 분명 병원을 찾아가 유료로 접종하는 쪽을 택할 게 분명하다.

'공짜로 시혜를 베풀기 때문에 싫으면 말고' 식으로 접종을 하는 업무 방식은 그 옛날 행정 잔재를 보는 것 같아 씁쓸했다. 접종 장소인 임시 천막 입구에서 일이다. 몸이 불편한 산수가 아니면 졸수로 보이는 할머니를 휠체어에 태우고 온 아들도 고희(古稀)를 넘겼을 것으로 보였다. 모친의 거동이 어렵고 매우 허약하니 오늘 접종하게 해달라고 사정해도 오늘 접종 예정인 지역에 거주하지 않는다고 매몰차게 내치며 돌려 보냈다. 참으로 앞뒤 꽉 막힌 융통성 없는 운영에 부아가 치밀었다. 그런 경우 신원 확인이 필요하다면 컴퓨터로 조회한다면 식은 죽 먹기보다 쉬운데 말이다.

최근 우리의 평균 수명이 길어지며 법적으로 경로 대상이라도 자식과 부모같이 나이 차이가 많은 경우가 허다하다. 그러므로 일정한 창구는 산수 이상이나 불편한 분들이 거주지나 날짜에 구애받지 않고 접종토록 배려하는 유연한 운영의 묘를 살릴 여지가 없는 것인지 고민해 봐야 할 명제가 분명했다. 아마도 개인 기업에서 이런 접종 방식의 서비스를 했다면 책임자는 당장 문책의 대상이 되었을 것이다. 아무리 공짜라고 해도 그 재원은 따지고 보면 우리가 낸 세금인데 과연 주인 대접을 제대로 받는 걸까?

접종 대상이 고관대작이거나 나라를 쥐락펴락하는 거부들이었다고 해도 이런 식으로 몇 시간씩 길거리에서 줄을 서서 기다리라는 만용을 부렸을까. 그런 경우라면 보건소장을 위시해서 간부들이 정문 밖에 도열해 고개를 주억거리며 환심을 사려고 기를 썼을 게다. 아무리 생각해도 지금과 같은 접종 방식은 기계적인 책임을 다했다는 실적 쌓기 그 이상도 그 이하도 아니다. 이런 단정은 지나치게 야박한 평이라고 볼 맨 소리를 해댈지도 모르겠다. 행정 서비스의 질적 개선과 진정한 봉사라는 사실을 새삼스럽게 되뇌고 싶은 울컥한 심정의 토로이다.

⋮

내 단골 이발소

⋮

나는 무엇이고 손에 익고 편해진 것은 쉬 버리거나 바꾸지 못하는 성격이다. 해서, 삶의 여정에서 연을 맺기 마련인 약국이나 음식점 혹은 이발소 등에 안면을 트면 폐업을 하거나 이사를 가지 않는 한 변절하지 않는다. 상대방에서 나를 의식하던 못하던 그것은 별개 문제로 개의치 않고 드나들며 원하는 일을 하거나 필요한 서비스를 받았다. 그러니 상대방에서 단골로 대접해 주었는지 여부는 애초부터 관심 밖이었다. 편하고 익숙한 게 좋아서 그리할 뿐이다. 그런 면에서 단골이라고 이름 붙인 몇 안 되는 곳 중 하나가 이발소이다.

사람들은 이발소 하면 무엇이 먼저 떠오를까? 나는 이발소 입구에 청색과 홍색 그리고 백색이 나선형으로 휘감은 자태의 둥근 기둥이 빙글빙글 돌아가는 모습이다. 이는 지구촌 어디에서고 이발소를 나타내는 공통의 기호이다. 그런데 18세기 무렵까지 유럽에서는 이발사가 외과 의사를 겸했기 때문에 사람들이 병에 걸리면 이발소에 가서 치료를 받거나 수술을 받았다고 한다.

프랑스의 어떤 이발사(1540년 메야나킬)가 어린 시절 둥근 막대기에 청색과 홍색 그리고 백색을 칠하여 이발소 앞에 내걸어 사람들이 쉽게 식별할 수 있게 한 것이 효시가 되어 오늘날의 사인보드(Sign Board)로 발전했다고 하던가. 여기서 청색은 '정맥', 홍색은 '동맥' 그리고 백색은 '붕대'를 의미한다. 그런데 인류 사회가 복잡해지고 의학이 발달하면서 병원과 분리되어 오늘날의 이발소가 되었단다.

내가 제대로 된 이발소를 찾은 것은 중학교 입학한 이후가 아닐까 싶다. 6·25전쟁이 휴전되기 한 해 전부터 시작되었던 초등학교 시절에는 동네에 있던 간이 이발소를 다녔다. 그런데 그곳은 난방이 전혀 안 되고 시설도 엉망이고 우중충하며 기계가 낡아서 머리를 쥐어뜯기 일쑤였기 때문에 가장 싫어했던 곳 중의 하나였다. 그렇게 어린 시절 드나들기 싫기만 했던 곳이었다. 그러나 지금 돌이켜보면 까까머리 내 모습과 아련한 추억이 반쯤 깨졌던 거울에 희미하게 일렁이는 것 같아 이런저런 기억들을 되살려보고 싶다.

지금 내 단골 이발소는 삶터 근처 허름한 건물의 이 층에 위치했고, 주인 부부가 함께 운영하는데 기껏해야 열 평 안팎이다. 현재 살고 있는 아파트로 이사 오면서 연을 맺었으니 올해로 열네 해 째 드나들고 있는 셈이다. 난 특별한 일이 없으면 이발소에서 머리를 자른 다음에 머리를 감거나 면도는 하지 않는다.

오랫동안 같은 이발소를 다니면 머리 모양이나 길이에 대해 미주알고주알 얘기할 필요가 없다는 이점이 있어 좋다. 그저 이발할 채비를 하고 의자에 앉기만 하면 모든 것이 일사천리로 진행되어 한없이 편하다. 대부분 이처럼 기계적으로 이발을 하다가도 특별한 용무가 있을 경우에는 머리를 자르는 단순한 이발 외에 '드라이'를 추가하기도 한다.

이런 이발이기 때문인지 요금은 매우 저렴하다. 우선 머리만 자르는 경우 처음에는 삼천 원이었는데 요즈음은 팔천 원이다*. 거기에다가 추가로 '드라이'를 하면 웃돈으로 천 원을 더 부담해야 한다. 그리고 이발을 하지 않고 '드라이'만 하면 이천 원을 받는다.

처음 발길이 닿았던 시절에는 지금 이발소가 자리한 바로 아래층인 일 층 넓은 공간에서 고용 이발사와 면도사를 각각 한 명씩 있었다. 그런데 언제부터인가 이 층으로 올라오면서 공간은 절반 정도로 줄어들었다. 그리고 고용 이발사와 면도사가 자취를 감췄다. 40대 후반의 주인은 이발을 하고, 아내는 머리를 감기며 면도를 하는 식으로 생존을 위한 변신을 했다. 십여 년을 드나들며 지켜본 결과 초등학생이나 중학생, 나와 아래위로 띠동갑에 해당하는 연령층이 주된 고객이었다.

그러므로 청년이나 장년층은 거의 없었다. 이발을 하며 앉아 있을 때 어쩌다 주인의 독백 같은 얘기를 들으며 세월과 변화의 소용돌이에 대하여 심각하게 생각해 보기도 한다. 나름대로 열심히 살아왔는데 우후죽순처럼 생겨나는 미용실에 어리거나 젊은 손님을 뺏기고, 장년층의 손님은 시설 좋은 곳에 뺏기는 형편이라고 했다. 따라서 장기에서 '차 떼고 포를 뗀 격이니' 점점 더 어려워진다는 푸념 일색이었다. 하지만 배운 게 그것

* 2015년 1월 현재도 여전히 마산의 월영성당에서 가포 쪽으로 100미터 가까이 떨어진 곳에 자리한 '해운이발소'를 이용한다. 나는 그동안 두 번이나 다른 아파트로 이사를 했으며 지금의 이발 요금은 10,000원이다.

밖에 없는 관계로 하늘의 뜻이려니 생각하고 버텨 갈 것이라는 다짐 같은 각오를 피력할 때면 숙연해지기도 했다.

그렇게 오랫동안 드나들면서도 통성명했던 일은 없다. 그래도 인연은 그리 간단치 않았다. 우연히 쓰게 되었던 정기적 칼럼에 얼굴이 나온 지역 신문을 구독하며 간간이 낯을 익힌 듯하고, 어쩌다 지역 방송국 텔레비전 토론 생방송을 봤었다고 하면서 더욱 친근하게 인사를 건네기도 했다.

그런가 하면 우연히 어느 결혼식에 하객으로 갔다가 내가 주례를 하는 모습을 지켜봤었던 것 같다. 그 이후부터 드라이를 하면 오늘도 결혼식 주례 맡았느냐며 정성스러운 손길로 머리를 다듬어주기도 한다. 그러고 보니 내가 이발을 하고 드라이를 했던 날은 거의 주례를 섰던 것 같다.

우리나라의 이발 역사는 어디쯤에서 시작되었을까? 유감스럽게도 우리 조상들을 지배했던 유교의 영향으로 인해서 머리를 자르는 것을 불효로 여겼던 것으로 알려졌다. 유교적인 가치관에서 보면 '신체는 부모로부터 물려받았다는 맥락에서, 머리카락 하나라도 다치면 불효' 라는 고정관념이 지배하고 있었다.

조선의 고종 시절 '단발령' 이 내려진 다음부터 머리를 잘랐다고 한다. 결국, 1895년 11월 15일 미국을 돌아봤던 개화 내각의 내부대신 '유길준' 등이 주도해서 발의했던 단발령이 내려졌다. 따라서 그 이후부터 이발이 시작되었음은 불문가지고 최초의 이발사는 왕실에서 이발을 시작했던 '안종호' 라고 한다.

요즘 젊은이들은 여자들이 주로 이용하는 미용실에 가서 이발하는데 매우 익숙해진 것 같다. 어디 그뿐인가. 여인네들이 다니는 미용실에 가서 아낙들과 나란히 앉아서 파마 대신에 이발을 하는 청장년층의 남정네들이 적지 않음은 놀랄 만한 일이 아니며 낯선 문화가 아닌 듯하다. 세월 따라 문화가 바뀌고 가치관이 달라짐은 물이 흐르듯 당연하다. 그렇지만 머리에 무언가를 잔뜩 뒤집어쓴 생면부지의 여인네와 나란히 앉아 같은 거울을 바라보며 이발하는 모습이 어울리지 않을 것 같기 때문에 내일도 나는 단골 이발소를 찾을 참이다.

이틀 전에 그 이발소 언저리에서 꽤 부러워할 자리에 오른 제자 하나를 만났다. 행선지가 옆의 이발소라는 얘기를 듣고 나서, 좀 더 좋은 곳으로 가라면서 어떤 사우나에 딸린 이발소 이용 티켓 수십 장이 들어있는 봉투를 건네주려고 했다.

분명히 주변머리 없는 스승인 내가 안쓰러워 보여서 그리했던 것으로 생각하면 고맙기 그지없는 일이었다. 이발비 문제로 고급 이발소를 찾지 않는 게 아니다. 그러므로 제자의 성의는 천부당만부당한 일인 셈이기에 단호히 사양했다. 그러고 보니 단골이라 해도 때로는 앞뒤를 가려가며 눈치껏 드나들어야 하는 게 법도인지 모르겠다.

⋮

계곡 물놀이

⋮

손주 유진이가 감천의 계곡을 찾아가 물놀이를 즐겼다. 승용차로 집에서 20여 분 달리면 손쉽게 찾을 수 있는 마산 변두리 계곡으로 한여름이면 발 디딜 틈이 없을 정도로 사람들이 이웃 마실 나서듯이 즐겨 찾는 아기자기한 내(川)이다. 휴가의 절정을 지난 화요일 오후임에도 불구하고 계곡의 길 양편에는 승용차가 빼곡하고 냇가에는 피서에 나선 사람들이 복닥대는 때문에 장날의 저잣거리를 연상시켰다.

지난달 하순 방학을 맞으며 연신 바닷가 타령을 하는가 하면 워터파크를 부르짖다가 여의치 않음을 간파하고 계곡이라도 찾아가자는 주장을 주야장천 끈질기게 채근해댔다. 곡진한 주장을 마냥 외면하기 어려워 지난 주말 제 할머니가 계곡에 가겠노라고 얼결에 다짐했던 말빚을 변제하기 위한 나들이인 셈이다.

광려산 중턱에 자리한 광산사(匡山寺) 언저리에서 발원하여 산모퉁이를 휘감아 돌고 돌아 계곡을 따라 내서 쪽으로 흐르는 냇가이다. 내의 크기에 비해 물이 많이 흐르는 편이지만 줄줄이 몰려온 피서객의 수를 감안할 때 믿기지 않을 만큼 물이 맑았다.

도착하자마자 유진이는 곧바로 냇물에 들어갔고 우리 내외는 산그늘에 돗자리를 펼쳐놓고 하는 꼴을 지켜봤다. 집을 나설 때는 무척 더워 쩔쩔맸는데 냇가는 흐르는 물과 계곡을 훑고 지나가는 바람 때문인지 아주 시원해 별천지가 따로 없었다.

물고기를 잡겠다고 단단히 벼르며 매미채인 포충망과 곤충 채집통을 가지고 갔다. 시원한 물속을 이리저리 쫓아다니다가 송사리 떼를 만나면 한 치의 망설임도 없이 포충망으로 포획하려고 안간힘을 쓰는 모습이 안쓰럽기까지 했다. 내 생각에는 유진이가 송사리를 잡느니 송사리가 유진이를 잡는 편이 빠르고 확실할 것 같았다. 그런데도 지성이면 감천이라는 말은 거짓 없는 참이었나 보다.

미동도 없이 한동안 수면 아래로 얼굴을 디밀고 내 바닥을 뚫어지라 응시하다가 작은 다슬기 한 마리를 건져 채집통에 넣는 전과를 올리며 의기양양해 달뜬 모습은 개선장군이 부럽지 않아 보였다. 그리고 얼마를 지났을까? 물속에서 매미채를 휘젔다가 환호성을 질렀다. 고기를 잡았다며 밖으로 나오더니 포충망에서 무언가를 꺼냈다.

옆에서 지켜보는 내 눈에는 잘 보이지도 않은 새끼 송사리 한 마리였다. 비록 알에서 부화된 지 달포 안팎으로 보이는 새끼일망정 채집통에 넣는 진지한 모습이 더 할 수 없이 행복하게 투영되었다. 그 후에도 한 시간 이상을 물속을 샅샅이 훑으며 헤맸음에도 불구하고 가까스로 송사리 두 마리와 다슬기 한 마리를 더 건져 올리는 초라한 전과가 애처로울 지경이었다.

해 질 무렵이 되면서 냇물의 수온과 밖 기온이 급격히 낮아졌다. 감기도 염려되고 귀가를 감안해 여섯 시 반쯤에 물놀이를 마치도록 종용했다. 그리고 채집통에 넣어 두었던 송사리와 다슬기를 물에 놓아주도록 조곤조곤 설득했다. 서둘러 옷을 갈아입히고 짐을 챙겨 집으로 향하려다가 밖에서 저녁을 해결하기로 하고 교외인 함안 쪽으로 길머리를 틀었다. 마산대학을 지나 함안의 경계인 언덕을 넘어갈 때 서산마루에 걸린 해가 창출하는 붉은 낙조(落照)의 장관에 압도되어 연신 탄성을 지르며 방방 뛰었다.

이제 겨우 여덟 살인 유진이는 집에서 샤워를 한 뒤에 발가벗고 집안을 활보하는 경우가 숱하다. 때문에 옷을 벗기고 입히는데 주위를 신경 썼던 적이 별로 없었다. 이런 습관에 익숙해져 생각이 마치지 못했음이 분명하다. 오늘 냇가에서 물놀이를 마치고 무심코 물에 젖은 옷을 홀러덩 벗기고 새 옷으로 갈아입혔다. 물론 하의를 벗길 때는 제 할머니가 벗기는 과정에서 나는 하체가 드러나지 않도록 수건으로 감싸면서 내 몸으로 가려 주었다. 한편, 지근의 거리 내에는 어른 몇 명만 있었고 어느 누구도 저를 지켜보지 않은 정황이었다.

자고로 상처는 드러내야 하고 마음은 곧이곧대로 표현해야 참된 실체를 올곧게 확인할 수 있다지만 깜짝 놀랐다. 어느 누구도 자기가 옷 벗는 낌새도 알아차리지 못했음에도 다음부터는 차 속에서 옷을 갈아입겠다고 다부지게 몇 차례 거듭 다짐을 했다. 세상에 태어나 가장 부끄러운 순간이었다고 배배 꼬인 속내를 곧이곧대로 드러내며 쐐기를 박았다. 이런 경우 천려일실이지 싶었다.

성장에 따라 눈높이에 걸맞게 인격권을 보호하고 체면치레 조치가 뒤따라야 했다. 그런 당위성을 깡그리 무시한 채 백주에 활짝 열린 공개된 장소에서 거리낌 없이 옷을 벗기는 몰지각한 할아버지와 할머니의 무지막지한 행위는 진정 참회의 반성문을 쓰는 게 온당한 대응이지 싶다.

저녁 식사 뒤에 귀갓길에 혼곤히 밀려오는 피로를 이겨내지 못하고 승용차 뒷좌석에서 잔뜩 구부린 채 불편한 새우잠에 빠져들면서도 마냥 기꺼운 표정을 감추려고 하지 않았다. 하루를 마감하는 일기에 '계곡 물놀이' 라는 제목으로 신났던 순간을 또박또박 쓰면서도 입이 귀에 걸려 다물지 못하고 실실거리는 모습이 더할 수 없이 순진하고 행복해 보였다. 스스로 가장 기분 좋은 날이라고 거침없이 쏟아내는 유진이가 하루를 펼치는데 아낌없는 조력자로서 동행했다는 사실에 내 기분도 상종가이다.

⋮

이웃사촌의 선물

⋮

최근 우리 집에 생각하지 않았던 매실과 마늘이 선물로 들어왔다. 골치 아프게 손익을 따져야 하거나 갑과 을이라는 강자와 약자로 구분하는 종속관계로 발생하는 검은 거래이거나 뇌물이 아니고 순수한 인정을 듬뿍 담고 있다. 현재의 아파트로 이사오기 전에 스무 해 정도 살던 아파트에서 교류하던 세탁소 아주머니의 귀한 마음을 오롯이 담은 정성이다.

우리 내외는 사회생활을 하면서 안면을 트고 연을 맺으면 특별한 상황이 발생하지 않는 한 켜켜이 쌓은 정이 아까워 소통의 통로를 가로막거나 거래를 끊는 법이 거의 없다. 아내가 이용하는 단골 가게나 미장원을 비롯하여 세탁소, 내가 이십여 년 동안 줄기차게 찾으며 시나브로 정이 들어 애용하는 이발소가 그에 해당한다.

지난날 살던 아파트에서 이용하던 세탁소와 현재 살고 있는 아파트 사이의 거리는 보통 걸음으로 얼추 오 분 남짓 소요된다. 이런 때문에 익숙해진 세탁소에서 두 개의 아파트 단지를 가로질러야 지금 사는 아파트가 있다. 그 사이에는 세탁소가 여럿이 있다. 그런데도 그동안 미운 정 고운 정이 들어 친숙해진 세탁소와 연을 끊는 게 싫어 세탁물이 생기면 모아 두었다가 아내가 외출할 때 가지고 가서 맡긴 다음에 세탁을 마친 옷을 찾아왔다.

세탁소의 입장에서는 그게 편편찮았는지 요즈음은 맡겨둔 세탁물을 집으로 배달해 준다. 그리고 새로 세탁해야 할 옷을 가지고 가는 형태로 바뀌었다. 아마도 오랜 단골이지만 생활권이 다른 아파트로 이사를 갔는데도 계속해서 자기 집을 이용해 주는 마음이 고마웠는지 초여름에 이를 무렵에 매실, 이달 초순에는 마늘을 선물로 주어 송구스럽기 그지없다. 그런데 우리는 진솔한 고마움을 어떻게 표해야 결례가 되지 않을지 아직도 끙끙대며 요령을 모색해 봐도 묘방이 떠오르지 않아 매듭을 짓지 못한 채 고민은 현재 진행형이다.

매실을 설탕과 섞어 숙성시켜 매실액을 만들기로 작정했다. 그런데 어떻게 담아야 하는지 전혀 모르는 숙맥인 맹추였다. 여기저기 전화로 묻고 인터넷을 뒤지며 야단법석을 떨며 매실과 매실 무게에 해당하는 설탕(12kg)을 섞어 버무려 김치 냉장고에 김치를 담는 직사각형 플라스틱 통 두 개에 담아 신문지로 덮어서 베란다에 모셔 두었다. 그리고 몇 주일 지나면서 아주 작은 하루살이 같은 게 밤낮으로 그 주변을 맴돌며 날아 비위를 긁어댔다.

매일 파리채로 그 녀석들을 때려잡는 게 일과였지만 근본적인 대책이 되기에는 역부족으로 어림도 없었다. 아내가 사방으로 전화를 해댔다. 누군가가 설탕의 단맛 때문에 날벌레가 모여든다며 검은 비닐봉투를 사다가 매실 담은 통을 거기에 넣고 입구를 완전히 봉해두면 만사형통이라는 처방을 알려 주더란다.

서둘러 시장에 가서 넉넉할 정도의 비닐봉투를 사다가 고사라도 모시듯 자못 경건하게 작업을 하려고 했다. 그런데 뭔가 이상했다. 두 개의 통을 겹쳐 쌓고 그 위에 덮었던 신문지를 들어냈다. 이게 무슨 조화일까. 온 동네에 있는 작은 하루살이 같은 날벌레(초파리)의 잔치마당 같았다. 놀라 파리채로 때려잡는가 하면 휘휘 휘저어 사방으로 쫓아낸 다음에 정신을 가다듬고 혹시나 해서 뚜껑을 열었다.

놀라 기함하지 않은 게 도리어 이상할 상황이었다. 매실과 설탕이 어우러지며 삭여 우러난 액체 위에 둥둥 떠 있는 매실 주위를 수백 마리의 하루살이 같은 벌레가 군무를 펼치는 어처구니 없는 진풍경이 펼쳐졌다. 거기다가 설상가상으로 눈에도 잘 보이지 않는 아주 작은 애벌레(초파리 애벌레)가 집단 체조를 하듯이 꿈틀거려 속이 울렁거리고 토할 지경이었다.

아무리 생각해도 먹을 수 없어 보여 앞뒤 잴 것 없이 단박에 수채 구멍에 붓고 수돗물을 콸콸 틀어 깔끔하게 버렸다. 나머지 한 개의 통에 들어 있는 것도 버리려고 뚜껑을 열었었다. 그런데 먼저 개봉했던 통에 비해 전혀 다른 양상으로 깨끗하고 완벽했다. 각 통에 매실과 설탕을 각각 같은 양을 넣고 숙성을 시작했기 때문에 전체의 절반을 버린 셈으로 아깝기 그지없었다.

아까워 길길이 뛰며 화를 삭이지 못해 붉으락푸르락하는 아내의 정수리가 천장에 부딪칠까 봐 벌레가 생긴 원인에 대해 묵묵부답으로 일관하며 간신히 위기를 모면했어도 마음은 편하지 않았다. 왜 한 통에서만 벌레가 발생했을까 곰곰이 생각해봤다. 그런데 어린 손자와 내가 공동정범이 틀림없었다. 두 개의 통에 나누어 담아 숙성시키는 중이었다. 그중에 위에 놓인 통은 며칠 지난 어느 날 다섯 살배기 손자 유진이와 예순일곱의 내가 죽이 척척 맞아 몰래 뚜껑을 열어보면서 낄낄거리며 히죽이다가 제대로 닫지 않았던 때문으로 추정되었다. 만일 그 순간 아귀를 맞춰 야무지게 뚜껑을 닫았다면 틈새가 생기지 않아 벌레가 침입할 여지가 전혀 없어 나머지 통처럼 멀쩡했을 터인데 말이다.

매실 문제로 끌탕을 치며 자존심이 상했던 아쉬움을 삭이지 못해 허둥댈 무렵인 이달 초순이었다. 어느 날 저녁에 세탁소 아주머니가 탐스러운 마늘 한 접을 또다시 가지고 왔다. 식구가 적고 가을 김장 등은 누님과 동생들이 이중 삼중으로 보내 주기 때문에 귀한 마늘이지만 용처를 두고 어찌해야 좋을지 여러 날 이런저런 궁리를 했다. 지난번 매실을 담으며 형편없이 구겨졌던 자존심을 생각하며 조금도 허실이 없이 옹골지게 이용해야 한다는 전제를 충족시켜야 했다. 우리 집에는 밑반찬으로 장아찌를 즐겨 먹는 편이라서 귀한 마늘로 장아찌를 만들기로 뜻을 모았다.

통마늘을 쪼개서 물에 하루 정도 담갔다가 껍질을 까서 손질하여 충분히 건조해 고추장에 버무려 세 개의 용기에 나눠 담아 냉장고에 넣어 숙성시키고 있다. 적어도 일 년쯤 뒤에 꺼내면 맛과 간이 제대로 밴 생마늘의 아삭아삭함을 만끽하며 식도락을 즐길 수 있으리라*. 매실에서 오지게 당한 명예 실추를 충분

* 그 당시 담은 마늘장아찌는 2014년 2월 현재까지 상당히 많이 남아 있으며 요긴하게 먹고 있다. 그리고 2014년 1월 우리는 세탁소에서 걸어서 15분쯤 걸리는 아파트로 이사를 와서도 세탁물을 모아 두었다가 아내가 외출할 때 싣고 가서 맡기는데, 초여름에 다시 매실 한 자루와 마늘 한 접을 선물로 주어 마늘은 다시 장아찌로 담아 두었다.

히 보상받고 엉터리가 아니라는 사실을 증명해 줘야 할 터인데 뜻하는 대로 결과가 좋을지 장담하기 어렵다.

지난해 늦가을에도 세탁소 아주머니는 어린아이 주먹만 한 알밤을 한 말 남짓 나눠 줘 겨울까지 구워 먹거나 까서 밥에 넣어 먹었다. 그렇게 받으면서도 기껏해야 내가 쓴 책에 서명하여 건넨다든지 아내가 적당한 선물을 마련해 고마움을 표하는 게 전부일 뿐이기에 결국 빚을 지고 살고 있다.

아무리 생각해도 밤이나 매실을 비롯해 마늘을 선물로 받는다는 사실이 지나치게 과한 것 같아 사양하고 싶다. 하지만 결코 가깝지 않은 거리인데 마음먹고 들고 와서 건네는 아름다운 정성을 함부로 내치는 것도 예에 어긋나는 것 같다. 그렇게 그럴듯한 논리를 이죽거리면서 꿀 먹은 벙어리처럼 넙죽넙죽 받아 챙기며 오만과 교만으로 똘똘 뭉쳐 객기를 부리는 내가 정상인지 고민해 봐야겠다.

⋮

구두 수선공 할아버지와 나

⋮

한 달에 두세 번 구두의 광택을 내거나, 몇 달에 한 번씩 바깥쪽이 닳은 뒤 굽갈이를 위해서 단골 구두 수선소를 찾는다. 그런데 굽갈이는 걸음걸이 습관이나 신발 관리와 긴밀한 연관이 있어 보인다. 나는 발길을 옮기면서 유난히도 발뒤꿈치 바깥쪽에 힘을 많이 주는 것 같다. 그리고 여러 켤레의 구두를 번갈아 신는 성격이 아니다. 언제나 한 켤레를 가지고 신으면서, 유별나게 빨리 닳는 뒤 굽의 바깥쪽 때문에 굽갈이를 반복하다가, 앞창의 바닥에 구멍이 나면 버리고 새것을 장만한다. 대충 새 구두를 하나 구입해서 너덧 번 뒤 굽갈이를 하면, 앞창의 바닥에 구멍이 나면서 전체적으로 폐기처분을 해야 할 지경에 이른다.

우리나라 어디를 가든지 구두를 수선하는 일터는 거의 규격이 정해진 듯한, 하얀 알루미늄으로 만든 한 평 안팎의 비좁은 공간이다. 그 좁은 공간에 올망졸망 정리한 구두 부속과 수선해 달라고 맡겨둔 헌 구두들에 둘러싸인 수선공이 옹색하게 자리하고 작업하는 모습은 누구나 상상할 수 있는 정경이다. 나의 단골 구두 수선소도 어디서나 볼 수 있는 초라한 모습일 뿐이다.

내 단골 구두 수선소는 백발에 자그맣고 깡마른 일흔 안팎의 할아버지가 주인이다. 처음엔 그저 그런 노인이 소일 삼아 하는 것으로 알고, 지나치다가 우연히 그곳에 들려 수선을 하면서 정을 붙인 곳이다. 그렇게 익숙해져 갈 무렵에, 지난해 어느 날인가 지역 신문의 한 면 전체에 영감님을 소개하는 기사가 나서 소설 같은 사연을 안고 살아간다는 사실을 알았다. 그의 일터는 큰길 모서리 가건물 옆 외진 곳이라서 찾는 손님이 뜸해 멍하니 앉아 쉬는 시간이 더 많아 보인다.

하지만 해진 구두를 깁거나 창갈이 같은 일거리가 있을 경우에는 분위기가 확 달라진다. 비좁은 공간에 웅크리고 앉아 냄새나는 헌 구두를 귀중한 보물이라도 되는 듯이 꼭 끼고 정성스럽게 다루는 능숙한 손놀림은 범접하기 어려운 예술이며 신의 경지로 여겨진다. 무릎 위에 얹어진 천위에 놓인 구두를 천천히 돌려가며, 넓적한 구두칼로 고무 굽을 도려내는데 몰입하는 표정이나 해진 부분을 감쪽같이 깁는 과정에서 과부족 없이 정확하게 잘라내거나 조이고 맞추는 솜씨에 입을 헤벌린 채로 감탄하며 장인의 마음이 되어 희열을 맛보기도 한다.

나는 원래 손에 익거나 친숙해진 것들은 무엇이든 특별한 이유가 없다면 바꾸거나 버리지 않는다. 그래서 현재의 삶터로 이사를 온 이후부터 연을 맺었던 이발소나 약국은 10여 년이 지난 지금도 변함없는 단골이다. 그리고 구두도 근 20여 년 동안 끈을 매지 않는 형태만을 고집하는 성격이다. 그런데 구두 수선소만은 편의성 때문에 옛 단골을 버리고 새로운 곳을 찾은 지 꽤 오래되었다.

내 삶터와 일터는 불과 10여 분만 걸으면 되는 매우 가까운 거리이다. 그런데 양쪽을 오가는 길목에 두 개의 구두 수선소가 있다. 그 하나는 마산의 남부 버스 터미널 앞에 자리하고 있다. 시에서 장애를 가진 젊은 30~40대의 생계를 위해서 마련해준 수선소이다. 이곳은 대략 아홉 해 정도 나의 단골이었다. 그런데 몇 해 전부터 손님이 많아져서 나의 입장에서 보면 원하는 수선이나 광택 낼 일을 제때에 해결할 수 없기 때문에 다른 수선소를 찾을 수밖에 없었다. 물론 정든 단골집에 발길을 돌리고 다른 곳을 옮긴다는 사실이 마음에 걸려 떨떠름했다. 그러나 손님이 많은 곳에서 나 하나쯤 다른 곳으로 옮겨가도 표시가 나지 않을 것이기에 가벼운 마음으로 발길을 돌릴 수 있었다.

이런 이유에서 새로 찾은 곳이 할아버지가 운영하는 수선소이다. 이곳은 나의 일터에서 해안로를 따라가다가 신마산 농협건물 건너편 인도 옆의 한적한 모퉁이에 자리하고 있다. 이 장소는 오가는 사람이 많지 않아 수지타산이 맞지 않는지 몇 번인가 주인이 바뀌더니 현재의 할아버지가 들어오면서 문을 닫는 일이 없어졌다. 다행히 할아버지이기에 많은 돈을 벌지 않아도 생활이 되는가 보다. 별로 수입도 없을 터인데도 문을 닫지 않아 나는 요긴하게 이용한다.

사람은 나름대로 사연을 안고 자기의 삶을 꾸려 나가는 게 섭리일지도 모른다. 지난해 신문 보도에 의하면 할아버지는 한때 잘 나가는 수제화 전문점의 사장님으로 자수성가했던 분이라 했다. 그런데 어쩌다가 험한 사람들의 농간에 휘말려 휘청대다 결국은 모두를 잃고 빈손이 되었고, 자녀들은 모두 따로 가정을 꾸렸기에 지금은 할머니와 둘이 산다고 했던가? 그런데 할아버지가 당신의 일을 즐기며 정성을 다하는 진지한 태도를 볼 때면 거룩한 사도(使徒)처럼 투영된다. 할아버지를 찾아갈 때마다 나이 듦이나 세월의 무게를 초월한 듯 좁은 공간에서 묵묵히 일에 몰입하는 성스러움에 내심으로 존경하는 마음이 절로 생긴다.

수선소에 익숙해지면서 자연스럽게 할아버지 앞에 놓여 있는 낡은 의자에 걸터앉아 얘기를 듣거나 섞는 데 익숙해졌고 이제는 친숙한 관계로 발전했다. 서로의 생각이 같고 다름을 따지지 않고 물이 흐르듯 자연스레 이야기가 오간다. 그렇지만 할아버지는 도를 넘어 얘기 보따리를 풀어놓거나 감정의 절제를 못 해 이성을 잃는 일은 없다. 언제나 분위기에 맞게 화두를 던지듯이 삶이나 종교 혹은 인간 사이의 신뢰에 대해서 가벼운 얘기를 한다. 그러다가 이따금 내 의향을 묻는 정도로서 상대에 대한 사려가 깊고 늘 잔잔한 미소를 잃지 않는다.

그 연세에 왜 일을 하느냐고 묻는다. 지난날 재산을 모으기도 했었단다. 그런데 가까운 지인의 배신으로 빈손이 되어 역경을 해쳐가며 자녀들을 키우고 가정을 지켰다는 얘기가 앞선다. 그리고 지금은 할머니와 둘이서 성당에 나가면서 적당한 만큼의 헌금을 꼬박꼬박 내며 살아가는 재미로 일을 한다는 대답이다. 거기에다가 특별한 날 손자들 손에 지전 몇 장씩 쥐어줄 때는 세상 모든 걸 얻은 것처럼 기쁘고 고맙다며 티 없이 환한 웃음이 인상적이다. 이런 까닭에 큰돈이 필요하지 않기에 손님이 그리 많지 않아도 안달하지 않아도 되고 노년에도 일을 할 수 있도록 축복을 주신 하느님께 감사하다며 자족하는 분이다. 이쯤 되면 달관이며 관조이고 무념무상일 터이니 무아의 경지에서 평화로운 삶을 누림이 아닐까?

할아버지의 삶은 강 건너 불구경의 대상이 아니다. 호불호를 떠나서 그 연대에 이르러야 할 모두에게 귀감이며 지표로서 삶의 지혜와 바른길을 일러줌이다. 할아버지의 모습과 자세를 통하여, 올곧고 바르게 내일을 가늠해보고 자성하는 현명함에 이른다면 얼마나 행복할까? 마음은 저만큼 드높은 경지를 염원하는데 할아버지처럼 슬기로움에 다다를 혜안에 이를 길은 없어 보인다. 그 대신에 게걸스런 탐욕에 집착하면서 이글거리는 눈을 번뜩이며 어쭙잖은 셈에 바쁜 영악한 나와 조우할 뿐이다.

Ⅴ. 전설의 한일합섬 터

전설의 한일합섬 터

희다방

통술집 문화

굴뚝 산업의 퇴장

서항 매립지

마산수출자유지역

창동과 오동동의 공동화

가포 유원지

서울 그리고 마산

청사에 각인된 마산

삶터에서 한양 오가는 길

스카이라인의 실종

⋮

전설의 한일합섬* 터

⋮

마산의 양덕동 메트로시티 공원에 '한일합섬 옛 터'라고 새겨진 기념석이 있다. 이 터는 우리의 산업화와 궤(軌)를 같이 하며 상상하기 어려운 상전벽해의 변화가 거듭되었던 반백 년의 역사가 고스란히 새겨진 현장이다. 지난 64년 마산시의 변두리 농경지와 띄엄띄엄 산재했던 주택을 철거한 9만여 평에 공룡같은 매머드 공장을 지어 입주했던 한일합섬이었다.

조상 대대로 물려받았던 지독한 가난의 굴레를 벗어나기 위한 비장한 변신의 시도였다. 그렇게 국가적으로 절절한 염원을 담아 추진되던 산업화의 중심권에 들어서며 건설된 공장은 연중무휴로 쌩쌩 돌아가며 매일 제품을 산더미처럼 생산하면서 우리의 굴뚝 산업을 선도했다. 그리고 일취월장의 발전을 거듭하면서 경외의 대상으로 등장해 위용을 자랑했다. 화무십일홍이라 했던가! 섬유산업이 사양길로 접어들면서 버텨내지 못하고

* 한일합섬은 1964년 출발하여 2004년 9월에 8만 9천여 평에 이르는 부지를 매각했다. 그 후 단계적인 공장 철거가 지속되다가 2006년 4월 23일 공장 터에 마지막으로 남아 있던 굴뚝 4개가 땅 위로 쓰러지며(철거되며) 그 자취는 역사의 저쪽으로 사라졌다.

2004년 공장을 매각함으로써 문을 닫았다. 우리나라 섬유산업의 요람이라는 자존심도 지켜내지 못하고 흉측한 괴물 덩이로 전락했다가 마침내 2006년 마지막 남은 굴뚝까지 해체되었다.

공장 터는 마산 제일의 집단 주거지로 환골탈태해 초고층 아파트가 연이어 들어서며 경관을 바꿔 놓았다. 외지인들은 그 자리가 반세기 전에 논밭과 변두리 동네였는데 엄청난 공장이 들어서 산업화를 이끌다가 또다시 아파트 단지로 탈바꿈했다는 사실엔 까마득하리라.

한일합섬 하면 떠오르는 직업군이 여공들이다. 내남없이 궁핍했던 시절 우리의 누이들 수 천 명이 밤낮 맞교대하며 피땀을 흘려 일했던 서러운 역사의 현장이다. 그녀들은 10, 20대의 소녀이자 청춘들이었다. 처음엔 단순한 여공이었으나 공장 안에 한일여자실업고등학교를 개교하여 주·야간 반으로 입학시켜 교육을 받도록 배려했다.

지금은 개명된 한일전산여자고등학교가 공장 터의 한쪽 모서리에 자리하고 있다. 이 학교 운동장엔 암울했던 시절 쉽게 꿈을 가꿔나가던 소녀들의 마음이 아직껏 푸르고 굳세게 뿌리 내려있다. 당시 재학생들이 추석에 각자의 고향에서 잔디 한 장씩 들고 와서 운동장에 심었다는 '팔도 잔디'가 그것이다. 이에 연상되는 특이했던 풍경 하나가 떠오른다. 설이나 추석이면 여공들의 귀향을 위해 회사에서 수십 대의 버스를 마련해 전국 여러 요지로 가던 진풍경 말이다.

전통적인 농어업에서 산업사회를 지향하는 과정에서 반드시 선도산업(Leading Industry)이 필요하다. 원래 초기에 산업화를 이끄는 부문이 섬유산업(Textile Industry)이다. 이런 맥락에서 한일합섬은 산업 발전을 위한 터전을 다지고 역사의 뒤안길로 스러졌다.

도시의 변두리 논밭과 영세민의 거주지에서 압축성장의 표상 같은 공장의 자태를 한껏 뽐내던 명운도 고작 40년 정도였을까? 공장이 뜯겨 흔적 없이 사라지고 이번에는 매미의 선탈(蟬脫) 같이 화려하게 초고층 아파트 단지로 탈바꿈을 거듭한 변화무쌍했던 터이다. 불과 반백 년 남짓한 세월 동안 이처럼 엄청난 변혁의 소용돌이를 겪었던 닮은꼴이 또 있을까? 앞으로 몇 세기 지나도 이런 격변의 경험은 어려우리라.

공장의 혈맥인 생산라인의 지킴이로서 피땀 흘려 일했던 여공들은 분명 '이름 없는 영웅(Unsung Hero)' 이었다. 이제는 가장 젊은 축이 불혹의 중반일 터이고 위로는 고희의 고개 언저리에서 세월을 헤아리고 있을 게다. 그렇게 인고의 세월에 온몸을 던져 희생했었는데, 죄다 따스하고 반듯한 둥지에서 평화롭고 살뜰하게 살고 있는지 투영해 볼 요술거울은 없을까?

⋮

희다방

⋮

지난 80년 봄 처음 마산의 일터로 옮겨왔던 시절의 얘기이다. 누군가와 시내에서 약속을 할라치면 십중팔구는 희다방이나 그 다방을 기준으로 하여 주위 장소를 들먹였다. 지난 60~70년대 서울의 명동에 자리했던 음악 감상실 쎄시봉이나 서울역의 궁전 다방처럼 마산에서 제일 유명했던 다방 이름이다. 처음엔 일개 다방을 약속 장소를 정하는 기준점으로 호칭하는데 무척 황당하고 낯설었다.

그 옛날 서울의 명동에 해당하는 마산의 거리가 창동거리였다. 이 거리가 시작되는 조붓한 길 건너편 아래쪽에는 오행당 약국이 있었다. 그 약국에서 조금 위쪽에서 시작되는 창동거리 초입을 지나면서 고려당이라는 제과점 그리고 200미터 남짓한 한일자(一) 형태의 길로 불종거리 쪽의 한쪽 끝자락에 희다방이 있었다. 창동거리 양편에 수많은 가게가 있었다. 그런데도 지난 90년대 초까지 마산을 대표하던 다방과 제과점 그리고 약국 이름이 희다방, 고려당, 오행당 약국이었다. 따라서 마산 사람이라면 누구나 잘 알고 특히 택시 운전기사가 모르면 간첩이라고 할 만큼 대표적인 상호이기 때문에 약속 장소를 정하는 과정에서 거리낌 없이 기준 위치로 등장했다.

처음엔 시내에서 만날 약속 때 무시로 등장하는 이들 이름이 이상하다고 생각했는데 세월이 흐르면서 나도 자동으로 동화되어 갔다. 외지에서 마산을 찾는 지인들과 시내에서 만날 약속에는 스스럼없이 희다방 같은 상호가 자동으로 튀어나왔다. 그러면 그들은 한 치의 오차도 없이 약속 장소를 잘 찾아왔다. 그러고 보면 이들 상호는 마산을 상징하는 트레이드마크 같은 이름이 분명했다.

예로부터 '권불십년(權不十年)이요, 화무십일홍(花無十日紅)이라 했던가. 급변하는 세월에 보조를 맞추기 힘들어 스스로 자멸했을까 아니면 창조적 파괴(Creative Destruction)의 길을 간 걸까? 화려했던 명성은 빛을 잃고 퇴락의 길을 걷다가 희다방이 없어지더니 얼만가 뒤에는 오행당 약국도 간판을 떼고 역사의 뒤안길로 사라졌다. 그들 삼총사 중에 지금은 유일하게 명줄을 이어가고 있는 게 고려당이다. 하지만 이도 지역의 후발 주자인 코아양과의 거센 도전에다가 서울에 본사를 둔 파리바케트나 뜨레주르 같은 브랜드 폭풍에 힘겨운 모양새이다 .

흔히들 '10년이면 강산도 변한다' 고 얘기한다. 그것도 산업화의 가파른 비탈길을 벼락 치듯이 변화했던 시절이었는데 오죽했을까. 전통적 다방이 커피전문점의 거센 파고 앞에 무릎을 꿇음은 당연한 귀결이었지 싶다. 그리고 옛날 약방 형태의 운영으로는 세금 문제 따위의 대응이 서툴렀음은 물론이고 전문 경영인 없이 큰 약국의 생존은 불가능했으리라. 한편, 전통적 가게 수준의 제과점과 전문화된 전국 체인의 제과업체와의 경쟁은

골리앗과 다윗의 싸움에 비견할 수 있지 싶다. 그런 이치를 생각할 때 현대화의 물결에 밀려 뒤안길로 사라지는 업체나 가게는 당연한 생몰(生沒)의 질서일지 모른다.

디지털 문명의 범람으로 어지러운 오늘에 그 옛날을 회상해 본다. 그렇게도 이상한 호칭으로 여겨졌던 희다방이나 오행당 약국이 그립고 명줄이 위태로워 보이는 고려당에 새삼스럽게 연민을 느끼는 이유는 뭘까? 급변하는 문화가 두렵고 국외자로 전락할까 전전긍긍하는 심리에서 위안을 받고픔 때문이라면 디지털 이주민(Digital Immigrant)의 팍팍한 심리적 갈등을 방증하는 아련한 향수일러라.

통술집 문화

마산에 뿌리내리며 상식에 반하는 혼란을 겪으며 학습하고 배운 게 두 가지가 있다. 먼저 홍콩빠이다. 분명히 “빠(bar)”라고 하면 술과 춤 그리고 여자가 떠올라 묘한 연상을 하게 마련이다. 그런데 엉뚱하게도 홍콩빠는 어시장의 바닷가에 인접한 횟집으로 지금은 그 언저리가 몽땅 매립되어 작은 흔적의 편린도 찾을 길 없다. 밀물과 썰물이 드나드는 바닷가에 엄청 길게 한일자(一)로 지은 집을 일정한 크기로 칸을 막아 1~36번까지 인가 번호를 붙이고 영업을 해 여타의 지역에서는 보거나 듣지 못했던 독특한 형태로서 아직도 기억에 또렷하다.

다음으로 통술집이다. 처음엔 서양식 나무통에 담긴 맥주를 내놓는 멋들어진 낭만의 술집으로 여겼다. 이 또한 한참을 빗나간 어불성설의 착각이었다. 사전 지식이 전혀 없는 상태에서 누군가를 따라갔었던 통술집에서 취하도록 마셨는데도 끝끝내 통술이 나올 기미가 전혀 없었다. 붕어빵을 아무리 먹어도 거기에서 붕어가 나오지 않은 것처럼 말이다. 벌써 서른 너 댓 해전의 일이다. 마산으로 둥지를 옮겨 마산문화에 어두워 어리둥절하던 시절 지인이 인도하던 대로 오동동 술집 골목 안 깊숙한 곳에 자리한 통술집에서였다.

동행했던 이가 주인에게 수인사를 건넸을 뿐인데 마음이 좋은 것인지 아니면 어수룩해 손해 보는 장사를 하는 건지 분간이 되지 않을뿐더러 믿기지 않는 현상이 눈앞에서 발생했다. 병맥주 세 병인가 내놓으면서 우리가 마주 앉은 상에는 엔간한 집안의 제사에 진설되는 제수보다 더욱 다양하고 풍성한 안주가 차려져 놀라 까무러칠 뻔했다. 분명히 나라님의 주안상이 아닌데도 불구하고 맥주를 마시는데 웬 놈의 안주가 이다지도 호화찬란하게 나올까 하는 의문을 잠재울 수 없었다. 어찌 되었든 내 셈법으로는 풀리지 않았던 집으로 딴에는 생경하기 짝이 없는 술집 문화의 경험이었다.

다음 날인가 일터의 점심 식사 자리에서 토박이 동료에게 조심스럽게 물었다. 미로같이 꼬불꼬불한 길을 이리저리 돌아서 찾아간 오동동 술집 골목을 나름대로 설명하고 상호까지 곧이곧대로 들먹였다. 그는 통술집에서 자동으로 나오는 안주는 기본 가격이 정해져 있고 맥주는 손님이 마시는 대로 셈을 한다는 설명이었다. 그렇게 통술집의 법도를 익히면서 자연스레 몇 곳의 단골집이 생겨 연을 이어갔었다. 그 문화에 시나브로 익숙해지면서 저녁 식사를 하지 않은 상태로 가야 다양한 안주를 제대로 음미할 수 있다는 평범한 진리를 깨우치기도 했다.

이런 형태의 술집 문화가 너무도 유별나고 이채로워 외지에서 방문하는 친구나 지인을 대접할 일이 있을 때마다 통술집 순례를 필수 코스로 정했고 그 특징을 설명하는 전도사로 변신했다. 그런 까닭에 외지에서 찾았던 벗이나 지인이 술자리를 함께 했던 경우라면 누구도 예외 없이 최소한 한 번쯤은 성지 순례하듯 거쳐 갔지 싶다. 지금은 술집과 거의 담을 쌓은 지경이지만 통술집에 대한 아련한 추억은 지난날을 회상하는데 훈훈한 모닥불같은 존재로 가슴속에 각인되어 있다.

올해로 마산에서 삶이 서른여섯 해째 접어들었다. 그동안 연이 닿아 나를 찾아왔던 지인들에게 호텔의 스테이크나 고급 술집의 양주를 대접했던 경우는 하나같이 잘 먹거나 마셨다고 치사를 하는 예가 거의 없었다. 그에 비해 아귀찜이나 수육, 복국이나 수육에 소주를 곁들인 경우나 통술집 들렸던 경우는 약속이라도 한 것처럼 특별한 경험 잊지 못한다고 두고두고 얘기한다. 그들 중에 마산을 다시 찾는 경우는 어김없이 지난날 들렸던 곳을 또다시 찾아가자고 제의했다. 거기에는 마산의 고유한 문화의 맥이 살아 숨쉬기 때문이리라. 하기야 세계적인 자랑거리로 내세울 수 있는 것은 토속적이고 독특한 지역의 고유 문화라고 하지 않던가.

마산의 술집 문화에 얼추 익숙해지면서 귀동냥한 내용이다. 통영의 다찌집과 진주의 실비집이 마산의 통술집과 상당히 유사한 문화라는 얘기이다. 물론 그들 사이에는 같은 점과 다른 점이 있다고 한다. 하지만 나는 세세히 모른다. 주워들었던 토막 상식을 꿰맞춰 보면 이렇다. 통술집이나 다찌집과 실비집에서 술을 청하면 안주가 따라 나오는 형태는 유사하다고 했다. 다만 실비집에서는 안주가 무료로 제공되고, 통술집은 기본적인 안주 값이 정해져 있다는 설명이다. 그리고 다찌집에서는 안주가 처음부터 다 차려지고, 통술집이나 실비집에서는 기본 안주가 차려져 나온 뒤에 추가되는 안주가 하나씩 나온다는 설명인데 정확한지 단언할 자신이 없다.

오래전(80년대) 통술집은 거의가 오동동 술집 거리에 자리 잡았었다. 그런데 언제부터인가 신마산 함흥집 옆의 두월동과 반월동에 통술집 거리로 변했다. 때문에 원래의 오동동보다는 신마산 통술집 거리가 훨씬 활기를 띠고 있다. 세월이 흐르며 통술집의 기본 안주 값도 제법 뛰었다. 대충 4인 기준 기본 안주 값은 4~5만 원으로 여남은 가지 기본 안주와 중간에 수시로 몇 가지 안주가 추가되며, 맥주 4,000원이고 소주 5,000원 정도이다. 한편, 안주의 경우 지난날은 해물 위주였다. 그런데 요즘은 주인의 경영 방침에 따라 채소류나 육류 위주로 차려내 놓는 집도 있다는 얘기이다.

통술집은 타 지역에서 경험할 수 없는 마산의 고유한 술집 문화이다. 여기에 어느 누구를 모시고 가도 면이 깎기거나 박정한 대접이었다고 책을 잡힐 일이 없어 보인다. 이런 내 생각이 이심전심으로 통했을까? 정년 이후에도 서울에 눌러사는 지인 몇이 동무하여 통술집과 아귀와 복요리 따위의 마산문화를 즐길 겸 음미할 요량으로 을미(乙未)의 정월 무렵에 마산을 찾을 것이라는 전갈이다. 멀리에서 찾아올 반가운 벗님들과 아름다운 만남을 위해 분단장 곱게 채비를 하고 그날을 손꼽아 기다리련다.

굴뚝 산업의 퇴장

한일합섬이 문을 닫고 역외의 살길 찾아 떠나더니 사실상 마산의 마지막 굴뚝 산업이었던 한국철강이 날개를 완전히 접고 창원공단으로 이전을 완전하게 했던 시기가 2003년 동짓달 무렵으로 생각된다*. 게다가 크고 작은 중소기업이 매연이나 환경오염을 비롯한 필요한 부지 확보의 어려움 때문에 소리 소문 없이 외곽지역인 인근의 다른 시군으로 둥지를 옮겨 갔다. 이 때문에 마산 시내에는 사실상 생산시설이나 공장은 없고 과다한 소비나 서비스 업종이 주류를 이루고 어정쩡한 베드타운 역할을 하는 도시로 변하였다. 이는 시의 세원 고갈로 이어지며 시세(市勢) 급전직하의 길로 들어서는 단초가 되지 않았는지 심각하게 따져 볼 일이다.

1957년에 설립되었다는 한국철강이 서항 한쪽 구석의 움푹 들어간 곳에 자리 잡고 활발하게 가동되며 제품을 생산하던 시절을 돌아본다. 처음에는 공장이 들어서고 가동되었어도 별다

* 2015년 2월 13일 경상남도건축심의위원회에서 한국철강 터에 39개 동(棟) 4,422가구의 대단위 아파트 건설 예비 허가가 났다.

른 문제가 없었지 싶다. 기껏해야 인접한 숲 속에 자리 잡았던 국군통합병원(현 월영마을 아파트 단지)에 영향을 미쳤을 터이다. 하지만 울창한 숲이 우거진 분지 안에 자리했던 군용 시설이라서 큰 갈등의 소지가 없었을 것으로 유추된다.

하지만 서항이 매립되고 대단위 아파트 단지로 탈바꿈하고 국군통합병원이 외곽지역으로 이전하고 나서 그 자리에 대형 고층 아파트 단지가 들어서 새로운 동네를 형성했다. 그리고 한국철강공장 정문 맞은편 언덕에 주공아파트가 들어서고 그 주위 비탈과 언덕에 주택이 빼곡하게 들어서며 이 지역에 거주하는 거대한 주민 집단과 다툼이나 갈등이 발생할 소지가 다분했다. 폐철을 원료로 철근을 주로 생산하던 때문에 쉴 새 없이 사방으로 날게 마련인 분진이나 매연 그리고 냄새를 이유로 요소요소에 민원을 제기하거나 회사를 직접 찾아가 항의하는 빈도가 많아지고 수위가 높아짐에 따라 결과적으로 이전이 불가피했을 것이다.

산업체나 공장이 이전하면 단순히 시설이나 사무실만 나가는 게 아니다. 그곳을 생업으로 터전으로 하는 종업원 그리고 직·간접적으로 관련이 있는 납품업자나 부품업체 외에도 그 직원들까지 옮겨가게 마련이다. 그 때문에 주민이 감소하고 산업시설의 공동화를 가속시켜 장기적으로는 주민의 감소와 세수의 고갈을 초래하게 마련이다. 이같이 불을 보듯이 명명백백한 이유를 속속들이 꿰고 있으면서 시의 경계를 마주하고 있던 창원에게 모든 주도권을 뺏긴 채 속수무책인 상태가 아니었을까? 그런 상황에서 지동지서하다가 실리도 명분도 잃고 퇴락의 길을 걸었던 게 마산의 숨겨진 진면목일지도 모른다.

지난 1980년 마산화력발전소 설비가 그대로 있고 바닷가 저쪽 서항 끝자락 움푹 들어간 구석진 자리에 시커먼 모습으로 웅크리고 똬리를 튼 한국철강이다. 초기에는 환경오염 행위나 매연을 비롯한 악취문제가 심각하지 않았던 것으로 추정된다. 그 대신 가끔 외국에서 들여온 폐선을 정박시켜 놓고 해체를 시작했는가 싶어 관심을 가지고 다시 바라보면 해체가 완료되어 신기해 했었다. 지금 같으면 해체 과정에서 바다를 오염시킨다고 환경단체의 견제를 심하게 받았을 개연성을 배제하기 어려웠던 사안인데 말이다.

6·25전쟁의 휴전 이후 한때 마산은 전국의 7대 도시이며 경남의 수부(首府)도시로서 면모를 자랑했던 시절이 있었다. 그 시절 마산은 시(市)이고 창원은 마산에 인접한 읍(邑) 정도에 지나지 않았었다. 그 이후 창원이 공업도시로 출발하여 승승장구하며 풍족함을 맘껏 누리던 10여 년 전쯤의 일화이다. 그 무렵 전국의 지자체마다 중장기 정보화 계획을 세워 보고서를 만들었다.

마산시의 그 계획을 수립하는 연구원으로 참여해 창원과 비교해 봤더니 대부분의 영역에서 창원은 마산의 10배에 가까운 예산을 투입하는 것으로 되어 있어 많은 차이가 있음을 발견하고 놀랐다. 그는 세수(稅收)의 차이에 기인한다는 사실을 알고 어안이 벙벙했던 적이 있다. 후발 시가 오래된 시 보다 살림살이에 여유가 있음은 공업화 도시와 전통적인 소도시 사이에 존재하는 괴리가 명백했다.

아날로그 시대의 시설이나 물건의 대표적인 특징은 '무겁고 두꺼우며 길고 크다' 고 하여 "중후장대(重厚長大)" 로 상징되어

왔다. 그러다가 디지털 시대가 활짝 열리면서 '가볍고 얇으며 짧고 작은' 형태의 "경박단소(輕薄短小)"가 가속도를 내고 있다. 이러한 시대적 변화의 물줄기는 굴뚝 산업의 설자리를 위태롭게 벼랑 끝으로 내몰면서 일거에 닷컴(.com) 같은 스마트한 세상이 도래하리라는 분위기가 팽대했었다.

그런 연유에서 굴뚝 산업으로 대표되던 생산 공장은 매연·폐기물·환경오염 같은 죄목을 뒤집어쓰고 외곽이나 저개발국으로 둥지를 옮기는 수모를 겪으며 산업 재편의 진통을 된통 앓았다. 그들이 떠남으로써 인적 물적인 측면에서 생긴 공동화 현상에 대한 대응 방안의 강구에는 묘안이 없어 끙끙 앓으면서도 속수무책으로 수수방관하는 모양새였다. 이로 인해 인구 감소와 시의 재정 악화와 같은 사회적 문제로 이어지면서 심각한 고민을 안겨주는 화두가 되었음을 우리는 뒤늦게 뼈저리게 학습하고 있다.

서항 매립지

신마산 상권의 중심지인 남부 주차장 부근 상가와 바닷가 쪽 해안도로와 사방에 줄줄이 늘어선 빌딩 숲을 비롯해 여러 아파트를 대하면 상전벽해의 참뜻을 되새겨 보게 한다. 왜냐하면, 이 지역에 새로 조성된 시가지는 지난 80년대 바다를 메운 서항 매립지이기 때문이다. 그 당시만 해도 남부 주차장 부근에 마산 화력발전소가 있었고 밀물과 썰물이 교차하는 시각이면 갯벌이 속속들이 드러나는 전형적인 바닷가 모습을 생생하게 보여주었다. 게다가 댓거리 횟집 골목 바닷가에는 크고 작은 어선들이 수없이 정박되어 갯내음이 코를 찌르는 전형적인 항구였다.

어린 시절 학교에서 마산에 대해 배울 때 특별한 관심 없어 외국의 그렇고 그런 지역을 대하듯이 얼렁뚱땅 넘기면서 기후가 온화해 요양에 알맞고 화력발전소가 있는 항구도시 정도로 배웠다. 그런데도 전생에 쌓은 업이 이끌었는지 30대 후반인 지난 1980년에 마산으로 일터가 정해짐에 따라 자연스럽게 서울에 틀었던 둥지를 옮겨 지금에 이르렀다.

처음 마산문화를 접할 때 기후가 온화함을 실감하며 학교에서 배웠던 "요양에 적합한 날씨" 운운했던 이유를 온몸으로 체감하며 결핵요양원(현 마산 국립병원)과 군통합병원(현 월영마을 아파트 단지)이 왜 여기에 터를 잡았는지 이해가 되었다. 그리고 마산화력발전소가 나의 일터였던 경남대학교 코앞인 해안가에 떡 버티고 있어 신기했다. 하지만 발전소는 여건의 변화로 그 가치를 상실했는지 늙은 사람이 시름시름 앓으며 병석에 눕듯이 가동과 멈춤을 되풀이하다가 마침내 시커먼 고철덩이 형상으로 정을 떼는가 싶더니 어느 날인가 철거당하는 모진 수모를 겪으며 역사의 뒤안길로 사라졌다.

마산은 배산임수의 땅으로 온화한 기후와 아름다운 해안을 품고 있는 천혜의 항구이다. 하지만 산업화로 끝없이 유입되는 인구와 그에 따른 기반구축이나 공공시설 그리고 도로교통문제 해결을 위해 도시 면적 확충 문제는 거역할 수 없는 선결충족요건으로 등장했을 게다. 그런데 뒷산 격인 무학산 가파른 관계로 산비탈을 무진장 개발할 계제가 아니기 때문에 선택의 여지없이 바다를 매립해 부족한 용지난을 해결하는 정책이 오랫동안 이어져 왔다. 아마도 처음엔 구시가지에 인접한 곳을 매립해 급한 불을 꺼 나가는 식으로 서진(西進)을 거듭하며 매립을 거듭해 왔다. 그러다가 드디어 지난 80년대 후반에 서항 부근의 바다를 대대적으로 매립하기에 이르렀다.

서항 매립지 내에는 주로 아파트와 상가를 중심으로 공공기관과 학교가 들어섰다. 서항 끝 부분부터 살펴보면 방송통신대학교 마산 학습관, 해운중학교, 평화 아파트와 한일 아파트, 두산 1·2·3차 아파트, 해오름 아파트와 현대 아파트, 씨코아 아파트,

동성해운 아파트, 마산합포 도서관(옛 합포구청 청사), 마산 보건소, 성지아울렛, 농협, 샌텀병원, 남부터미널, GS마트, 그 외에도 수많은 원룸 빌딩, 다양한 모텔, 댓거리 상권의 중심 거리를 위시해서 크고 작은 상가가 빼곡하게 자리 잡고있다.

서항을 매립하고 가장 먼저 신축된 아파트가 두산 1차 아파트이다. 우연하게 그 아파트 분양을 받아 큰 아이가 고등학교 그리고 작은 아이가 중학교를 입학하던 해에 입주해 몇 해 전까지 거주했었다. 그런 까닭에 매립지 허허벌판에 신축된 아파트에 살며 주위가 어떤 과정을 거치면서 개발되어 왔는지를 지켜봤다. 거기에 살면서 겪었던 일 중에서 쉬 잊지 못할 일화 두 가지가 있다.

첫 번째 일화이다. 내가 살던 아파트를 입주할 무렵 부동산 투기 열풍이 전국을 뜨겁게 달궜다. 그 때문에 우리 아파트가 부동산 투기억제 대상에 걸려 한동안 세금도 지역 내 다른 아파트에 비해 많이 부과되었었다. 그 아파트는 50평형으로 얼추 1억 원에 분양받아 거의 20년 살고 팔 때는 1억 6천 5백만 원에 매매했으니 얼마나 웃기는 얘기인가. 매매한 돈으로 서울에 가서 20평형 작은 아파트 전세도 어려운데 부동산 투기억제 대상에 오른 전력이 있다는 게 얼마나 기막힌 코메디인가.

두 번째 일화는 태풍 매미의 경험이다. 2003년 추석 다음날 저녁이었다. 마산에 쓰나미를 몰고 온 태풍 '매미'는 우리 아파트의 주위를 물바다로 만들고 불과 1시간 남짓 머물다가 물러갔는데 엄청난 피해를 불러일으켰다. 우선 매미로 인명피해가 많았다. 그때 희생된 18위의 위령비가 마산 서항 부두 부근에 세워져 매년 그날이 되면 위령제를 지내고 있다.

인명 피해 못지않게 많은 재산 피해를 초래하여 지역 경제가 휘청거릴 정도로 타격을 안겼었다. 그때 매립지인 우리 아파트 주차장도 바닷물에 잠겼는데 무척 피해가 컸었다. 구매한지 일 년도 되지 않는 승용차가 해수에 잠겨 폐기하면서 보험사의 보상을 받고도 상당한 경제적 손실을 보았는가 하면 아파트 배전 시설 등을 수리하는 비용을 부담하느라고 곤혹을 치렀다. 특히 잊지 못할 고역은 장기적인 정전으로 엘리베이터가 멈춰 선 까닭에 아파트 11층까지 음용수와 화장실 변기용 물을 손에 들고 계단을 걸어서 오르내리는데 진땀을 뺐던 끔찍한 악몽이 그것이다.

한 번 겪은 지독한 고통에 따른 트라우마일까? 매립지를 지날 때마다 한 번씩 엉뚱한 상상을 한다. 온난화로 남북극의 만년 빙하를 지속적으로 녹아내려 해수면이 높아져 일정한 때가 되면 지구촌의 바닷가 저지대 모두가 잠긴다는 예측이 현실로 나타난다면 어떻게 될까 하는 오지랖 넓은 생각을 한다. 그런 비극적인 대재앙을 당하기 전에 대책의 수립은 불가능한 걸까? 흔히들 유비무환이라고 하는 데 말이다. 하기야 웬만한 쓰나미에도 속수무책인 오늘의 과학이 자연의 섭리를 무엄하게 거역할 손가.

⋮

마산수출자유지역

⋮

지난 80년대까지도 한일합섬과 마산수출자유지역에는 전국의 팔도에서 구름처럼 모여든 앳된 여공들의 천하를 방불케 할 정도였다. 그들이 출퇴근할 시간 수출자유지역의 정문에는 끝이 보이지 않을 정도로 줄지어 걷는 모습이 장관을 이루었다. 삶이 어려웠던 시절인 때문에 꿈 많고 호기심 많으며 예쁘고 아름다운 모습으로 꾸미고 싶은 욕망을 잠재우기 어려운 그들이련만 사시사철 칙칙한 작업복 차림으로 오가는 모양새가 전형적인 공단임을 웅변했다.

70~80년대 우리의 자화상을 돌아본다. 지독한 가난 때문에 학교에서 공부해야 할 꿈 많은 소녀들이 대책 없이 밀어내기식(Push Out)으로 무조건 공단으로 내몰리면서 찬밥 더운밥 가릴 여력이 없어 연이 닿으면 이런저런 조건 따져볼 겨를 없이 공장으로 몰려들었다. 그런 까닭에 저임금과 열악한 노동환경에 시달리면서 형편 무인지경인 주거시설에 몸을 의탁해야 했던 눈물겨운 사연은 누구에게도 털어놓을 수 없었던 한의 역사였다. 그 여공들은 다름 아닌 내 누나나 동생이었기에 서러운

형제자매의 아픔에서 아직도 자유로울 수 없다. 어디 그뿐이랴. 그보다 조금 앞선 60년대엔 가난으로 입하나 덜자고 우리의 누나와 여동생들이 대처로 식모살이를 떠나야 했던 슬픈 역사는 우리의 가슴에 영원히 풀리지 않는 응어리로 남아 있다.

지난 1970년 '수출자유지역 설립법' 이 공포되고 '이리수출자유지역(현 이리공업단지)' 과 함께 조성된 국가산업단지이다. 법이 선포되던 해 '마산수출자유지역 제1공구' 가 지정되어 조성 사업이 시작되었다. 그 후 1972년에 '제2공구' 가 지정 · 개발되었으며, 2000년 '자유무역지역의 지정 등에 관한 법률' 이 공포되면서 '마산수출자유지역' 에서 '마산자유무역지역' 으로 명칭이 변경되었다. 그리고 동년 12월 '마산자유무역지역의 제3공구' 가 마지막으로 준공되어 양덕동과 봉암동에 터를 잡고 오늘에 이르렀다.

이 마산수출자유지역은 우리나라 최초의 외국인 전용공단으로 출발했다. 이 기지를 통해 외국의 선진기술과 자본을 끌어들이고 수출과 고용 창출을 통해 국가와 지역 경제 발전을 선도하기 위해 설치된 공단이다. 그러므로 입주업체는 수출을 겨냥한 제조나 가공 또는 조립업체로써 외국인 투자기업과 합작기업이 위주였다. 그래서 수출 전망이 밝고 외화가득률이 높으며 제조기술이 우수하고 노동 집약도가 높은 국내외 기업체들이 튼실하게 똬리를 틀었었다.

그동안 혁혁한 업적을 남겼지만, 고임금과 노사갈등 같은 요인이 증폭되면서 초창기의 입주 기업 중에 상당수가 동남아를 비롯한 다른 곳으로 떠났다. 이로 인해서 초기의 목표를 기대할 수 없게 됨에 따라 2000년 이름을 '마산무역자유지역' 으로 개명하면서 새로운 활로를 모색하지만, 옛날처럼 활발한 생산활동의 싹수가 엿보이지 않는다. 이런 연유에서 담당 부처에서는 다양한 타개책을 통해 타개방안 모색과 투자를 거듭하며 고심하는 것으로 알려지고 있다.

마산자유무역지역은 환골탈태의 자세로 몇 가지 역점 사업을 통해 출발 초기의 역동적인 산업기지로 재탄생을 위해 진력하고 있다. 기존의 역할에다가 무역·물류·유통·정보처리·서비스업 기능을 추가한 단지로 거듭나기 위해 아파트형 공장 건설, 제1, 3공구에 산재한 낡은 공장 재개발, 주차 빌딩이나 도로 건설을 2014년까지 마치도록 추진하고 있다.

이를 바탕으로 고용 창출 3만 명, 수출 100억 달러, 외국인 투자 대회사 유치 20개 사를 이룩해 지역 경제 발전에 기여토록 한다는 다부진 목표를 꿈꾸고 있다. 흔히 영화에서 공전의 히트를 했던 작품은 '꿈이여! 다시 한 번'을 외치며 속편을 제작하는 경우가 흔하다. 그런데 속편이 전편을 능가하는 경우보다는 실패가 많았다는 입방아꾼들의 얘기이다. 마산자유수출지역이 개명을 하면서까지 재도약을 꿈꾸지만 첫발을 내디딜 당시에 비해 엄청나게 경쟁력이 떨어진 환경을 극복하고 순항하여 연착륙할 수 있을지는 지켜봐야 할 일이 아닐까?

⋮

창동과 오동동의 공동화

⋮

서울에 비유한다면 창동은 명동에 해당하고 오동동은 소공동쯤에 해당한다는 이유가 합당할까? 이 두 곳은 공업화로 역동적인 모습으로 돌아가던 시절 마산문화의 발상지이며 유행의 진원지로 퇴근 무렵부터 밤늦게까지 북적대는 인파에 떠밀려 다닐 지경이었다. 그런 메카이며 성지가 어느 때부터인가 순례객이나 광신도들의 발길이 뜸해지기 시작했다. 그러더니 이제는 버려진 거리처럼 활기를 잃고 허덕이고 있다. 이 같은 현상으로 상권이 무너져 내리며 공동화 현상이 뚜렷하다. 이를 타개하기 위해서 다양한 대책이 쏟아져 나오는데도 회복의 낌새는 고사하고 되레 점점 수렁으로 깊이 빠져들며 고약하게 꼬여 가는 꼴이다.

지난날 이들 지역의 상가나 점포는 내놓기 바쁘게 새 주인들이 줄을 서서 낚아챘다는 얘기이다. 그런데 지금은 큰 길가에 자리한 몫 좋다는 곳도 텅 빈 채 목 놓아 임자를 기다려도 짝사랑을 된통 앓는 것과 흡사한 경우가 숱하다. 그 지역에 꽤나 큰 빌딩을 소유한 분의 얘기에 따르면 상가는 고사하고 사무실 임대도

되지 않는단다. 사정이 이러하기 때문에 관리비마저도 가욋돈을 가져다 틀어막아야 할 지경이라는 하소연이 결코 엄살이 아님을 눈으로 확인할 수 있었다. 실제로 텅 빈 채 문을 굳게 닫아건 사무실이 여럿이라는 사실이 그를 방증하는 징표였다.

단순히 해당 지역의 주민이나 상인들만의 문제가 아니다. 이런 심각성을 타개할 요량으로 당국에서도 팔을 걷어붙이고 묘책을 쏟아붓지만, 그 효과는 극히 미미하다. 시와 주민과 상인들이 '창동문화예술촌'을 만들고 각종 공연이나 이벤트를 펼친다. 그에 더해서 공방이나 갤러리 혹은 개인화실 그리고 교육장이나 체험교육장을 적극적으로 권장하며 지원금으로 유인을 해도 옛 같은 활기나 상권의 회복은 요원해 보인다. 참으로 눈물겨운 노력을 경주하는데도 한 번 떠난 인심과 발길은 매정하리만큼 반응이 없다. 그러니 답답하고 암울한 마음을 달래기 어려운 현실이다.

창동이나 오동동이 최대의 호황을 누리던 시절 모든 위락시설이나 상권 그리고 서점이나 문화시설들이 이 지역에 집중되었기 때문에 구조적으로 호황을 누릴 수밖에 없었다. 그러다가 합성동 쪽에 위치한 시외버스 터미널을 축으로 외지 방문객을 흡수하는 새로운 상권이 형성되면서 학원가까지 그곳에 새롭게 자리 잡으며 청소년들이 그쪽으로 본거지를 옮겨가는 변화가 있었다. 또한, 서항 매립으로 형성된 남부터미널 부근의 상가 쪽에 대학생을 축으로 하는 젊은이들의 문화공간으로 둥지를 틀면서 새로운 댓거리 문화를 열어감으로써 창동이나 오동동에서 젊은이들이 빠져나가는 꼴로 변했다.

창원이 새로운 공업도시로 자리를 잡아가던 80년대까지 외부에서 유입된 수많은 중산층의 생활문화 용품이나 의류의 구입

처가 마산의 창동과 오동동이었다. 게다가 소비문화의 대표주자 격인 술집 또한 마찬가지 현상이었다. 이런 관계로 일을 하고 잠은 창원에서 자면서 소비는 마산에서 하는 모양새였다. 그러다가 창원의 상권이 마산을 압도하면서 창원시민의 마산 나들이는 완전히 끊어졌다. 지금은 오히려 창원의 음식문화나 술집이 마산을 강력하게 끌어당겨 마산의 목의 조르는 역전현상이 심할 지경이다.

경남의 수부(首府) 도시였던 마산을 되돌아본다. 한일합섬, 한국철강, 한국 수출자유지역 외국 기업, 국군통합병원, 마산의 향토기업인 유원산업, 몽고식품, 불로식품, KBS방송국, 법원이 마산 역외로 떠났다. 단순히 공장이나 시설이 떠난 게 아니라 종업원과 가족 그리고 음양으로 거기에 목을 매고 살던 협력업체와 그 직원과 가족이 보따리를 싸들고 떠났다. 이런 일련의 조짐들은 결과적으로 시의 세수(稅收)가 줄어들고 시세(市勢)나 경쟁력 약화의 단초가 되었음은 두말할 나위 없다. 그런데도 당국에서는 속수무책으로 손을 놓고 태평가만 부르며 방관하지 않았는지 통렬하게 곱씹어 볼 일이다.

아무리 '가는 사람 붙들지 않고 오는 사람 막지 않는 게' 도리라고 하지만 한 도시의 상권이 완전히 소진되어 화급한 지금 시시비비를 따지며 체면치레 때문에 뒷짐 지고 헛기침할 계제가 아니다. '어! 어!' 하는 사이에 한때 '전국의 7대 도시였던 마산' 이 후발 도시인 창원에 흡수 통합되어 역사의 기록에 흔적을 남기고 뒤안길로 사라지는 비운을 비껴가지 못했을지라도 도도히 이어져 왔던 자존심까지 초개같이 허투루 내던질 일이 아닌 듯하다.

가포 유원지

가포 유원지를 몽땅 메워 가포신항으로 환골탈태시키고도 이런저런 이유로 반년 넘게 미루며 '갈지자(之)' 행보를 거듭하는 모양새는 얘기를 전해 듣고 정초부터 마음이 우울하고 답답하다. 개장 지연에 따른 이자의 추가적 부담이나 시설 유휴에 따른 손실이 만만치 않을 터인데. 지난 90년대 말까지도 가포는 변두리의 조용한 유원지로서 시민들이 즐겨 찾았으며 특히 젊은 남녀에게 사랑을 받았다. 그럼에도 당국이 매립의 불가피성을 주장하는 개발논리를 거역하지 못해 서러운 별리(別離)를 고하고 유원지로서 용도 폐기에 지역사회가 암묵적 동의를 했다.

어쩌면 가포 유원지 매립은 충분히 예측된 순서일지 모른다. 그럴듯한 개발논리에 따라 마산만 해안가 구석구석을 야금야금 메꾸고 거기에 흉물스러운 공장이나 구조물 따위를 비롯해 마천루 같은 아파트를 세우던 가치관의 연장인 셈이다. 아름다운 자연을 마구잡이로 난도질하여 영원히 본래의 모습으로 되돌아갈 수 없게 망가뜨린 낙인 같은 상처를 낸 어리석은 결과는 아닐까? 그렇다고 이런 지적이 막무가내 외곬으로 왕왕대는 환경지킴이와 맥을 같이 하는 게 아니다. 다만 여태까지 마산지역에서 필요한 각종 공장이나 시설을 비롯해 택지와 도로가 필요할 때마다 가장 쉽고 편한 방법으로 바닷가를 메우는 삽질로 해결하는 어리석음으로 대처했었다는 생각을 지울 수 없어 뇌까리는 독백이다.

마산만은 육지 깊숙하게 자리 잡았고 바깥쪽에는 크고 작은 섬이 널려 있어 해면이 호수처럼 잔잔하고 아름답다. 바깥 바다에서 내만(內灣)을 들여다보면 크게 3지역으로 나눌 수 있다.

먼저 외만에서 내만으로 들어가며 왼쪽의 초입인 가포와 서항을 거쳐서 월포동과 신포동 어시장 부근 남성동을 지나 가장 안쪽에 해당하는 산호동까지가 예부터 마산 항구의 중심으로 '마산합포구' 지역이다. 둘째로 마산 항구 안쪽 끝에 해당하며 옛날 마산수출자유지역을 중심으로 하는 양덕동과 봉암동이 두 번째 구역으로 행정적으로는 '마산회원구'에 속하는 지역이다. 세 번째는 마산 쪽에서 바다 건너로 보이는 지역으로 '창원성산구'의 적현동 중소공장 지역, 귀곡동의 두산중공업 지역은 특히 공업화되면서 공장부지와 도로를 위시해서 항만 시설 부지가 대대적으로 매립되었다. 그리고 귀현동과 귀산동 지역 역시 크게 다를 바 없다.

그 옛날 마산과 창원읍을 합해 몇십만을 헤아리던 시절은 쾌적한 환경이었던 까닭에 아무런 문제가 없었으리라. 하지만 급격한 발달과 공업화가 추진되고 인구는 양쪽을 합해 100만을 훌쩍 넘어서면서 도로 확충, 주거 문제 해결을 위한 아파트나 주택 건립, 공공시설 부지 확보, 공장 신축부지 확충. 엄청난 항만시설 같은 요인이 동시다발적으로 요구되면서 심각한 위기에 봉착했지 싶다.

일시적으로 다양한 요구를 충족시킬 방안은 민원이 적고 보상이 크게 필요하지 않은 공유수면을 메우는 방안을 채택해 해결했다. 이런 때문에 마산만은 외만 쪽을 제외하고 앞에서 얘기한 세 지역에서 경쟁하듯 매립을 일상화해 피해 여부엔 무감각해진 것은 아닐까? 하지만 자연은 심각한 중병을 앓고 있다. 지금 마산만의 해안선이 옛날 그대로 살아 있는 부분은 거의 찾기 어려우리라. 더는 메울 여지가 없어지면서 발전을 위해 대승적인 견지에서 가포 유원지도 메울 수밖에 없다는 논리에 백기를 들고 항복했던 결과가 항만시설이다.

그동안 지나온 길을 돌아보며 현재 시의 특단 사업으로 추진 중인 '마산해양신도시'가 훗날 지역 발전에 어떻게 공헌하고 환경에 어떤 결과가 나타날지 초미의 관심사다. 모두의 지대한 관심 속에 마산합포구 월포동 전면 공유수면에 대대적으로 건설하려는 '마산해양신도시(국제컨벤션시설, 종합쇼핑몰, 특급호텔 등의 국제컨벤션타운과 복합아쿠아리움, 아쿠아메디케어센터 등의 해양 문화센터)' 개발이 계획대로 추진되어 '2023년경에 활성화'라는 목표에 다다랐을 경우를 예측해 본다. 제발 '득과 실' 중에서 무게의 추가 '실'쪽으로 기울 가능성의 제기는 좁쌀영감들의 기우에 지나지 않았다는 방증을 뚜렷이 보여주었으면 좋겠다.

그 옛날 청정해역으로 월포동이나 신포동 바닷가에서 해수욕도 하고 맘껏 낚시도 했다는 전설 같은 얘기이다. 그러나 산업화 격랑에 휩싸이면서 필요할 때마다 주먹구구식으로 땜질식 매립을 되풀이하면서 바다가 오염되어 변두리의 가포가 유원지로 개발되었다는데 반세기도 못 버티고 영영 사라졌다. 지난 80년대만 하더라도 가포 바다에는 놀잇배나 모터보트가 떠 있고 바닷가를 따라 장어집과 횟집이 활발하게 영업을 했다. 그러다가 90년대 무렵부터 서서히 카페촌으로 변신하여 사랑을 받아왔었다. 그런데 이제는 흔적을 찾을 수 없게 사라졌으니 세월의 무상함을 얘기해야 할까?

언덕 위 숲 속에 자리한 합포고등학교 터에는 가포의 역사가 오롯이 새겨져 있을지 모르겠다. 그 자리가 그 옛날 마산사범학교가 있다가 진주교육대학을 통합되면서, 그 대신에 2년제 마산초급대학이 설립되어 운영되다가 4년제 마산대학으로 승격되었다. 그렇게 몇 해 동안 그 자리를 지키다가 당시 신생 도시였던 창원으로 옮겨가면서 교명을 창원대학교로 바꿨다. 그런 까닭에 그 터에는 마산 역사가 영원히 각인되어 살아 숨 쉴지도 모를 일이다.

불가피한 매립이었다면 기획 과정에서 톱니바퀴가 한 치의 어긋남 없이 개발 완료한 뒤에 선적 혹은 하역할 물동량을 확보하고 시설을 완전하게 가동하는 치밀함이 전제로 담보되었다면 오죽이나 좋을까? 만일 민간 기업이 전액 투자한 프로젝트라면 분명히 그랬다. 일차적 공사를 마무리 짓고도 반년이나 방치하고도 미구에 해결되리라는 요지경 같은 행정의 속내를 어떻게 받아들여야 할지 혼란스러워 갈피를 잡을 수 없다.

국도 2호선인 마창대교 부근으로 연결되는 진입로와 율구교를 제외하면 사무실이나 피란처 같은 허술한 창고 하나도 없는 가포신항 매립지는 을씨년스럽다 못해 황량한 허허벌판이다. 이 폐허 같은 신천지 허허벌판엔 창고가 들어서고 연관되는 회사가 들어서 제자리를 잡아 흑자 운영으로 돌아갈 때까지 얼마나 많은 시간이 필요할까? 상위 관청의 감독관이나 감사기관도 아닌 주제에 부질없고 채신머리없이 보탠 입방아가 격에 맞는지 아리송하다.

서울 그리고 마산

예로부터 "자식을 낳으면 한양으로 보내고, 말 새끼를 낳으면 제주도로 보내라"라는 얘기를 들어왔다. 생각해 보면 교통이 불편하고 통신방법이 원시적 수준에 머물던 그 옛날 모든 것이 한양을 중심으로 이루어졌음을 어렵지 않게 어림할 수 있다. 그래서 새로운 문화를 받아들이고, 물자를 구하려면 필연적으로 한양을 떠올릴밖에 도리가 없었으리라. 또한, 기마문화가 크게 융성할 여지가 적은 이 땅에서 말을 말답게 조련하기 적합한 자연환경과 무진장으로 초원이 펼쳐진 제주도가 안성맞춤이며 제격이라는 판단에서 유래된 말일 것이다.

오늘날 온 누리가 인터넷으로 거미줄처럼 이어진 망(Network)이 구축되어 지식·정보화사회의 단계에 이르렀다고 야단법석인 세상이다. 그래서 정보화의 물결에 동승하지 못하면 낙오자가 되어 퇴출당할 것을 우려하는 목소리가 설득력을 얻고 있다. 이 같은 변화를 증명이라도 하듯이 전통적으로 산업 발전의 요체이며 선도적 역할을 해오던 굴뚝 산업이 점점 활기를 잃어 간다고 호들갑을 떨며 안달복달하고 있다.

쓸쓸히 역사의 뒤안길로 사라지는 서러움 뒤에는 찬란하게 동녘으로 솟아오르는 해가 있음은 자연 이치인가? 인터넷과 정보화를 핵으로 하는 새로운 산업들이 혜성처럼 등장해서 제왕 대접을 받으며 기세등등하니 부러움과 시샘의 눈길을 동시 받는 꼴이다.

세상은 이렇게 벼락 치듯이 급변하고 있는데 우리는 아직도 서울 공화국 중심으로 새 아침이 밝아 오고 날이 저문다. 이 위대한 틀을 과감하게 부정하고 새로운 질서와 가치관을 기조로 새 문화의 틀을 마련하려는 진지한 조짐은 어디를 둘러봐도 눈에 띄지 않는다. 아주 오래된 관행에 길들어 세상이 서울 중심으로 돌아가는 현실이 범접할 수 없는 성역이며 순리인 양, 머리를 조아리고 수용하며 순응하는 모습뿐이다.

사정이 이러하니 서울을 머리(중심)로 여길 때, 대간(척추)을 따라 자리 잡지 못한 여타의 지역에 터를 잡은 사람들은 불만이 쌓일 수밖에 없다. 예를 든다면 대간인 척추에서 갈라져 나간 갈비뼈의 한쪽 끝 외돌아진 위치에 자리한 마산 같은 지역은 더더욱 그렇다. 만일 서울에서 한 시간 정도의 피치 못 할 교육이 있다고 할 때, 거기에 사는 사람들은 근무 중에 자투리 시간이나 출퇴근길에 참석이 가능하다. 그러나 마산 같은 지역은 길에서 왕복 10여 시간 이상을 낭비하면서 그에 상응하는 경비까지 내야 하는 상대적 불이익을 감수는 소위 '지리 경제학'에서 얘기하는 손해를 온새미로 감수해야 한다. 이는 모든 경쟁에서 그만큼 부정적인 결과로 나타날 것은 자명하다.

원천적으로 지리적 문제를 완벽하게 해결할 솔로몬의 지혜를 찾기 어려울 것이다. 그렇지만 현대 과학으로 일궈낸 정보 통신

기술과 가상공간(Cyber Space)을 슬기롭게 융합한다면 시공의 개념을 어느 정도까지는 극복할 수 있는 방안이다. 다시 말하면 현실적으로 지리적 위치가 빌미로 파생되는 다양한 문제점을 최소화시킬 방안 중에 으뜸인 보완책은 정보 통신 및 가상공간을 활용하는 기술이다. 이러한 관점에서 웬만한 모임이나 교육, 상거래나 잡다한 공무 등은 가상공간에서 완벽하게 대처할 수 있는 그날이 조속히 실현되길 고대한다.

그런 의미에서 정부 당국은 서울 공화국에 예속된 지방에 뿌리내린 민초들의 상대적 소외감을 덜어주고, 나라의 균형 발전이라는 대국적인 견지에서 가상공간 활용 방안을 입안하고 추진하길 염원해 본다. 그것은 또한 안민의 길이요, 서울의 비정상적인 팽창을 억제하는 일거양득의 묘약이라는 철학을 바탕으로 단초를 풀어야 할 일이다.

⋮

청사에 각인된 마산

⋮

아주 멀고 먼 미래에 유장한 역사의 기록을 훑어보면 현대의 한국 청사(靑史)에 마산은 '마산 3·15의거'나 '10·18부마항쟁'등이 자랑스럽게 새겨져 있어 거룩한 우국충절의 고을로 추앙될 것임은 불문가지이다. 아울러 이들 순간에 증인이며 주도자였던 마산 시민은 죄다 자유와 평화를 신봉하며 깨어있던 훌륭한 조상으로 비칠 것이다.

이는 정권이 바뀌거나 나라의 안위라는 큰 변고가 발발해도 허투루 부실하게 기록하거나 말살할 수 없는 진실이며 불멸의 역사이다. 그런데 이런 숭엄한 정신의 성지였던 마산의 정기가 소진되어 옛 명성만 아련한 전설처럼 역사의 한 페이지에 그 흔적이 새겨져 있을 뿐이다.

한때는 전국의 7대 도시였던 마산이다. 그런데 어쩌다가 스스로를 지켜내지 못할 옹색한 처지로 전락의 길로 접어들었던가. 역천(逆天) 불가능한 상태에 이르러 이 세상에서 영영 자취를 감추는 수모를 감수하면서 지난 기록 속에 간신히 이름만 올린 모양새라서 제행무상이라는 말을 되새기게 한다.

지난 7월 1일(2010년)부로 정부의 정책과 주민 의견이 궤를 같이 해왔던 결과를 바탕으로 마산시와 창원시 그리고 진해시가 발전적인 통합을 위해 없어졌다. 그리고 이들 3개 도시가 하나로 합쳐져 우리나라 제일의 기초자치단체인 '통합 창원시'로 탄생했다. 이런 연유로 공문이나 지도 따위에서 '마산시'나 '진해시'라는 명칭은 흔적도 없이 영영 사라지며 몰(沒)의 진한 아픔을 겪었다.

이는 비약적인 도약과 선도적 사회를 겨냥하며 계획적으로 법적인 절차를 밟아왔던 창조적 파괴(Creative Destruction)이기에 소승적인 맥락에서 이해득실을 따지며 야단법석을 떨며 안달복달할 일이 아니다. 그럼에도 '소리 없는 다수(Silent Majority)'는 상실감이나 허탈감을 구태여 꼭꼭 숨기려 들지 않는다. 그렇다손 치더라도 새로운 시대를 선도하려는 결단의 상징이 통합시라는 현실을 수용한다는 관점에서 아쉬움이나 소소한 혼란과 잡음은 '선의의 무시(Benign Neglect)'라는 관점에서 덮어두는 담대함 속에 화합의 마당으로 뜻을 모아야 할 소명이 우리에게 부여된 몫이다.

아무리 탐욕이나 망상을 깡그리 비우며 너그러움을 바탕으로 '통합 창원시'를 수용하려 해도 낭패감과 상실의 아릿함이 켜켜이 쌓여 쉬 녹아내릴 모양새가 아니라서 꽤나 진한 가슴앓이가 불가피하다. 국외자의 입장에서 보면 삶의 터전이 '마산시'로 표기되던 내용을 '창원시 마산합포구 혹은 마산회원구'로 바뀔 뿐이다. 그럼에도 씨줄과 날줄로 촘촘하게 얽히고 설킨 숱한 사연들이 제자리 잡는 과정이 결코 호락호락하지 않다.

내 삶은 학생으로서 학업에 전념하던 '학창시절', 직업인으로서 살아온 '사회인 시절' 등의 두 부분으로 나뉠 수 있다. 이 중에 '학창시절'은 학교에 남긴 흔적이 전부인 관계로 내용을 바꾸거나 정정하려 들면 간단하다. 그에 비해서 '사회인 시절'에 남긴 자취를 변경하거나 삭제시킨다면 삶 대부분이 윤색되거나 왜곡으로 진솔한 참모습이 변화될지 모른다는 객쩍은 마음이 짓눌러 비감(悲感)에서 벗어날 길이 묘연하다.

사회인으로서 삶은 마산 시민으로 살아온 게 거의 전부이다. 그러므로 내가 밟고서 지났던 자리에는 어디를 막론하고 '경남 마산시'로 새겨졌다. 이를 모두 바꾸거나 정정함은 영혼이나 정신까지도 각색해 버릴지도 모른다는 노파심에 한사코 내치려 한다. 또한, 내밀한 자취까지 몽땅 까발리거나 비워야 하는 상대적 번거로움을 어찌 외면하고 무시할 수 있으리오.

먼 훗날 새로 태어난 세대가 '마산 3·15의거'를 들먹이며 마산에 관해 물어올 때, 통합의 이면사를 시시콜콜 일러주려면 성가실 뿐 아니라 길어져 장황할 것이다. 이런 식으로 마산에 관련된 사건이나 역사적 인물에 대한 후세의 대응은 결단코 매끄럽지 못해 이해시키는 데 걸림돌이 될 개연성이 상존한다. 한편, 연년세세 세월이 흘러도 마산과 관련된 친근한 이름은 고유명사로서 가치를 인정하여 '마산 어시장', '마산 아귀찜', '마산 항구', '마산만' 등으로 옛 이름이 정겹게 호칭되면 좋겠다.

다소 무리의 조짐이 엿보이거나 불협화음의 징조가 표출되어 혼란이 초래될 위험이 도사린 형국이라 해도 대승적 견지나 대의를 헌신짝 버리듯 할 수 없는 노릇이다. 이제는 메가 시티(Mega City)로 첫발을 내디딘 '창원시'의 양양한 전도를 위해 모두걸기(All-in)로 울력을 모아야 한다. 이렇게 함으로써 단순하게 행정적인 물리적 통합으로 얻는 허구적 효과인 무의미한 공리나 망상의 함정을 훌쩍 뛰어넘음을 정성적 혹은 융합적 통합이 선결 과제이다.

결국, 최종적으로 화학적 통합을 이룩하여 애초에 겨냥했던 창원의 스마트(Smart), 진해의 블루오션(Blue Ocean), 마산의 르네상스(Renaissance)라는 장밋빛 꿈을 실현해 균형적 발전으로 진정한 통합의 시너지 효과(Synergy Effect)를 일궈내야 한다. 그러므로 기존의 마산·창원·진해 시민 모두는 대승적, 대국적 맥락에서 작은 이(利)에 매달리다 큰 의(義)를 잃는 우(愚)를 범하지 않음은 물론이고 어떤 경우라도 상호 간에 '적대적 무시(Malign Neglect)'는 금물이다.

오직 화합과 공존을 위해 '공존의 토양(Common round)'에 함께 뿌리내리며 부단한 도전만이 상생과 도약의 길이다. 이런 자세와 신념은 장구한 세월 도도히 이어온 마산의 숭고한 얼과 정신을 계승 발전시키는 첩경이며 진정한 강자의 관용이 아닐까?

⋮

삶터에서 한양 오가는 길

⋮

내 삶터인 마산에서 고속버스를 타고 한양을 오갈 때마다 정확한 노선을 알 수 없어 헷갈리며 혼란을 겪는다. 최초에는 구마고속도로를 지나 서대구 톨게이트를 거쳐 경부고속도로를 경유하는 노선으로 오갔었다. 두 번째는 대진고속도로가 개통되면서 남해안고속도로와 대진고속도로를 거쳐서 대전의 '판암'에서 경부 고속도로에 진입해서 오가는 노선으로 바뀌었다. 그러다가 구미에서 상주와 충주를 지나는 중부내륙 고속도로가 생기면서 또 변수가 생겼다.

이 도로 개통과 함께 세 번째로 구마고속도로를 거쳐 '서대구' 톨게이트로 경부고속도로에 진입하여 북쪽을 향하여 달리다가 '구미 분기점'에서 중부내륙고속도로로 접어들어 이천을 지나다가 영동고속도로로 들어서서 서울에 이르는 노선이 새로 개발되어 이용하고 있다*. 이같이 다양한 노선도 모자라 가끔 서

* 이 글을 쓴 이후에 중부내륙고속도로가 선산에서 구마고속도로 현풍 부근으로 직접 이어지면서 마산-현풍-선산-상주-충주-이천-서울을 오가는 고속버스 노선이 확정되어 남해고속도로-구마고속도로-중부내륙고속도로-영동고속도로-경부고속도로를 달리며 운행하고 있다.

울에서 마산으로 출발하는 버스가 아예 최초의 노선처럼 경부선을 타고 달려 '서대구'에 이르러 구마고속도로로 들어서 마산에 이르는 경우도 있다. 이쯤 되면 어느 길로 오갈 것인가는 버스회사 맘대로라고 얘기해도 지나침이 없을 성싶다.

이런 복잡한 현실에도 요금 인하는 의례적인 체면치레와 시늉뿐이었으며 오가는데 소요되는 시간은 도토리 키 재기에 지나지 않는다. 그러므로 이렇게 다양한 노선이 개발된 것은 완전히 버스회사의 잇속을 챙기기 위한 수단에 지나지 않는다는 생각을 지울 수 없다.

마산의 처지는 여러모로 옹색하다. 머지않은 옛날에는 전국에서 일곱 번째로 큰 도시이기도 했으며 경남의 수부도시(首府都市)의 면모를 자랑했었다. 그런데 산업이 발달하고 교통망이 온 나라에 거미줄처럼 형성되면서 도시의 세력이 지는 해와 같이 퇴락하여 교통이 불편한 시답잖은 오지로 전락했다. 그동안 경남에서 울산이 덩치와 힘을 키워 딴살림을 차리며 독립해 나갔고, 시의 경계가 맞닿아 있는 창원과 김해가 추월하여 앞선 지 오래이다. 거기다가 진주가 정부에서 강력히 추진하고 있는 '혁신도시'를 유치하여 따돌리려는 다부진 태세로 호시탐탐 기회를 엿보고 있다. 게다가 양산과 장유가 겨뤄 보자고 잔뜩 벼르며 티격태격하는 형국이다.

이처럼 이리 채이고 저리 밀리는 설움을 당하면서도 도시의 규모를 키우거나 환경개선을 통한 삶의 질을 개선할 묘안으로 도시의 면모를 일신시킬 희망적인 조짐은 어디에서도 찾아보기 어렵다.

옛날을 들먹이고 되씹어서 무슨 소용이 있을까. 하지만 일제 강점기 청소년 시절을 보냈던 시인의 눈에는 한없이 아름답고 살기 좋던 포구로 보였었나 보다. 이 지역 출신인 '이은상' 님이 읊조렸던 시의 일부로서, 가곡 '가고파'의 첫 소절이다.

내 고향 남쪽 바다
그 파란 물 눈에 보이네
꿈엔들 잊으리요
그 잔잔한 고향 바다
지금도 그 물새들 나르리
가고파라 가고파

지리적 특성으로 본다면 마산은 배산임수 형국이다. 이런 연유로 조선 시대나 일제 강점기에는 천혜의 항구를 적절하게 활용했다. 남쪽 바다에서 비켜서 내륙 깊숙하게 발달한 마산만에 터를 잡은 아름다운 항구이다. 그런데도 해방 이후 급속한 발전에서 뒤처지며 침체를 거듭하는 과정에서 여기저기 해수면을 매립하며 돌파구를 찾아봤었다. 하지만 경쟁력을 잃고 근근이 항구의 명맥만 이어오고 있었다. 이런 현실에서 시 당국자는 현대적 시설을 갖춘 항으로 탈바꿈시킬 것이라는 다부진 호기를 보이지만 과연 실현될 것인지 의구심을 지울 수 없다.

한때 이 도시의 경제 활성화를 선도하며 주춧돌 역할을 하던 기업들도 시나브로 하나둘 역외나 다른 나라로 생산기지를 옮겨 공동화 현상이 가속화되었다. 그 때문에 변변한 산업시설이 없는 어정쩡한 소비도시로 주저앉아 신음하는 격이다. 거기다가 고용 창출과 지역 경제의 버팀목이며 중요한 축이었던 '마산자유무역지역(옛날의 마산수출자유지역)'의 외국계 업체들도 높은 인건비와 잦은 노사분규에 지레 겁을 잔뜩 집어먹고 중국이나 동남아로 발길을 돌려 경제 기반이 심하게 훼손되어 회복이 쉽지 않은 현실이다.

한양을 오가는 고속버스 노선이 갈팡질팡하는 이상으로 결코 밝지 않은 마산의 내일은 많은 고뇌와 혼란을 안겨주고 있다. 지리적으로 앞으로는 마산만을 끼고 발달한 아름다운 항구가 펼쳐져 있고, 뒤로는 병풍처럼 무학산이 조화를 이룬 따스한 남녘의 포구에 발달한 도시이다. 그런데 현대화 과정에서 경쟁력을 잃은 지리적 여건 때문에 뒤로 밀려나게 되었다. 게다가 거미줄 같이 얽히고설킨 도로망의 중심축에서 벗어났다는 이유에서 침체와 퇴보를 하다가 결국은 낭떠러지로 추락한 느낌이다.

이런 현실의 도시에 활력을 불러 넣어 역동적으로 바꿀 솔로몬의 지혜를 헤아려 본다. 혜안과 출중한 해법이 있다면 가곡 '가고파'의 마지막 소절처럼 고향을 등지고 떠난 이들도 돌아오고프게 만들 수 있고, 도시에 신선한 새 바람이 일도록 동기를 부여하고도 남을 터인데.

가서 한데 얼려
옛날 같이 살고 지고
내 마음 색동옷 입혀
웃고 울고 지나 고저
그 날 그 눈물 없던 때를
찾아가자 찾아가

⋮

스카이라인의 실종

⋮

우리 대학 대부분의 건물은 바닷가 쪽의 창가에 서면 조용한 합포만과 시가지가 한눈에 들어와 한 폭의 수채화를 대하는 것 같은 아름다움을 연출한다. 캠퍼스 한 쪽에 있는 고층 건물의 팔 층에 자리한 내 연구실에서도 이러한 행운을 만끽했었다. 더욱이 내 연구실에서 창을 등지고 책상 의자에 앉으면 정면으로 보이는 벽에 걸린 거울에 바다와 시가지가 어우러진 모습으로 손에 잡힐 듯이 비추어져 명당이라는 상념에 잠기기도 했다.

호사다마라던가? 너무 큰 자연의 축복에 신의 시샘과 질시가 있었나 보다. 최근 연구실 벽에 걸린 거울에는 깨진 조각달같이 애처로운 바다의 조각들이 일그러진 모습으로 일렁일 뿐이다. 심사가 뒤틀어져서 시비를 가릴 듯이 아예 의자를 백팔십도 회전시켜 창밖을 향하여 눈을 고정한다.

그리고 시야에 들어오는 하나하나에 대하여 시시비비를 생각해 본다. 그러고 보니 행운을 앗아간 주범은 신의 투기가 아니었다. 그것은 해안선을 따라 경쟁하듯 고층건물들이 울타리처럼 도열한 때문이었다.

언뜻 생각해 보니 그런 모습은 바닷가에 한정된 형상은 아니다. 마산의 시가지와 무학산을 정확히 둘로 나누어 선을 그은 듯한 산복도로를 따라서 끝없이 건축되는 고층건물 또한 무학산을 싸구려 서푼짜리 산으로 타락시키고 있지 않은가?

이래저래 마음이 편하지 않다. 마음을 다잡을 심산으로 구마산 쪽으로 눈길을 돌려 먼 하늘을 본다. 하지만 달을 보라고 손가락으로 달을 가리키는데 어쩌자고 나는 달은 보지 않고 손가락만을 바라보는 우를 범하는지 모르겠다.

왜일까? 창가로 보이는 시장통의 닥지닥지 엉겨 붙은 슬레이트 지붕을 시작으로 제멋대로인 건물들이 용마산을 넘어서 끝없이 이어진다. 어디 그뿐인가. 오종종 뒤엉킨 건물 사이에 물색없이 하늘로 치솟은 고층건물들이 괴물의 형상으로 보임은 잔뜩 꼬여진 심사 때문인가 보다.

좁은 땅을 효과적으로 개발하는데 건축물의 고층화는 필연적일 수도 있다. 그래도 자연 그대로의 자태를 살리면서 지리적 특성과 어우러질 슬기를 담을 예지도 있을 터이다.

건물을 세우고 다듬는 일은 짧은 기간 내에 간단히 해결된다. 그러나 한번 어긋난 부조화를 바로잡고 파괴된 자연을 원상으로 돌려놓으려면 기나긴 세월이 필요하다.

이런 맥락에서 편협한 이기주의나 어설픈 개발논리 같은 소아병적인 가치관은 걸림돌이 된다. 이제는 그들을 털고 미래에도 아름다워야 할 마산을 위하여 열린 마음의 자세가 절실한 시기이다. 그래서 더는 마산의 스카이라인이 손상되지 않도록 자연 친화적인 올곧은 정책을 펴 '가고파의 고향' 모습을 그대로 간직하길 기대해 본다.

Ⅵ. 디아스포라의 애환

디아스포라의 애환

달관과 괴짜 사이

이름 모를 게 잡이

훈훈한 겨울아침

카메라 스트레스

홑잎나물

병원이 바뀌다

필름 단절 사고

손주의 초등학교 입학

견지망월

함흥집

해안횟집

⋮

디아스포라의 애환

⋮

요즘 동네 나들이에서 심심치 않게 듣는 인사말이 짜증의 수준을 넘어 스트레스에 이를 지경이다. 어쩌다 만나는 지인은 물론이고 지난날 일터의 동료들까지 그 맹랑한 범주에 속하는 사람들이 숱하다. 물론 나를 아끼는 마음에서 물어오는 살뜰함이 담긴 인사말일 것이리라. 하지만 과유불급이라 했거늘 지나친 관심은 결례가 아닐까?

만날 때 건네는 달갑지 않은 첫 마디는 "아직도 여기(마산)에 사십니까?"이다. 일절만 하고 끝내면 좋으련만 "왜 아직도 이사(고향이나 서울) 가지 않으십니까?"라고 후렴까지 친절하게 주워섬기면 영락없는 밉상이다. 이 말을 듣는 순간 짜증스럽고 대답이 궁하며 귀찮아 외면하고 싶은 마음에 편편찮아도 표정은 변하지 않아야 한다.

왜 여기에 집착하며 사는 걸까? 내 생의 전부를 걸었던 일터에서 30대 후반부터 서른 한 해 동안 몸담았다가 퇴직한 지 세 해를 넘기고 몇 달이 되었다. 임용 첫해 서울에 틀었던 둥지를 마산으로 옮겨 서른네 해째 살고 있어 이곳보다 더 친숙해진 동네는 어디에도 없다.

오랫동안 살았기 때문에 칠흑같이 어두운 밤중에도 원하는 곳을 곧바로 찾아갈 수 있다. 그런가 하면 무엇이든지 필요한 일은 어디로 가서 해결해야 할지 막힘이 없기 때문에 고향이나 서울로 옮겨갈 맘을 잠재우고 눌러살 뿐이기에 특별히 설명할 말이 없다. 그런 까닭에 인사를 받으면 저간에 드러나지 않은 속내를 번거롭게 미주알고주알 입에 담고 싶지 않아 외면하고 싶은 생각이 굴뚝같다.

마산에서 삶을 꾸리면서부터 입때까지 일터에서 직선거리로 오리(2km) 이내에서 몇 군데를 옮겨가며 살았다. 그런 때문에 지리에 익숙하고 거리의 문화나 이웃의 정서도 매구같이 꿰뚫고 있어 무척 편하다. 게다가 간선 도로를 벗어난 고샅길에 자리한 만물상이나 잡화상을 비롯해 세탁소나 이발소, 약국의 약사나 작은 병원 의사 등과 두루 안면을 트고 자별하게 지내는 실정이다. 이 세상 어디를 가도 이보다 더 살가운 이웃을 많이 사귀며 살 자신이 없어 이사를 할 엄두를 못 냈을 뿐이다.

내 깜냥에는 어느 곳보다도 오랜 세월 둥지를 틀었던 때문에 뼛속까지 이 지역의 문화나 때깔로 가득 채워져 마산의 혼으로 동화되어 거듭 태어났다고 생각된다. 하지만 여기 사람들은 어느 누구도 나를 마산 사람이라고 부르지 않으며 타지에서 온 사람으로 갈래지을 따름이다. 어떤 유행가에서 '고향이 따로 있나. 정들면 고향이지'라고 했던 얘기를 철석같이 믿고 있다.

현실과 괴리가 있는 말인가 보다. 한데도 계속 눌러앉은 것은 오래 살아 정신적 고향으로 느끼는 이유가 크다. 터줏대감들에게는 굴러 온 돌이 박힌 돌 행세를 하는 모양새가 마뜩잖아 뒤틀어진 속내를 에둘러 '아직도 마산에 사느냐?'는 언사로 표출하는 지도 모른다.

마산 다음으로 오래 살았던 도시가 서울이다. 대학에 입학하면서 시작된 서울 생활은 아내와 가정을 꾸리고 두 아들을 얻고 마산으로 옮겨오기 직전까지 열여섯 해였다. 한편, 태를 묻었던 고향은 초등학교 때까지 살았기에 6·25전쟁으로 불가피했던 피난 기간을 포함하여 10년 안팎 나를 품어 주었다.

이런 맥락에서 어디를 가도 살뜰한 정을 나눴던 묵은 인연이 별로 없다. 지난 일요일에도 부모님 산소에 제초제를 살포하기 위해 고향을 찾았다. 산천은 의구한데 그 옛날 연을 맺었던 살가운 이웃은 깡그리 떠나고 온통 외지에서 유입된 낯선 이들 뿐이었다. 그날 여기저기 연락을 취해 올해 고희를 맞은 초등학교 동창 하나와 겨우 닿았었다. 그에 비해 아파트 현관문을 열고 나서면 다양한 지인들을 무진장 만날 수 있는 여기는 천국일러라.

내 고향은 생물학적으로 출생지를 가름하거나 호적의 본적란을 채우는 역할 이상의 의미가 있는지 되새겨 봐야겠다. 그리고 마산 다음으로 많이 살았던 서울은 모두의 타향으로 영 마음이 내키지 않는다. 그런 연유로 서울에서 이사를 내려올 때 남겨두고 왔던 작은 아파트 하나는 전세를 준 채 여기서 똬리를 틀고 있다.

왜 고향으로 돌아가지 않느냐고 묻는 게 탐탁지 않다. 차라리 고향이 북녘인 실향민이거나 조국에서 뿌리 뽑힌 채 타국으로 옮겨간 이민의 경우라면 대답하기 쉬울 것이다. 나야말로 고향에서 뿌리가 뽑혀 부평초처럼 떠돌다가 생의 황혼녘에 돌아갈 곳을 잃어 오갈 데 없는 처지의 디아스포라(Diaspora)일지 모른다.

따지고 보면 산업화 시대를 맞아 대대로 살아온 고향에서 밀려나 꼬리에 꼬리를 물고 꾸역꾸역 도시로 유입되었던 유랑 이주민이 얼마나 될지 어림하기도 어려운 현실이다. 이런 급격한 사회 구조 개편 과정을 감안한다면 서른 해를 훨씬 넘게 살고 있는 마산을 고향으로 여겨도 무리가 없지 않을까? 제발 돌아갈 곳이 마땅치 않은 방랑자에게 묻지 마세요, "왜 고향으로 돌아가지 않느냐고".

⋮

달관과 괴짜 사이

⋮

새벽 네 시 반에서 다섯 시 무렵에 나서는 산길에서 성이나 이름도 모르는 그와 이따금 마주치며 스쳐 지나기 시작한지 벌써 세 해째인가보다. 처음에는 무척 놀랐다. 광산 지하의 광부처럼 헤드 랜턴(Head Lantern)을 푹 눌러쓰고 왼쪽 손에는 까만 비닐 봉투를, 오른 손에는 집게를 들고 등산로나 산책로를 살피는 구부정한 괴이함 때문이었다. 처음에는 뱀을 잡는 땅꾼이 '꼭두새벽부터 왜 길섶을 헤매며 설치는 것일까?' 라는 의구심이 들었다.

처음에 한두 번은 무심코 지나치다가 그다음부터 마주쳤을 때는 하도 신기해서 천천히 뒤따르면서 그의 행동을 몰래 훔쳐봤다. 그런데 이게 웬일일까? 어리둥절했다. 그는 땅꾼이거나 비정상이 아니라 그 이른 시각에 나름대로 운동을 하며 길 주위의 버려진 쓰레기를 대나무를 쪼개 만든 듯 넓죽하고 두툼한 쇠집게로 날렵하게 집어 비닐봉투에 담았다.

그가 그렇게 드러나지 않는 봉사를 하며 산책이나 등산을 하는 시각은 거의가 어둠이 가시지 않아 손전등이 아니면 헤드 랜턴

이 필요한 무렵이거나, 어둠이 막 가시며 희뿌옇게 여명이 밝아와 사물을 겨우 분별할 수 있는 새벽녘이다. 물론 그와 나의 만남은 이따금 간헐적이다.

등산길의 터줏대감이나 지킴이라고 지칭할 만큼 오래돼 이무기에 해당하는 이들의 귀띔에 따르면 잠행 같은 그의 선행은 아주 오래된 것으로 거의 매일 거르지 않는다는 얘기이다. 보통 사람이라면 감히 흉내를 내거나 도저히 따를 수 없는 고매한 품격을 지닌 범상치 않은 선지자가 아니라면 그것이 선행이라도 편향된 고집불통의 괴짜일지도 모른다는 가당찮은 생각이 언뜻 스쳐 지나갔다.

그를 잘 아는 지인들에 따르면 산책로인 임도와 산 정상으로 통하는 가파른 비탈이나 능선 길을 비롯해 중간중간에 숲 속으로 뚫려있는 사잇길까지 매구 같이 꿰뚫어 쓰레기를 이 잡듯이 찾아낸다는 전언이었다. 언제나 그의 바지 주머니에는 고이 접은 비닐봉투가 몇 개씩 들어 있단다. 이를 바탕으로 미루어 짐작할 때 하루아침에도 몇 개의 봉투에 담을 정도로 많은 양을 줍는 경우도 있다는 유추가 가능하다. 그것은 내남할 것 없이 오가던 사람들이 거리낌 없이 양심을 버린 흔적이며 우리의 문화 수준을 방증하는 꼴이기에 부끄러워 외면하고 싶은 잔재가 틀림없다.

여러모로 스스로를 돌아보게 하며 한편으로 면구스럽기도 하다. 얼핏 외모를 기준으로 따져 볼 때 나와 엇비슷한 연배로 생각되지만 보통 키와 체구인 나에 비해 훨씬 크고 건장하다. 가끔 스쳐 지나며 수인사를 건네면서 전해오는 느낌은 무뚝뚝하기 짝이 없어 전형적인 경상도 남정네 모습으로 말을 극히 아끼는 축이며 한결같이 단답형 답변이다*.

어쩌면 물건을 함부로 버린다거나 공중도덕이나 윤리의식이 실종됐다고 운운하며 푸념이라도 한마디 내뱉을 법하다. 그런데도 언제나 입을 앙다물고 발걸음을 옮기다 눈에 띄는 버려진 양심을 비닐봉투에 담는 것을 묵언 수행으로 여기는지 지나치게 단호해 다가가기 껄끄럽고 멈칫거리게 한다.

그가 가까이 있을 때 버려진 부끄러운 흔적의 찌꺼기를 직접 주워 그의 봉투에 넣으며 동참하던 사람을 한 번도 목격한 일이 없다. 마치 그것들을 줍는 게 타고난 그의 운명이고 지나가는 모든 사람들은 별개의 문화를 향유하는 이방인 같은 모양새가 되풀이될 뿐이다. 모두가 은연중에 그를 거리의 청소를 전담하는 환경미화원쯤으로 여기는 것은 아닌지 하는 당혹감이 들기도 했다.

왜 지극 정성으로 매일 산책로나 등산로를 오가며 그런 궂은일을 솔선하여 자청할까? 밴댕이 속을 닮은 좁은 소견이나 풍진에 찌들며 낡아빠진 옛날 잣대로는 잴 수 없었다. 그런 아름다운 선행을 지속한다고 세속적인 보상이 따른다거나 제대로 대접해주지 않는 세상에 과연 의미가 있는 행동인지 생각할수록 갈팡질팡 헷갈린다. 하기야 소인배의 천박함이 어찌 어질고 고결한 이의 드높은 인품이나 지고지순한 정신세계를 올곧게 헤아릴 수 있을까? 옛 어른들이 이른 얘기가 새삼스럽다. '참새가 어찌 봉황의 뜻을 알리요.' 라는 참된 가르침의 진솔한 뜻을 이름이다.

---

* 이 글을 쓰고 만 4년 정도가 지난 시점인 2015년 9월 현재까지도 새벽 5시 경에 산길을 오가다 보면 예와 변함없이 휴지나 쓰레기를 줍는 그분의 모습과 가끔 마주한다.

어제 일요일은 사정이 있어 새벽에 등산에 나서지 못했다. 느긋한 마음으로 늦은 아침 식사를 마치고 밖을 내다보니 구름이 낮게 드리워지면서 산허리까지 감싸고 있어 햇볕이 자취를 감췄었다. 이런 날씨이기 때문에 삼복이지만 낮에 산에 올라도 그다지 덥거나 무리가 따르지 않을 것 같다는 판단에서 집을 나섰다.

정상에서 한참을 쉬다가 하산하기 위해 터벅터벅 십 분 정도 걷던 참이었다. 그가 길 양편을 두리번거리며 구부정한 자세로 올라오고 있었다. 의례적인 묵례를 건네고 지나쳐 한참을 내려오는 길목의 참나무 가지에 쓰레기가 가득 담긴 봉투가 걸려 있었다. 그가 가득히 모아 놓은 봉투가 분명했다. 순간적으로 어떻게 할 것인가 망설였다. 일단 봉투를 손에 들고 능선과 비탈길을 내려오다가 등산로 입구에 가까워지면서 혼란과 고민이 시작되었다.

섣불리 쓰레기봉투를 들고 큰길을 지나 집까지 거의 반 시간 이상을 걸어갈 것인가 아니면 적당한 곳에 내려놓아야 할지 갈피를 잡지 못하고 끙끙대며 갈등을 겪어야 했다. 등산로의 입구인 비탈길에 이르니 설익은 고민에 대한 해답이 기다리고 있었다. 그 부근 나뭇가지에도 그가 모은 쓰레기봉투가 걸려 있어 내가 들고 내려오던 것도 거기에 함께 걸어 놓는 쪽으로 가닥을 잡으며 연착륙했기 때문이다.

바야흐로 여름휴가가 절정에 이르는 무덥고 지루한 여름이다. 밀물처럼 시끌벅적하게 밀려왔던 행락객들이 어지럽게 노닐다가 썰물처럼 돌아간 자리에 비뚤어진 영혼의 찌꺼기인 쓰레기로 몸살을 앓았던 게 어제오늘의 일이 아니다. 하나하나를 두고 보면 선남선녀로서 어느 모로 따져 봐도 흠잡거나 나무랄 데가 없이 완벽한 인품을 지녔다.

그런데 그들이 머물다 떠난 바닷가나 산속을 비롯한 개울가나 강가에는 여기저기 산더미처럼 쌓여 썩어가는 천덕꾸러기의 흉측한 흔적이 우리를 슬프고 당혹스럽게 만든다. 그렇다고 내가 늘 다니는 등산로에서 페스탈로치(Johann Heinrich Pestallozzi)를 연상시킬 만큼 후덕한 인품을 지닌 채 쓰레기를 줍는 이처럼 그릇이 크고 협협한 사람에게 의지할 계제가 아니다. 아울러 달관한 경지의 배포를 가진 사람들을 찾아 묘책을 청하기 어려운 지경이기에 올해엔 또 얼마나 많은 가슴앓이로 끌탕을 쳐야 무진장 버려진 쓰레기로부터 자유로워질까?

이름 모를 게 잡이

연이어지는 추석 연휴가 지겨워 징징대며 불뚝거리는 일곱 살배기 손주의 생떼를 잠재울 요량으로 바람을 쐬면서 기회가 주어지면 덤으로 게를 잡아 보려고 나선 길에 날물로 드러난 갯벌에서 행운을 만났다. 오롯이 속살을 드러낸 썰렁한 갯벌에 별 기대 없이 발을 내디뎠다. 그것은 분명 횡재였다. 반신반의하면서 물이 찰랑거리는 언저리에 다가갔더니 이름 모를 작은 게들이* 분주하게 꿈틀거렸다. 손주가 흥분해 잡으려고 갈팡질팡 뛰고 엎어지면서 게를 움켜쥐며 연신 환호하는 꼴이 무척 행복해 보였다.

추석 이튿날 오후에 평소 나들이처럼 별다른 채비 없이 손주를 데리고 집을 나섰다. 가포 매립지에 최근 개통한 나들목의 율구교로 진해 쪽을 향해 마창대교에 진입했다. 마산만을 가로지르는 대교를 건너 요금 정산소를 지나쳐서 직진하다가 '귀산동'

---

* 게(Crab) : 게를 '창자가 없는 신사'라는 뜻으로 무장공자(無腸公子)라고도 부른다. 그리고 '용왕님 앞에서도 기개를 잃지 않고 옆걸음질 치는 무사'라는 의미로 횡행개사(橫行介士)라고 호칭하기도 한다. 한편, 게의 딱딱한 껍데기는 갑옷, 뾰족한 집게는 창을 상징한다는 설도 있다.

나들목으로 나서면 자연스레 해안가에 다다른다. 바닷가 이르러 첫 번째 만나는 작은 어촌마을 초입의 언저리에 날물로 민낯과 속살을 고스란히 드러낸 갯벌을 발견했다. 앞선 나들이객들이 자유롭게 낚시를 하거나 조개를 캐기도 해서 나와 손주도 머뭇거리지 않고 곧바로 갯벌로 향했다.

무심코 스쳐 지나며 언뜻 보면 생명을 잃은 갯벌 같은데 가까이서 살펴보니 살아서 불끈불끈 용트림하고 있었다. 낚시에는 고만고만한 고기들이 낚였고 갯벌에서는 다양한 작은 게와 소라들이 꿈틀거리는 꼴이 치열한 삶의 터전임을 웅변했다. 또한 논밭의 둑이나 주택의 담이 떠오르게 하는 돌무더기나 어설픈 나무 말뚝이 눈길을 끌었다.

띄엄띄엄 박은 말뚝이나 듬성듬성 징검다리처럼 쌓은 엉성한 돌무더기를 경계로 나뉜 크고 작은 논밭 뙈기 같은 갯벌마다 임자가 따로 있었다. 그곳은 씨조개(種貝)를 뿌리고 양식하는 밭으로 주인이 바지락을 캐거나 큰 돌을 추려서 버리는 모습은 영락없이 전답을 가꾸는 일의 판박이였다. 한편, 바지락 밭인데도 불구하고 탐방객들의 출입을 자유롭게 함으로써 갯벌을 거닐거나 낚시하는 과정에서 발생할 갈등의 소지를 애초에 배제시킨 셈이었다.

물이 빠진 갯벌을 정신없이 오가며 게와 고동 잡기에 푹 빠졌던 손주가 심드렁한 낌새를 보여 바지락을 캐는 할머니 옆으로 다가가서 다소곳한 자세로 구경했다. 얼마 동안이나 지났을까. 할머니가 얼추 어른 주먹 크기의 조개 두 개를 손주 손에 쥐어 주면서 집에 가서 삶아 먹으라고 했다. 당황하여 어찌할 바를 모르고 허둥대는 손주에게 고맙다는 인사를 드리고 받도록 일렀다. 날씨가 무더워 손주가 땀을 흘리며 무리하는 것 같아 서둘러 집에 돌아가자고 꼬드겼다. 망설임 없이 좀 더 놀겠다고 어깃장을 부려 결국은 손톱도 들어가지 않는 모양새였다.

미진해서 툴툴대는 손주에게 구차할 정도로 통사정하여 어렵사리 귀가하는 쪽으로 가닥을 잡았다. 해변을 따라 구불구불한 도로에는 낚시 나온 차량이 줄줄이 주차해 끝없는 노상 주차장을 방불케 했다. 차 사이를 곡예 하듯이 서행하다가 경관이 수려한 곳에 수시로 내려 구경시켰다. 그러면서 두산 중공업 옆을 지나 봉암대교를 거쳐서 수출자유지역 앞길을 따라 귀가했다. 그런데 손주 녀석은 만족치 못해 돌아오는 차 안에서 내일도 게 잡으러 간다는 확답을 받아내고 나서야 겨우 배시시 웃음진 얼굴로 돌아왔다.

어제의 떨떠름한 약속으로 오늘도 갯벌에 가서 조개를 캐고 게와 고동을 잡도록 안내와 호위를 하면서 연거푸 이틀 동안 아랫것 노릇을 톡톡히 했다. 한 번으로 족하련만 황소를 빼닮은 옹고집에 백기를 들고 푸념하지 않을 수 없었다. 그래도 어제와 다르게 뙤약볕에 대비할 요량으로 모자와 시원한 물을 준비해 그나마 다행으로 여겨졌다. 게와 고동을 징그러울 정도로 많이 잡아서 플라스틱 통에 담았다가 바로 방생토록 했다. 거의 두 시간 이상을 노닐다가 집에 돌아가자고 재촉해도 흡족했는지 마냥 너그럽게 받아들였다.

서너 해 전부터 집 옆에 있는 바닷가 선착장을 무시로 오가거나 여타의 바닷가를 꽤 여러 번 다녔어도 별다른 요청이 없었다. 그런데 최근 집 옆 서항 선착장에 갔다가 우연히 물속에서 꼼지락거리는 거무스름한 모습의 아주 작은 게를 발견하고 어떻게

든지 그들을 꼭 잡아야겠다고 별렀다.

나에게 물속으로 들어가 잡아달라고 억지를 부리거나 매미를 잡는 포충망을 가지고 가서 잡자면서 묘책을 들이대며 닥달하기로 했다. 이런 때문에 다른 대안을 궁리하여 욕구 충족을 시켜줘야 할 궁지로 몰렸다. 옴짝달싹 못 할 궁색한 구석으로 몰려 편편찮았는데, 이틀에 걸쳐 아이의 요청을 깔끔하게 해결해 알토란같이 옹골진 시간이었다. 비록 먹을 수 없고 이름도 모르는 하찮은 게와 고동일망정 집적 잡아 세세하게 살필 경험을 쌓도록 한 교육의 장이었기에 뿌듯하고 더 할 수 없이 맞춤한 연휴의 나들이였다.

⋮
훈훈한 겨울아침
⋮

지난 토요일 이른 아침에 출발하는 서울행 KTX를 타려고 서둘러 역으로 향했다. 모처럼 떠나는 나들이로 너무 서둔 때문인지 대략 이십여 분의 여유가 있었다. 무심코 신발을 내려다보니 전날 밤 겨울비가 질척이는 거리를 꽤나 걸었던 흔적이 흉할 정도로 눈살을 찌푸리게 했다. 저녁에 얼굴을 마주하며 송년회 자리를 함께할 문우들의 환한 얼굴을 생각하니 갑자기 구두를 닦아 반들반들 윤을 내야 할 것 같았다.

더러워진 구두를 닦는데 시간이 부족할 것 같아 서둘러 구두 수선소를 찾아가 구두를 벗어 맡겼다. 주인은 예나 다름없이 조용하고 담담한 표정엔 변함이 없었다. 그렇지만 귀밑에 늘어난 흰머리가 눈에 띄게 늘어남은 세월이 그에게도 비켜가지 않았음을 증명했다.

슬리퍼로 갈아 신은 다음에 무료한 시간을 보내려고 역 광장을 한 바퀴 돌다가 수선소로 돌아왔다. 그런데 내 오른쪽 구두의 바닥이 하늘을 향하고 있었다. 주인은 구두 밑창에 구멍이 크게 뚫어져 접착제를 칠하고 수선용 고무판을 붙여 땜질을 했다고 알려주었다. 그렇게 하지 않으면 바닥으로 물이 스며들거나 모래나 흙이 신발 안으로 들어오면서 구멍이 난 부위가 찢어져서 구두를 완전히 버릴 수도 있다고 했다. 그러고 보니 어제저녁 겨울비가 질척이는 거리를 한 시간 정도 걷는데 오른쪽 구두에 물이 스며들어 양말이 완전하게 젖었던 원흉은 바닥에 난 구멍이었던 셈이었다.

고맙기 이를 데 없는 따스한 배려이다. 기껏해야 2천 원을 받는 광택 손님의 구두와 발이 어찌 되든 그냥 닦아주면 만사형통이다. 그럼에도 바닥의 구멍까지 수선을 해주는 푸근한 인정은 추운 겨울 아침을 훈훈하게 데워주는 따스한 모닥불이다. 구두를 닦고 셈을 하면서 얼마를 더 드리면 좋을지 물었더니 한사코 그냥 가라는 대답이었다.

몇 번을 간곡하게 청해도 처음과 다름이 없었다. 이번에는 내 나름대로 부지런히 헤아려본다. 구두를 닦는데 2천 원이라는 사실을 따지지 않고 인간적으로 순수한 당신 마음에서 고객을 위해 봉사한 것을 세속의 잣대로 왜곡시킬 수 없다는 결론에 도달했다. 그리하여 시간 여유가 있다면 자판기 커피라도 한 잔 빼다가 건네며 고마움을 표시하면 좋을 성싶었다.

열차 출발 시각이 촉박하여 몇천 원을 얹어 드리며 차라도 한잔 하라고 했더니 알량한 내 호의를 한사코 내쳐 무척 멋쩍었다. 그렇게 밀고 당기다가 결국 처음에 디밀었던 지폐 몇 장을 남겨놓고 개찰구로 향해 달리면서 고맙다는 인사를 하는 것으로 진솔한 마음을 전했다. 추운 겨울 아침 그와 20여 분 간의 짧은 재회와 상황의 전개는 이 겨울이 지날 때까지 내 가슴에 길고 따스한 여운으로 맴돌 것이다.

마산역 건물 바깥의 오른쪽 화장실 옆에는 알루미늄 창틀로 만든 한 평 정도의 구두 수선소가 있다*. 이곳의 주인은 나와 비슷한 연배로 하반신이 불편한 장애인이다. 내가 그와 인연의 시작은 거의 스무 해 전쯤에 외지를 다녀올 요량으로 역에 갔다가 우연히 구두를 닦으려고 들리면서부터이다. 그 뒤로는 부정기적으로 한 번씩 들리는데, 그가 일하는 모습이나 손님을 대하는 태도는 언제나 변함없이 무덤덤한 편이다.

오늘 일터의 연구실에 나와서 편한 실내화로 바꿔 신기 위하여 구두를 벗다가 오른쪽 구두를 들고 뒤집어 바닥을 살펴본다. 구둣창 앞부분 정 중앙에 대략 지름 5cm 정도의 타원형으로 덧붙인 고무판이 하트(Heart) 모양처럼 사랑스럽다. 겨우 비바람 들이치는 것을 면한 구두 수선소에서 일하면서도 그윽한 방향(芳香)을 은은하게 풍기는 행복 바이러스를 전파시키는 이도 있다. 그럼에도 세밑을 맞이한 지금 작은 욕심을 채우려고 세속의 득실에 대하여 열심히 주판알 굴리기 바쁜 내가 과연 정상일까?

* 2015년 1월 현재 주인은 예와 같지만 그 구두 수선소는 외돌아진 공원 구석 나무 밑으로 밀려나 을씨년스러운 모습이었다.

⋮

카메라 스트레스

⋮

지난 주일 이틀(11~12일)과 이번 주일 사흘(19~21일) 동안 손주 유진이를 소개하면서 우리 부부는 양육자 자격으로 일상의 시시콜콜한 단면을 하루 24시간 동안 고스란히 방송 카메라에 촬영 당하면서 숨이 막힐 지경에 이르러 무척 곤혹스러웠다. 그동안 몇 차례 녹화방송이나 생방송의 패널로 참여했던 경우는 미리 주제에 대한 통지에 따라 준비해서 참가하면 적당히 코디나 화장을 해줘 별다른 거부감이 없어 크게 당혹스러움을 겪거나 심한 스트레스를 받지 않았었다.

그런데 이번에는 촬영 기간 내내 PD들이 함께 동거하면서 24시간 밀착 취재를 강행하여 이전의 그것과는 너무도 판이했다. 개인 프라이버시를 위시해서 가정의 모든 걸 속속들이 파헤침으로써 꼭꼭 숨기고 싶거나 민망한 구석까지 고스란히 드러난 꼴이기에 전장에서 적군에게 무조건 백기 투항하는 패잔병의 모양새를 빼닮았다.

참으로 우연이었다. 이달 초순의 끝 무렵에 낯선 전화 한 통을 받았다. 생면부지의 S 방송국 P라는 여자 작가의 원숙한 화술에

말려들어 얼결에 20여 분 통화를 했다. 하지만 나의 마지막 대답은 그녀의 얘기에 대한 완곡한 거절로 막을 내렸다. 그날 통화의 요점은 이렇다. 방송에서 조부모가 손주나 손녀를 맡아 기르는 과정을 짚어볼 시사·교양 다큐멘터리를 기획하며 거기에 유진이를 모델로 소개하고 싶다고 했다.

하도 신기해서 어떻게 우리 손주를 찾아냈느냐고 묻지 않을 수 없었다. 그 실마리는 내가 즐겨 찾는 사이트에 손주 녀석에 대한 수필을 올려놓은 데서 출발되었다. 우연히 조손(祖孫)의 사연을 근간으로 하는 사이트에서 내 글들을 전재했던 사실이 매구 같은 방송작가의 레이더에 감지되어 역추적을 당했던가 보다.

아무리 생각해도 교육학자나 어린이 전문가도 아닌 주제에 손주 양육 문제를 다루는 다큐멘터리에 출연하는 것은 어불성설이다. 그렇게 첫 통화를 마치고 일주일쯤 지난 뒤에 다시 연락이 닿았다. 다큐멘터리 팀원들이 다른 취재차 바로 옆 동네인 고성(경남)에 내려왔다는 얘기였다. 기왕 나선 걸음에 만나 보도록 연결시킬 터이니 간단히 대화라도 나눴으면 좋겠다고 의견을 피력해 정중히 사양을 거듭했다.

하지만 교묘하게 틈새를 헤집고 파고든다 싶더니 급기야 그날 밤에 다짜고짜 그들이 집으로 밀고 들어왔다. 그 일행 중에 다양한 사람들을 만나 설득하는데 달인 반열에 오르고도 남을 야전 사령관으로 방송 십몇 년 차라는 H 차장의 교묘한 부추김에 분수를 망각했었던가 보다. 묘한 상황으로 몰려 3시간 가까이 촬영하다가 끝내 아얏소리도 못한 채 옴짝달싹할 수 없는 벼랑 끝으로 내몰려 옹색한 꼴이 되었다.

첫날밤 얼떨결에 몇 시간 동안 선부른 대응을 하다가 꼼짝없이 무장 해제를 자초했다. 다음날은 유진이가 잠자리에서 깨어나는 동작을 시발로 하여 걸어서 유치원에 도착하는 과정을 포함해 수업하는 과정까지 꼼꼼하게 촬영 당했다. 엄청나게 난감했다. 꼭두새벽부터 촬영이 시작되어 아내의 화장기 없는 민얼굴은 말할 나위도 없고 우리 부부가 잠자리를 벗어나며 손에 집히는 대로 걸쳤던 옷매무새가 여간 겸연쩍고 민망한 게 아니었다.

그렇지 않아도 나이 들어가며 하루가 다르게 푸석푸석 무너져 내리는 외모에 잔뜩 주눅이 들어 움츠리던 처지이다. 이런 이유에서 급한 대로 내외가 옷이라도 갈아입어야 체면치레를 하지 않겠느냐고 G PD에게 말했더니 연출하면 화면이 죽는다며 일거에 퇴짜를 놓는데도 묘수가 없던 맹랑한 지경이었다. 지금도 우스꽝스러운 모습으로 비칠 화면을 생각하면 얼굴이 화끈거리고 두렵다.

이틀 동안 초주검이 될 만큼 경을 치며 촬영을 마치고 책임자인 H 차장에게 정중하게 솔직한 속내를 털어놨다. 기획한 내용에 유진이가 일부분으로 끼게 된다면 기꺼이 허락하겠으며 촬영은 여기서 중단했으면 좋겠다고. 크게 두 가지 이유였다. 첫째는 유진이 양육은 전문가적 식견이나 교육철학을 비롯하여 도덕률을 바탕으로 한 내용과 괴리가 있다. 둘째로 초로에 접어든 우리 부부의 우중충하고 후줄근한 모습이 꼭두각시나 피에로로 묘사될 개연성이나 심적 부담 때문이었다. 하지만 이번에도 달변으로 옭치고 뛸 수 없게 파고들며 생각을 바꾸도록 집요하게 옥죄는 설득에 무기력하게 백기를 드는 나약함으로 대응할 밖에 도리가 없었다.

첫 촬영을 마치고 일주일 가까이 지난 이번 주일의 수요일(19일)에 본격적인 촬영을 위해 G PD가 도착했다. 기왕이면 동고동락하는 게 좋을 성 싶어 빈방 하나를 내주며 함께 기거하며 2박 3일 동안 촬영토록 했다. 촬영 막간에 대화를 나누다가 언뜻 낌새를 엿들은 비밀이다.

해당 다큐멘터리를 진행하며 사례 여럿을 예비 촬영하여 면밀히 분석하면서 최종 후보자 몇 명을 선정하기 위한 종합토의를 거듭했던 것 같다. 그러고 보면 유진이는 수면 아래에서 은밀하게 이루어진 예사롭지 않은 예심을 통과한 셈이다.

시도 때도 없이 밤낮으로 들이대는 카메라 때문에 정신이 얼얼했고 생활 리듬이 저절로 깨져 끙끙댔다. 심지어 아내가 반찬을 만들고 밥을 푸거나 음식을 차리는 시답잖은 내용에서부터 설거지 모습까지 쓸어 담는 괴팍한 먹성을 뽐냈다. 한마디로 화장실에서 생리적인 문제를 해결하는 모습이나 벌거벗고 샤워하는 상황을 빼고는 깡그리 카메라 렌즈가 집어삼켰다. 거기에는 아내와 나 그리고 손주가 함께하는 잠자리 모양까지 온새미로 빨아들였다.

참으로 끈질기고 철저했다. PD 자신이 식사를 하거나 화장실을 사용하는 시간 외에는 가차 없이 카메라를 여기저기에 들이대기 일쑤였다. 그에 응하는 게 오죽 힘들었으면 아내는 내게 살짝 귀띔을 한 채 무작정 외출을 해서 시내를 종일 배회하다가 핑곗거리로 시장을 봐오는 촌극을 벌였을까?

시장 보따리도 고스란히 촬영 팀 손에 넘겨져 검사를 거치면서 하나하나 촬영되었다. 그 물품의 절반 이상이 유진이가 즐겨 먹는 음료와 과일 그리고 과자류인 것을 확인하고 PD가 놀라서 물었다. 평소에도 이렇게 유진이 비중이 크냐고.

또 다른 에피소드이다. 우선 유진이 얘기이다. 평소엔 잘 웃고 밝으며 바르고 반듯하게 행동한다. 그런데 처음 이틀 촬영을 할 때 봤더니 카메라가 지켜보거나 PD 아저씨만 나타나면 행동이 얼어붙고 언어가 이상해지며 행동이 굳어져 어색하기 이를 데 없었다.

그래서 본격적인 촬영을 위해 다시 방문한다는 사실을 미리 알려줌으로써 마음의 준비를 시키는 게 좋을 성 싶었다. 유치원에 함께 걸어가면서 넌지시 얘기했더니 정확하게 "또 촬영을 해?" 하면서 얼굴을 찌푸리는 반응으로 자기의 진솔한 심정을 피력했다. 어린아이도 방송 카메라가 무척 부담스러웠던 게 분명하다.

내 얘기이다. 이불을 펴고 나와 아내 그리고 유진이가 잠을 자는 상황의 촬영 때였다. 내가 창문 쪽에, 유진이가 바로 내 오른쪽에 누웠다. 잠옷으로 갈아입고 유진이에게 '선녀와 나무꾼' 얘기를 들려주다가 고단했던지 중간에 골아 떨어져 드르렁 드르렁 코를 골더란다.

아내가 PD 옆에 앉아 있다가 하도 민망해서 살짝 꼬집어 주고 싶어도 카메라가 작동 중이라서 꼼짝할 수 없었다며 지청구가 이만저만 아니었다. 입을 헤벌리고 코를 드르렁거리는 어릿광대 같은 모습을 클로즈업(Close Up)하여 방영한다면 전국적인 망신을 당하게 생겼다며 아내의 걱정이 대단하다. 그래도 오기로 그 화면을 편집하는 과정에서 삭제해 달라고 부탁하지 않았다.

변변치 못한 할아버지와 할머니는 손주를 앞세워 다큐멘터리 방송 프로그램에 얼굴을 디밀었다. 기껏해야 한 시간 정도 방송할 내용인데 두 차례에 걸쳐 모두 닷새를 촬영한 셈이다. 이런 이유에서 출연자가 방송에 청맹과니나 다름없는 초보자인 경우 몇천 컷 중에 한 컷을 건질 수 있다는 PD의 말을 에누리 없이 받아들여야 할 것 같다. 결코 짧지 않은 동안 촬영을 하며 정신이 멍멍했고 긴장이 지속되어 육체적으로는 견뎌내기 버거웠다.

그렇지만 자라나는 유진이에게 좋은 경험이며 추억이 될 것이라는 믿음을 위안으로 삼으련다. 거기다가 어린 손주 나이를 생각하면 적지 않은 출연료를 받았다. 녀석의 통장에 넣었다가 훗날 요긴하게 쓰도록 존조리 이를 요량이다. 그렇게 소용돌이 같은 회오리바람이 들이닥쳐 휘몰아 대다가 지나간 흔적이 오롯하게 방영될 프로그램은 'SBS 스페셜(제307회)' 이다.

다시 말하면 다음 달 두 번째 일요일(2012년 10월 14일) 저녁 11시경부터 한 시간 가까이 방영될 예정으로서 가제(假題) '그들에겐 특별한 것이 있다. - 격대(隔代)교육 -.' 라는 다큐멘터리이다. 내가 상상하는 그림으로 그려질 것인지 자못 궁금하다.*

* 참고 ⇨ 이 글을 쓴 뒤에 촬영 내용에 일부가 부실하다고 9월 26일 저녁 서울에서 담당 PD를 비롯해 3명이 방송차량으로 마산에 내려와 약 두 시간 동안 추가로 촬영을 해갔다. 그 당시 총책임은 황승환 차장이고, 며칠 우리 집에서 동거했던 담당 PD는 길용석이었다.

⋮

홑잎나물

⋮

오늘 저녁 식탁엔 봄의 향연이 풍성했다. 그중에 하나는 겨우내 밭에서 얼부풀며 자란 하루나(유채 나물) 겉절이이고, 다른 하나는 아침나절 등산길에서 깊은 산속 외진 곳에 자리 잡은 화살나무에서 훑어와 데쳐서 무친 '홑잎'인 산나물이었다. 이 둘이 은은히 전하는 화사한 봄의 향기는 겨우내 무딜 대로 무뎌진 미각과 후각을 되살리는 실마리가 됨으로써 정신적인 포만감에 마냥 흐뭇하여 어떤 화려한 만찬도 결코 부럽지 않을 만큼 싱그러웠다.

십 년 가까이 오가던 산에서 처음으로 '홑잎'을 훑어왔다. 이제 막 바다 건너온 봄을 집안으로 불러들인 꼴이다. 허리 꺾여 퇴락하는 모양새의 옛 등걸에 움이 트고 묵은 가지에 새순이 돋아나며 새싹이 땅을 뚫고 세상과 조우하려고 분주한 이른 봄의 향연이 줄기찬 지금이다. 이 무렵 산속에 자생하는 대표적인 산나물은 무엇일까?

봄이 무르익어 가면 헤아리기 어려울 정도로 다양한 산나물이 앞을 다퉈 선을 보이며 자랑질을 한다. 하지만 꽃샘추위로 기온

이 급강하하여 일교차가 극명한 이즈음 남녘인데도 벚꽃은 활활 타오를 성정의 꽃구름을 눈요기시켜줄 요량인가 보다. 이런 까닭에 산속을 이 잡듯이 살피며 뒤져도 두릅이나 취나물을 비롯한 고사리 같은 산나물을 만날 수 없는 메마르고 삭막하기 이를 데 없이 어정쩡한 시절이다. 요즘에는 산을 샅샅이 둘러봐도 기껏해야 생강나무의 노란 꽃이나 진달래*가 근근이 봄을 노래하는 정도이다.

새봄을 알리는 산나물의 전령은 남보다 몇 발 앞서 새순의 촉을 틔워 파란 잎을 자랑하는 화살나무 잎인 '홑잎'이다. 오늘 등산하면서 후미진 길을 혼자 걷다가 외돌아진 양지에 자리 잡은 몇 그루를 발견했다. 가지 끝에 붙어있는 새순이 새의 부리 모양으로 부풀어 연록의 여린 잎을 수줍게 드러낸 채 한결 유순해진 봄바람에 넋을 잃고 조아리고 있었다. 조금은 안쓰러웠어도 봄을 제대로 느껴보고 싶었다.

---

* 진달래 : 우리 조상들의 해학은 대표적인 봄꽃인 진달래의 표현에서도 번뜩이는 기지가 엿보인다. 하기야 어떤 측면에서 생각하면 진달래를 여인의 젖가슴에 비유한 해학은 이즈음 잣대로 보면 천박한 품격의 성적 비하 표현이라고 여론의 뭇매를 맞을지도 모를 일이다.

선조들에 의하면 이제 막 피어나는 연한 진달래는 솜털이 보송보송한 애송이 소녀의 봉긋한 젖가슴은 고운 복숭아 빛깔이라고 하여 '연달래'라 불렀다. 그 연달래가 농익어 진한 색깔로 변한 것은 성숙한 처녀의 젖가슴을 빼닮았다는 비유에서 '진달래'라고 했다. 그리고 어미가 되어 아이에게 젖을 먹이는 여인네의 젖가슴을 빗대서 '난달래'라고 했다. 한편, 나이가 들면서 탄력을 잃어가는 젖가슴의 중년 여인네를 상징적으로 '번달래'라고 불렀으며, 황혼에 이르러 쭈글쭈글해졌거나 젖가슴 흔적 찾기도 어려운 할머니들을 '막달래'라고 호칭했다. 이런 연유에서 양반집 규수나 여염집의 조신한 꽃다운 처녀에게 '난달래'나 '번달래'라고 호칭하는 것은 막돼먹은 헤픈 처녀로 취급하는 욕으로 크나큰 결례였다.

다가가서 터질 듯이 부풀어 파릇파릇한 새순을 나무줄기 채 잡고 손으로 훑어 등산 모자에 담았다. 이렇게 훑어 새순을 따는 방법은 나무 부스러기가 많이 들어가 다듬는데 시간이 많이 걸린다는 단점이 있다. 집으로 가지고 와서 다듬어 팔팔 끓는 물에 살짝 데쳤더니 한 접시 정도로 아내와 손주 그리고 내가 함께하는 한 끼 식사에 더덜이 없이 맞춤한 양이었다. 이 나무는 생명력이 강해 나무를 베거나 가지를 꺾지 않는다면 새 잎이 돋아날 때 몇 차례 잎을 손으로 줄줄 훑더라도 고사하거나 생육에 지장이 초래되지 않는 강인한 수종이다.

화살나무(Wind spindle tree)를 홑잎나무라고도 하는데 초봄에 연한 잎을 따서 데쳐 나물로 무쳐 먹으며 약재로도 쓰이는 나무이다. 그런데 이 나무는 낙엽 관목*으로 줄기나 가지 삶은 물은 위염이나 염증 치료를 비롯하여 동맥경화나 어혈을 푸는 데는 물론이고 항암효과도 있다고 한다. 나무 모양이 화살처럼 특이하게 생겨 귀신을 쫓을 수 있다고 생각해 '귀전우(鬼箭羽)'라는 이름이 붙여졌다. 결국, 줄기에 붙어 있는 날개 모양의 생김새가 매우 특이하다는 이유에서 '귀전우' 다시 말하면 '귀신을 쏘는 화살' 이라거나 '신전목(神箭木)' 이라고도 부른다.

우리 국토의 남단임에도 불구하고 여태까지 산에는 앙상한 나뭇가지에 새순이나 잎을 잉태한 눈이 부풀어 올랐을 뿐이다. 그러므로 지표면을 뒤덮은 우중충한 낙엽 천지로서 새싹이 땅속에서 돋아나려면 진득한 기다림과 상당한 인내가 필요하지

---

* 관목(灌木) : 보통 사람의 키보다 작으며 원줄기와 가지의 구별이 분명하지 않으며 밑동에서 가지를 많이 치는 나무이다. 결국, 관목은 낮게 자라는 떨기나무이다. 이에 비해서 교목(喬木)은 줄기가 곧고 굵으며 높이 자라는 나무를 이른다.

싶다. 결국은 고사리나 취나물 같은 봄을 상징하는 전형적인 산나물과의 만남은 아직도 마냥 기다려야 한다. 그런 까닭에 이 시점에서 산나물로서 다른 것과 비교될 수 없을 만큼 서둘러 수줍은 모습을 자랑하는 존재는 홑잎이라고 가름하는 편이 아귀가 맞을성싶다.

아내가 일곱 살배기 손주와 함께 먹을 것을 염두에 두는 동시에 '홑잎'의 고유한 향과 맛을 고스란히 살린다며 양념류는 전혀 쓰지 않고 간장과 매실 원액, 참기름, 통깨를 써서 담백하게 무쳤다. 군더더기 없이 깔끔하고 은근한 감칠맛과 향긋한 봄내음에 군침이 절로 돌고 입에 당기는지 엔간하면 채소나 산나물의 경우는 무조건 내치기 일쑤인 손주 녀석이 무척 좋아하고 엄청 맛있게 먹어댔다. 연신 입이 미어질 정도로 집어넣으며 맛있다고 공치사를 수없이 되풀이하는가 하면 내일 자기와 함께 산으로 따러 가자는 제안까지 했다.

이 봄을 맞으며 냉이와 달래는 이따금 맛을 봤었다. 하지만 남녘이라 해도 아직 집에서 쑥국을 끓였거나 하우스에서 자란 취나물이나 두릅일지라도 밥상에 올랐던 적이 없다. 그런 까닭에 오늘 산행에서 우연히 눈에 띄어 훑어 왔던 '홑잎'은 집안을 온통 봄 향기로 채우며 칙칙하게 내려앉은 삼동의 묵은 찌꺼기를 속속들이 털어내고 단박에 산뜻하고 해맑은 분위기로 바꾼 셈이다.

⋮

병원이 바뀌다

⋮

왼쪽 눈의 백내장 수술을 하고 의사의 지시에 따라 정해진 날짜마다 병원에 가서 점검을 받아 온 지 삼 주일째의 어느 날이었다. 익숙해진 건물로 들어서 엘리베이터를 타려고 기다리는데 언뜻 병원 이름이 눈에 들어왔다. 어! 그런데 병원 이름이 '파티마 안과'가 아니라 '성모 안과'이다. '왜 병원 이름이 바뀌었지?'라는 생각을 하며 잘못 찾아왔나 싶어 유심히 주위를 살폈다. 분명히 여태까지 다니던 낯익은 병원이 맞았다.

'참 별일이다.' 싶었어도 익숙해진 곳이라서 별다른 생각 없이 엘리베이터를 탔다. 그런데 엘리베이터 안의 안내를 비롯해 4층 병원의 자동문 앞에도 마찬가지 상황이었다. 평소대로 접수대에 낯익은 간호사는 물론이고 실내 장식과 분위기가 예와 변함없어 안심이 되었다. 그렇다고 언제 병원 이름이 바뀌었느냐고 대놓고 물어보기도 쑥스러웠다. 새삼스럽게 병원 이름을 확인하는 게 내키지 않아도 의아한 마음을 잠재우지 못하고 처방전을 가지고 내려와 약국에서 약을 받아가지고 나오다 의문을 풀어볼 요량으로 길거리에 나서서 사방을 두리번거렸다.

한참을 기웃기웃 두리번대다가 기막힌 사실을 발견했다. 내가 수술하고 치료를 받았던 '성모 안과'에 아주 근접한 곳에 '파티마 안과'는 따로 있었다. 이는 희극이고 어처구니없는 실수로서 무지막지한 둔기로 머리를 내리치는 기분으로 아찔했다. 원래 내가 수술을 하려고 생각하고 찾으려 했던 병원은 '성모 안과'가 아니라 '파티마 안과'였다. 그럼에도 불구하고 '성모 안과'를 '파티마 안과'로 착각하고 수술과 후속 치료를 받으면서도 그날까지 병원이 바뀌었다는 사실을 전혀 눈치채지 못했던 것이다. 어떻게 이런 불가사의한 사달이 발생할 수 있었을까?

몇 해 전부터 하루하루 일상적으로 맞고 보내는 일의 주요 내용을 수첩에 꼬박꼬박 메모하는데 이골이 나 있다. 이번 눈 수술한 날짜에도 평소의 버릇대로 적바림했고 통원 치료를 한 사실도 빈틈없이 기록되어 있었다. 수술한 병원이 바뀐 사실을 인지하던 날 수첩을 뒤졌더니 거기에도 수술한 날을 비롯한 통원 치료를 받은 날엔 병원 이름이 틀리게 적혀 있었다. 쓴 웃음을 지으며 하나같이 '파티마 안과'로 적혀 있는 내용을 두 줄로 지우고 그 옆의 여백에 '성모 안과'로 정정하는 촌극을 벌였다.

지난 2월 초였다. 평소 희미하게 물체를 인식할 수 있었던 왼쪽 눈의 상태가 심각해져 사물의 분별이 불가능했다. 몇 해 전 오른쪽 눈을 수술했던 병원이 맘에 들지 않아 적당한 병원의 물색을 위해 여러 방면으로 정보를 수집했다. 그런데 옛 동료였던 J 교수가 두서너 해 전 모친의 백내장 수술을 했던 병원이 맘에 든다며 어시장 지하도 부근에 자리한 '파티마 안과'를 추천했다.

매사에 지나칠 정도로 철두철미한 분의 추천이라서 그 병원에서 수술키로 작정했다. 그렇게 마음을 굳혔건만 귀신 곡할 노릇이었다. 엉뚱하게도 지척에 자리한 '성모 안과' 에 찾아가 수술을 하고(2월 13일) 나서 '파티마 안과' 에서 했다고 천연덕스럽게 나팔을 불고 다니는 팔푼이 노릇을 오지게 했다.

그러고 보니 첫 번째 '성모 안과' 를 찾아가서 진찰을 받고 수술 상담을 할 때 원장의 의아해하던 표정이 떠오른다. 수술 상담을 하며 어떻게 우리 병원을 찾아왔느냐고 물었다. 그래서 옛 동료 교수인 J 박사 자당께서 이 병원에서 수술을 했는데, 그 인연으로 소개를 받았다고 얘기했다. 하지만 도통 J 박사를 기억하고 있는 낌새가 아니었다. 많은 사람을 접하다 보면 그럴 수도 있으리라고 여기며 기억력이 신통치 않은 축이라는 생각에 이르면서도 가볍게 넘겼다.

지금 생각하니 그런 게 아니었다. 그 얘기는 '파티마 안과' 원장에게 가서 해야 기억할 내용이다. 그럼에도 불구하고 얼토당토 않게 '성모 안과' 에서 이죽거렸으니 통할 리 없지 않은가? 지금 생각해도 쓴웃음이 절로 난다.

왜 그런 일이 발생했을까? 그 원연은 아마도 아내의 종교와 유관하지 싶다. 나는 무종교자이기에 그 분야에는 까막눈으로 완전 숙맥에 가깝다. 그런데 아내의 종교가 천주교라서 어깨 너머로 그 동네 얘기를 들었던 풍월이 문제였다. 평소 '성모' 니 '파티마' 니 하는 말은 아내와 관련된 종교 외에는 들을 수 없다.

이런 어쭙잖은 상식이 '성모 안과' 를 '파티마 안과' 로 동일시하여 같은 것으로 착각하는 모순에서 발생한 엄청 드문 해프닝으로 여겨진다. 하여튼 병원 이름이라는 관점에서 두 병원의 원장은 천주교 신자이거나 천주교에서 설립한 종합병원에서 일했을 것이라는 생뚱맞은 추측을 해본다.

만약 이번 같은 사달이 비서나 부하가 저질렀다면 가차 없이 냉혹한 징벌이 내려졌을 법하다. 그런가 하면 가족이 유사한 실수를 범했다고 하더라도 방방 뛰며 불호령이 떨어지는 치도곤을 당했을 게다. 그럼에도 내가 저지른 죄가 엄청 중차대함에도 불구하고 아내를 비롯해 대부분의 지인들에게도 얘기하기 민망스러워 아직도 입을 다물고 끙끙대고 있다. 하지만 병원을 추천했던 J 박사에게는 숨길 수 없어 슬며시 털어놨다. 내 얘기를 듣고 허리를 잡으며 나뒹굴 정도로 파안대소를 하며, 위로의 덕담과 함께 저녁 식사를 대접해 주었다.

내 딴에는 세상사에 심사숙고하여 신중하게 처신하려고 애를 쓴다. 하지만 천성이 여기에 미치지 못하는지 실제로는 빈 구석이나 어수룩하게 구멍이 숭숭 뚫린 면이 숱하게 많다. 이런 칠칠치 못함에 휘말려 덜렁대며 함부로 설쳐대다가 웃지도 울지도 못할 실수를 범했던 적이 엄청 많다. 탈의 빌미가 되거나 흠잡힐 수많은 사건들이 꼬리를 물었어도 주위에서 따스하게 감싸거나 너그럽게 수용해 무탈하게 오늘에 이르렀으리라.

'성모 안과'를 '파티마 안과'로 여기고 느긋한 심정으로 수술을 받았기 때문일까? 수술과 치료가 깔끔하게 마무리되어 밝은 세상을 맘껏 즐기며 직시할 수 있다. 그 때문에 '모로 가도 서울만 가면 된다.'는 속담의 심정으로 자위하며 병원이 바뀐 우발적인 사건을 스스럼없이 얘기할 수 있어 퍽 다행이다. 비록 실수로 흘러들어 갔던 '성모 안과'임에도 열성을 다해 집도해 주신 원장님과 살갑게 치료하던 간호사들이 여간 고마운 게 아니다. 아울러 화사한 이 봄의 향연을 더 아름답고 선명하게 투영해주는 나의 두 눈이 새삼스럽게 사랑스럽고 고마우며 미쁘다.

⋮

필름 단절 사고

⋮

심한 갈증에다가 장이 뒤틀리는 고통과 한없이 깊은 늪으로 가라앉는 듯한 혼미한 고통에서 벗어나고 싶어 허우적거리다가 겨우 눈을 떴다. 분명히 하숙집 침대 위에 누운 상태이지만 속이 미식거리고 구역질이 나서 견디기 힘든 상황이었다. 하지만 내 둥지가 아니기에 스스로 감당해야 할 옹색한 형편이었다.

어제저녁 편편찮은 자리에서 잔뜩 긴장한 채로 맥주 한 병을 우동 그릇에 부어 단숨에 마셔야 하는 '노털카(술을 마시다 잔을 중간에 놓지 않고, 다 비운 잔을 털지 않으며, 술을 마신 뒤에 '카' 라고 소리 내지 않는)' 를 마셨던 술자리까지는 기억이 되었다. 그러고 보니 '술을 먹으면 필름이 끊긴다.' 는 '필름 단절 사고' 인 블랙아웃(Blackout)을 경험한 셈이었다.

원래 '블랙아웃' 은 군사용어로서 먼저 조종사가 전투기를 타고 급상승할 때 일시적으로 발생하는 시각장애, 다음으로 적의 공습에 대비하기 위한 등화관제나 보도관제 혹은 본격적인 핵 공격의 전 단계로 적의 미사일 기지에 아군의 미사일을 퍼부어 적의 방공 체제를 무력화시키는 것 같은 행위 등을 의미한다.

그런데 언제부터인가 술을 먹고 기억이 상실되는 '필름이 끊기는 현상'을 지칭하는 의학용어로 전용되었다.

술을 마시고 필름이 끊긴다는 '필름 단절 사고'인 블랙아웃은 기억상실증과 다르다는 견해가 의학적 통설이다. 이는 알코올이 대뇌(大腦)의 측두엽(側頭葉) 해마 부분에 직접 영향을 미쳐 뇌가 정보를 입력하여, 저장하고, 출력하는 단계 중에서 입력 과정의 이상으로 발생한단다. 그러므로 이는 출력 과정의 고장으로 발생하는 기억상실증과는 문제 발생영역이 다르다는 게 정설이다. 결국 블랙아웃은 '데이터를 입력했는데, 저장(기억)시키지 않고, 컴퓨터의 전원을 차단하는(끄는) 상황'에 비유된다.

현재의 일터에 자리 잡고 가족을 모두 서울에 둔 채 일 년 동안 하숙하던 80년 봄의 어느 토요일이었다. 그날 처음 만나 인사를 나눈 선배 L 교수님과 늦은 점심을 함께 하게 되었다. 호인으로 소문난 그분은 동업 중생하게 되어 반갑다며 연신 건네는 반주가 예사롭지 않았다. 그리고 그분의 지인들과 함께 어시장 횟집에서 술자리가 이어졌다.

여러모로 생각해봐도 손위 분들과 자리이기에 다부지게 긴장했어도 집중적으로 건네는 소주잔에 정신을 잃을 지경이었다. 그렇다고 초면에 도망간다거나 매몰차게 내칠 수도 없고 난감했다. 그렇게 이어진 자리는 저녁까지 지속되어 '혼합주'에다 '노털카'까지 난무했음에도 결코 백기를 들지 않았으니 오랜 세월이 흐른 지금 회상해도 내가 기특했거나 몹시 미련했다.

무시무시한 '노털카'가 돌던 상황까지는 희미하게 남아 있는데, 그 후에는 하얀 백지상태로서 다음날 아침 침대에 누워 쩔쩔매는 내가 있을 뿐이었다. 전 날 밤 술집에서 어떻게 집에 왔는지 답답했다. 분명한 것은 그 당시 자정이면 통행금지가 있었고, 술집에서 하숙집까지 오는 길을 몰랐다. 그 후 기회가 닿을 때마다 L 교수님에게 내가 어떻게 하숙집으로 돌아왔는지 물어보려고 했지만, 혹시라도 실수했으면 어쩌나 고민을 하다가 영원히 풀 수 없는 문제가 되어 버렸다. 왜냐하면, 그분은 10여 년 전에 이 세상을 버리고 저승길을 찾아 떠나셨다. 나는 그렇게 삼십대 중반에 '필름 절단 사고'의 통과의례를 거쳤다.

청록파 시인이던 조지훈 님은 바둑의 수준을 급(級)과 단(段)으로 구분하듯이 술을 격에 따라 급과 단으로 구분했다. 우선급은 초급(初級)부터 9급(學酒, 飯酒, 睡酒, 色酒, 商酒, 隱酒, 憫酒, 畏酒, 不酒)까지 있다고 했다. 그리고 단은 초단부터 9단(愛酒, 嗜酒, 耽酒, 暴酒, 長酒, 昔酒, 樂酒, 觀酒, 廢酒)으로 나누어 해학이 넘쳐나는 해설을 곁들여 얘기했다. 이 대가의 가름에 따르면 나는 '술을 마시긴 마시지만, 술을 겁내는 사람'에 해당하기 때문에 8급의 '외주(畏酒)' 정도로 형편없는 경지에 해당할 듯싶다. 그러니 '술을 마셔도 그만이고 마시지 않아도 그만으로 술과 더불어 유유자적하는 사람'인 '주성(酒聖)'의 경지는 언감생심으로 영원히 이루기 어려운 꿈일 것이다.

술에 관한 한 중국 또한 무시할 수 없다. 예로부터 중국에서는 술을 사랑하고 좋아하는 사람을 통틀어 주인(酒人)이라고 호칭하며 대략 크게 세 등급으로 나누고, 각 등급을 다시 세 가지 품격으로 구분하여 삼등구품(三等九品)으로 가름하고 있다. 그 중에 상등(上等)은 주성(酒聖), 주선(酒仙), 주현(酒賢)으로, 중등(中等)은 주치(酒痴), 주광(酒狂), 주황(酒荒)으로, 하등(下等)

은 주도(酒徒), 주풍(酒瘋), 주적(酒賊)으로 나뉘고 있다. 이런 저런 이유로 퇴근길에 생각이 나면 가끔 술자리를 갖기 마련인 나는 어느 등품(等品)에 해당하는지 모르겠다.

일반적으로 필름 단절 사고인 블랙아웃은 단기기억상실로서 음주량과 밀접한 관계가 있으며 특히 급격한 혈중알코올농도 상승에 영향을 많이 받는다는 견해이다. 따라서 이를 피하려면 음주량을 줄이고 술을 마시는 속도를 조절하는 게 지름길이라는 충고이다. 하지만 술꾼들에게 그게 어디 쉬운 일인가? 수도꼭지나 주유구처럼 자유자재로 조절할 문제가 아니기에 좋은 술을 마시고 황망한 지경에 이르는 경우를 겪기도 하나보다.

벌써 정해년의 섣달이다. 여기저기서 가는 해의 해넘이를 마냥 아쉬워하고 오는 해의 해돋이를 마음속에 그리는 다양한 송년회 자리가 잦은 계절이다. 여기에 의례적으로 술자리가 질펀하게 벌어질 가능성이 크기에 주당이라면 내남없이 블랙아웃으로부터 자유롭지 못할 것 같다. 술을 마시고 적당한 선에서 기분전환하는 멋을 누구도 시비를 입찰하지 않으리라. 그렇지만 주도를 망각하여 예를 벗어나 품위를 잃는다면 어디에서도 예우를 받지 못하는 처지의 천덕꾸러기로 전락하여 세밀이 외롭고 쓸쓸하며 초라해질 것 같기에 오지랖 넓게 내뱉는 독백이다.

손주의 초등학교 입학

봄이 오는 길목 삼월의 첫 월요일(3월 3일) 유진이가 초등학교에 입학함으로써 새로운 세상을 향해 꿈과 희망의 날개를 한껏 펼치고 비상을 시작했다. 태어나 여태까지 가정이라는 온실 속의 작은 둥지를 세상 전부로 알아왔던 아이가 끝없이 넓고 높은 새로운 세상을 학교라는 무궁무진한 배움의 터전을 통해 단계적으로 깨우쳐 갈 것이다.

친구를 사귀고 세상을 살아가는데 소용되는 알토란같은 지식이나 도리를 배우고 익히면서 하늘의 섭리나 자연의 이치를 터득하며 공존과 상생의 지혜를 일깨워주는 교육의 장이다. 입학하는 모든 어린이는 아직 가다듬거나 정제되지 않았어도 무궁무진할 가능성을 지닌 원석 같은 존재이다. 그러므로 학교라는 용광로를 통해서 바르고 씩씩하며 슬기로운 천사로 거듭 태어나 저마다의 아우라가 뚜렷한 내일의 주인공으로 무럭무럭 성장해 나갈 것이다.

갓 태어난 아이와 동거하기 시작한 게 불과 얼마 전 같은데 어느 결에 여덟 살에 이르러 초등학생이라니 신기하고 감사하다.

우유를 먹이고 기저귀를 갈아주다가 어린이집을 거쳐서 유치원에 보냈던 지난 몇 해의 일들이 주마등처럼 회상되었다. 그런 지난날은 오늘 초등학교에 입학시키는 멋진 환희를 맛보기 위해 불가피한 과정이었을까? 미답의 세상을 접하는 아이의 해맑은 민낯에 마냥 행복한 미소가 활짝 피어났다.

새로운 세상에 대한 설렘과 두려움은 애나 어른 다를 바 없나보다. 유치원과 전혀 다른 학교 환경에 대한 호기심을 충족시켜주고 막연한 불안감은 말끔히 씻어 줄 요량에서 입학 이전에 두세 번 학교에 데리고 가서 이것저것 구경시키며 나름대로 설명해 주었었다. 학교에 관심이 없는 듯 딴청을 부리다가도 이따금 궁금한 문제를 에둘러 물어대며 의문이나 불안을 해소하려 애쓰는 모양새가 왠지 더욱 정겨웠다.

초등학교임에도 자질구레한 준비물에 다소 신경이 쓰였다. 우선 가방과 보조가방은 지난 크리스마스에 산타할아버지가 선물한 것으로 가름키로 했다. 그리고 책상과 책장은 지난주에 구매했다. 평생을 책상 앞에 머물던 내 책상보다도 훨씬 멋있고 고급스럽다. 한편, 지난 금요일 문방구에 가서 종류별로 필요한 노트를 골고루 장만했다. 그 외에 필통을 비롯한 색연필이나 크레파스는 유치원 친구들 생일에 선물 받아 가득 쟁여져 있는 것을 그냥 쓰기로 했다. 마지막으로 입학 전날 제 할머니와 백화점에 가서 운동화 두 켤레와 실내화를 사는 것으로 준비의 대미를 마무리했다.

손주가 입학하는 학교는 아주 오래전 마산국군통합병원이 자리했던 곳이 대단위 아파트 단지로 바뀌면서 개교(마산 신월초등학교 : 1998년 개교)하여 역사가 짧은 학교이다. 하지만 등하굣길에 위험이 전혀 없는 조용한 배움터이다. 아파트 주민 자녀의 입학을 대상으로 하는 까닭에 규모가 단출하여 한 학년이 다섯 혹은 여섯 반으로 편성되었다. 그리고 한 반은 스물 다섯에서 스물아홉 명으로 편성되어 있었다.

6·25전쟁 무렵에 내가 초등학교에 입학할 당시와 견주면 상전벽해의 변화를 절감한다. 한동안 우리 교육계를 냉소적으로 조롱했던 얘기이다. 19세기 학교시설에서, 20세기 교사가, 21세기 아이들을 교육하는 게 우리의 교육 현주소라고. 이러한 조소가 옛 얘기가 된 작금의 환경은 디지털 원주민(Digital Native)인 어린아이들 취향에 걸맞게 진화된 현실이 눈부시기도 했다.

입학 며칠 전에 학교 홈페이지에 1학년 반 배정표를 위시해서 담임 배정표와 교실 배치도를 상세히 공지함으로써 긴요한 사항을 일목요연하게 제공하고 있었다. 따라서 입학 전에 손주는 자기가 '1학년 2반 16번'이며, 담임선생님 성함까지 꿸 수 있는 정도이다. 입학에 관련된 내용을 살피다가 정보화 시스템을 좀 더 살필 요량에서 몇 가지 기능에 시험적으로 접속해 봤다. 전달사항이나 숙제까지도 매일 담임선생님이 게시판에 올리고 있었다. 그 외에도 방과 후 학습이나 돌봄 교실 같은 부차적인 알림까지도 통째로 알린 사실을 알아채고 세상이 디지털 시대가 활짝 열렸음을 실감했다.

신입생들은 9시 30분까지 배정된 교실에 입실토록 미리 고지한 결과이지 싶다. 지정된 시간이 되기도 전에 스물아홉의 어린 천사들이 눈망울을 또랑또랑 굴리며 몰려들었다. 서른에도 이르지 못하는 왕자나 공주들인데도 생김새만큼이나 옷차림과 하는 짓이 사뭇 달라도 개성같이 보여 눈에 거슬리거나 밉지 않았으며 되레 귀엽고 사랑스러웠다.

왁달박달[*]한 지경은 아니라도 웅성대며 쉴 새 없이 눈길을 돌리면서 또래의 낯선 친구나 동행한 어른들을 곁눈질하는 모습이 불안과 설렘을 무언으로 웅변했다. 그렇게 낯섦에 적응하려는 물밑 움직임이 한창일 무렵에 죄다 강당인 청량관으로 옮겨가서 입학식을 했다.

예나 지금이나 학교의 공식행사인 입학이나 졸업식은 고리타분한 형식과 틀을 깨기 어려운 과제일까. 이제 겨우 여덟 살에 이르는 코흘리개들을 앞에 줄지어 세워놓고 국민의례나 애국가 제창을 비롯하여 교장 선생님의 생소한 환영사가 얼마나 가슴 깊이 전달될 것인지 아무리 생각해도 아리송하고 헷갈렸다.

게다가 천방지축의 입학생부터 연로한 학부형까지 모두가 식이 끝날 때까지 서 있을 수밖에 선택의 여지가 없는 열악한 식장 환경은 어떤 형태로든지 개선해야 할 케케묵은 절실한 과제가 분명했다. 이런 사고는 몽땅 절대 강자인 학교라는 '갑(甲)'을 위한 편법 위주이다. 그러므로 상대적으로 약자에 처한 학부모나 왕후장상 대접을 받으며 자라난 학동인 '을(乙)'을 위한 처사가 아니지 싶었다.

한편, 각 반에서 담임선생님에 의해서 진행되는 오리엔테이션은 요즘 어린아이들의 눈높이에 맞춰 다양한 방식으로 유연하게 꾸며서 오늘의 문화적 성향이나 특징을 살려서 호기심을 불러일으킬 수 있도록 진행할 방법이 없는 것인지 진지하게 고민을 해봐야 할 화두가 분명했다.

학교라는 소통과 배움의 창을 통해 날갯짓하며 날아오르려는

---

* 왁달박달 : 행동이 단정하지 못하고 조심성이 없이 수선스러운 모양

사랑하는 손주에게 갈망한다. 기왕이면 더 높고 넓은 무한한 푸른 세상을 향해 힘차게 도약하여 많은 것을 보고 죄다 깨우치며 바르고 당당한 어린이로 믿음직하게 성장해 달라는 주문이다. 자고로 학교는 끝없는 배움의 둥지로서 지식과 지혜를 쌓고 공존하고 상생하는 이치와 예에 대한 깨우침을 통해 고고한 품성의 기틀을 갈고 닦아 여투는 수련의 장이며 놀이터이기에 입학을 축하하며 기뻐한단다. 유진아! 물이 높은 곳에서 낮은 곳으로 흐르듯이 순리에 따라 푸르른 창공을 거침없이 훨훨 날거나 아름다운 세상을 맘껏 향유할 행복은 오롯이 너희 어린 천사들 몫의 선물이란다.

견지망월

‘견지망월(見指忘月)’. 이는 나의 30대 중반 어느 가을 선배 교수님 한 분이 내려주신 휘호의 내용이다. 아마도 이 말의 순수한 의미는 “저 드높은 하늘에 두둥실 떠 있는 달을 보라고 손가락으로 달을 가리키는데, 보라는 달은 보지 못하고 우매하게도 손가락만 바라본다.”는 글귀일 게다. 하지만 그동안 글을 내려주신 참뜻을 새겨보는 지혜로움이 내게는 없었다.

그로부터 이십 오륙 년이 지난 지금 문득 생각해 보니, 그분이 담으시려 했던 큰 뜻의 작은 편린이나마 헤아릴 것 같기도 하다. 겨우 전임강사 딱지를 붙이고, 대학의 문턱에 서서 학문의 길을 기웃거리는, 어설프고 치기 어린 풋내기 후배에게 삶의 지침을 넌지시 전해주신 고귀한 충고가 아니었을까?

소탐대실. 흔히들 눈앞에 보이는 작은 것에 집착하다가 큰 것을 잃는 우를 범하지 말라고 이르는 말이다. 하지만 평범한 생활인이 극복하기 쉽지 않은 화두임이 틀림없다. 청장년 시절을 되돌아본다. 나름대로 주어진 환경에 순응하고 바른길을 걸으며 정확히 보고 말하려고 다짐하며 살아왔다고 생각한다. 그러나 작은 정리에 이끌려 대도를 저버리는 어리석음이나, 미망에 지나지 않을 탐욕의 달콤한 유혹에 넘어가, 정의를 외면하는 일이 없었다고 단언할 수 있는가에 대해서는 자유롭다고 단정하기 어렵다.

돌이켜 보면 열다섯에 학문에 뜻을 둔다는 지학(志學)에 이를 만큼 빼어남이 없는 처지였다. 또한, 세월과 밀고 당기다가 맞이했던 뜻을 세운다는(而立) 30대는 아집의 노예가 되어 끝없이 앞으로만 치닫던 '도전의 세월'이었다. 그리고 세상사에 미혹하지 않는다는 불혹(不惑)의 40대는 무엇이라도 이룰 수 있다는 자만에 빠져 눈앞에 아른거리며 신기루같이 잡힐 듯 말 듯한 일의 성취를 위해서 야망에 사로잡혀 밤을 지새우며 나를 잊었던 '욕망의 세월'이 아닌가 싶다.

또한, 하늘의 뜻이나 이치를 터득한다는 지천명(知天命)인 50대에는 알량한 경험과 지식을 무기로 여기저기 호기롭게 도전했었다. 하지만 세상은 넓고 깊으며 나눔과 사랑이 전제되어야 한다는 평범한 이치를 깨달았던 '각성의 세월'이었던 것 같다. 이제 이순(耳順)의 문턱에 이르러 생각하니 세상만사는 지위의 높고 낮음, 지식의 많고 적음, 빈부의 차이, 지역이나 계층의 갈등 같은 부질없는 편 가름이나 불신의 장벽을 과감하게 초월이 선결 요건이었다. 그렇게 됨으로써 대승적 차원에서 하나로 어우러짐을 바탕으로 하는 '화합과 공존'이 으뜸이라는 생각을 한다.

생각은 여기에 미치는데, 현실적으로는 세상을 사는 원초적인 문제에 대해 옳고 그름의 시비를 어림하는 일마저도 안개 속에서 길을 찾는 것처럼 종잡을 수 없는 경우가 허다하다. 그렇다면 마음이 시키는 대로 하더라도 법도에 어긋나지 않는다는 종심(從心)의 70이 된다면 모든 속박과 번뇌로부터 자유로워져서 '초연한 관조의 여유'를 누릴 수 있을까?

뜬구름같이 덧없는 세월이라고 했던가. 지난날을 돌이켜 볼 때 일그러진 자화상을 그리는 초라한 처지는 되지 말자고 수없이 다짐했었다. 하지만 지난날의 흔적에서 참다운 내 모습은 어디에 어떻게 각인되어 있을 것인가 라는 생각에 이른다. 하지만 아무래도 반듯하고 따스한 모양만은 아닐 것이라는 게 솔직한 고백이다.

서쪽 하늘가로 사라지는 해넘이를 동무 삼아 또 한 해가 역사의 뒤안길에 묻히고 동녘의 해돋이를 벗하며 살며시 다가온 갑신년의 정월도 서산에 걸려있다. 지난 일은 세월의 앙금 속에 묻는다고 하더라도 '견지망월'의 진솔한 의미를 새겨보며 선현들의 올곧은 삶의 궤적을 거울삼을 수 있기를 소원한다. 이런 연유에서 닫힌 마음의 문을 활짝 여는 지혜를 터득하고 싶다는 꿈을 아직도 버리지 못하고 속절없이 나이에 애꿎은 혹 하나를 더 붙일 뿐이다.

⋮

함흥집

⋮

신마산 두월동 제일여고 입구에 자리한 함흥집은 마산에서 가장 소문난 한우고기 전문의 맛집이다. 어느 도시나 고만고만한 음식점을 수를 헤아릴 수 없을 정도로 많다. 하지만 선친으로부터 가업을 물려받아 그 고을의 제일 가는 전문점으로 키우는 경우는 드물다. 흔히들 형만한 아우 없고 부모를 능가하는 자식이 없다고 얘기한다. 끝없이 변하는 고객의 입맛에 맞추며 부모가 이룩했던 명성을 훌쩍 뛰어넘어 지역 제일의 명가로 우뚝 서는 것은 바늘구멍으로 낙타가 빠져나가는 일만큼 어려운 일이리라. 그 이면에는 가업을 천직으로 여기는 주인의 열성과 노력이 전제되지 않고는 불가능하다. 혹자는 운이 따라서 흥한다고 얘기한다. 하지만 그 운의 드러나지 않은 내면에는 그 누구도 흉내내거나 따를 수 없는 비법의 터득을 위해서 끊임없이 많은 피땀을 몰래 흘렸을 것이라는 유추는 불문가지이다.

원래 함흥집은 지금의 건물이 신축되기 전에는 일본식 2층 건물로 고색창연했다. 구식의 건물인 때문에 2층 방을 배정 받으면 신발을 벗고 계단으로 오르내려야 했고 화장실도 상당히 불편했다. 그런 터수인데 어느 날 밤에 불이 나 전체가 소실되어 지금의 현대식 건물로 신축하고 영업을 재개한 게 2000년대 초입으로 기억된다. 현재는 3층 건물로 1층은 주차장, 2~3층은 깔끔하고 격조 높게 홀과 방으로 꾸며서 손님을 맞이하고 있다.

함흥집의 메뉴는 비교적 단순하다. 간단히 점심이나 저녁을 해결하려는 손님을 위해서 갈비탕, 만둣국, 육개장, 냉면(함흥식 비빔냉면과 물냉면) 등이 있다. 그런데 트레이드마크 격인 메뉴는 이 지역 제일인 냉면과 다양한 한우고기를 한껏 즐기면서 여느 업소처럼 소주와 맥주를 곁들이며 맛과 멋을 즐겨야 제격이다.

실내가 무척 밝고 정갈하며 잘 훈련된 많은 종업원이 분담하여 친절한 서비스를 제공하여 손님을 편안하게 안정시켜주는 분위기가 주위의 유사 업체에서 느껴 볼 수 없는 귀한 무형의 자산이 특징이다. 게다가 단순한 점심이나 저녁으로 갈비탕이나 만둣국, 육개장이나 냉면을 시켜도 맛이나 양적인 측면에서 경쟁상대인 다른 업소에 비할 바가 아니다. 이렇게 환경과 맛과 양 등의 다양한 측면에서 출중한 까닭에 점심 피크 시간에 찾아가면 대기해야 하는 불편도 기꺼이 감내해야 한다.

사장이 도축장에 가서 살아 있는 소를 직접 골라 위탁하여 도살한 한우고기를 사용하는 수육, 불고기, 생갈비, 양념갈비, 소금구이, 꽃등심, 생등심은 어쩌면 이 집의 자존심이고 맛과 멋의 진수이다. 숯불에 익어가는 한우의 고유한 맛을 즐기며 정갈하고 정성껏 차려내는 밑반찬과 계절에 맞춰 곁들이는 채소 또한 별미의 여행이며 미각을 호사시킬 수 있다.

이따금 들렀음에도 불구하고 여러 해에 걸쳐 드나들었던 때문에 이 집의 모든 메뉴는 두루 섭렵했다. 미식가의 유전자를 타고 나지 못했기 때문인지 내 입에는 모두 찰떡궁합을 이루었었다. 그러므로 무엇이 제일이고 어느 것이 격에 빠지는지 가려낼 재 간이 도통 없어 그저 투미한 내 혀를 호사시키는 먹거리 체험을 옹골지게 했다고 말하는 게 도리일 것 같다.

일터에서 고락을 함께했던 H 박사는 치아가 시원치 않다면서 수육에 소주를 곁들이는 쪽을 선호했다. 그런가 하면 음식문화에 엄하고 깐깐한 축인 J 박사는 생등심이나 꽃등심을 주로 찾거나 주인의 추천 메뉴를 선호하는 경향이 뚜렷하다. 하여튼 입이 짧거나 까다로운 이라도 한번 찾아보면 명가라는 말이 결코 명불허전이 아님을 인식하게 될 것이다. 예나 지금이나 나는 누구와 음식점에 가면 솔선해 앞에 나서서 주문할 주제가 못된다. 왜냐하면, 내 입맛이나 혀의 능력을 신뢰할 수 없다는 데서 유래한 방어 본능의 버릇이다.

적당히 한우고기를 즐기다가 마무리로 찾는 종류도 참으로 다양하다. 옛 동료 중에 어떤 사람은 늘 된장찌개와 공깃밥, 만둣국, 비빔냉면, 물냉면, 비빔면 사리에 약간 뜨거운 냉면 육수 따위처럼 기묘한 조합의 주문도 불사하는 경우가 드물지 않다. 이런 엉뚱한 주문도 눈 하나 깜짝하지 않고 웃는 낯으로 받아넘기며 척척 해결하는 종업원들의 임기응변 능력이나 재치가 또한 장난이 아니다. 이는 보이지 않는 주인의 경영 철학이 생생하게 반영된 편린으로 돋보이는 평가 지표이기도 하다. 나는 따끈한 육수 한 컵이 먼저 나오는 함흥식 비빔냉면을 즐겨 주문한다. 고기를 무던히 먹고 나서 적당히 매운 냉면이 목구멍을 통과하는 순간에 느껴지는 상쾌함이나 시원함을 음미하기 위한 선택이다.

마산의 모든 음식점을 매구처럼 꿰뚫은 주제는 아니다. 그래도 다양한 연을 따라 이 구석 저 구석 가리지 않고 소문난 집은 얼추 순례를 해봤다. 그중에서 한우를 전문으로 하는 가업을 부모로부터 물려받아 부모세대보다 월등하게 성공적인 경우는 함흥집이 유일하다는 생각이다. 혹시 외지에서 마산을 찾아오는 사람일 경우 택시를 타고 함흥집 가자고 했을 때 모른다는 퉁명스런 대답이 돌아온다면 그는 진정한 마산의 운전기사가 아니다. 왜냐하면, 마산 사람 중에 어린이들을 빼고는 모두 알고 있기 때문이다. 이 이야기는 함흥집이 그처럼 알려졌다는 방증으로 그 브랜드 값은 과연 어느 정도가 될 것인지 무척 궁금하다. 이쯤 되면 수입의 많고 적음에 초연할 수 있을 것으로 여겨지는 경영자의 자긍심은 누구에게도 비유할 수 없지 싶다.

⋮

해안횟집

⋮

마산에서 생선을 전문으로 하는 명가를 묻는다면 나는 주저하지 않고 해안도로 남성동 끝자락 수협 공판장 부근에 자리 잡은 '해안횟집'을 천거하고 싶다. 왜냐하면, 부모가 일궜던 가업을 이어받아 명가로 맥을 자랑하며 멋과 맛을 자산으로 손님을 맞이하고 있기 때문이다.

'해안횟집'은 마산 해안로에서 바닷가 쪽의 남성동 끝자락 수협 공판장 부근에 있다. 산호동 쪽에서 오다 보면 'M 호텔'을 지나 '리베라 호텔'에 이르기 전에 '은혜병원'이 나타난다. 이 병원 정문에서 바닷가 쪽의 도로 맞은편 못대(경남 지방에서 쓰는 '석쇠'의 방언) 건물 뒤 블록이 시작되는 코너의 4층 건물이다. 1층은 세를 주고 횟집은 2층이며, 3~4층은 주인의 살림집으로 알고 있다.

선창가 수협공판장 언저리이기에 비릿한 갯냄새가 짙게 밴 거리의 분위기에 딱 걸맞아 정감이 더 가는 집이다. 화려하거나 세련된 인테리어로 압도하여 고객의 눈길과 발길을 잡는 대도시 음식점의 번드르르한 겉치레와는 너무 대조적이라서 되레 정겹고 편안하다. 건물 입구에서 2층으로 올라가면 횟집의 출입문이다. 입구의 왼쪽엔 그날의 메뉴를 대표하는 생선 진열대가 호기심과 식욕을 자극한다. 그리고 왼편에 방이 두 개, 정면으로 널찍한 홀로 손님을 맞는 공간이다. 그러므로 닫힌 공간인 방이 필요할 경우 예약은 필수이고, 점심과 저녁의 골든 타임에 식사를 하려면 가끔은 차례가 될 때까지 기다릴 줄 아는 여유도 필요하다.

음식 사업이란 어떤 형태이든 고객의 오감육관을 자극하여 식욕을 돋워서 만족감이나 즐거움을 줄 전제 충족조건이 선결되어야 한다. 그에 대한 이 집의 대응은 확고하다. 종업원들의 조용한 움직임과 날렵한 서비스는 우리네 누나나 형수들의 정성이며 정갈함이고, 기본적 상차림의 밑반찬이나 계절에 따라 변하는 싱싱한 채소는 손끝 여문 내 어머니의 정성과 기지가 번뜩이는 기분이다.

메뉴에서 고객이 취향에 따라 골라 시키는 생선류에는 젊은 주인인 주방장의 장인 정신 진수가 고스란히 배어있다. 그렇게 다루는 이의 정성과 정수(精髓)가 온새미로 깃들어 있어 천하의 미식가 미각도 호사시키기에 모자람이 없다. 이런 관점에서 인테리어와 같은 겉치장이나 선전으로 대응하려는 공장제품 같은 값싼 상술이 넘볼 수 없다. 결국, 이 집만의 운영 철학이나 비법은 남이 쉬 흉내 내 짝퉁을 만들거나 어쭙잖게 차용하지 못하는 불변의 무형자산이며 잠재력이자 경쟁력이다. 여기서 오진 첫 경험은 '호래기* 회와 숙회' 였다. 아주 작은 오징어 새끼 같은

* 호래기 : 꼴두기과에 속하는 소형 오징어를 이르는 방언이다. 낚시꾼들은 꼴뚜기 보다는 '호래기' 로 부른다. 늦가을에서 초겨울이 제철이다. 회나 살짝 데쳐 숙회로 먹는 남해안의 겨울 진객으로 통한다. 성어가 돼도 10cm 정도인 소형 어종으로 한치나 오징어와 한 눈에 구분된다.

호래기를 살짝 데치거나 몸통과 다리를 분리한 다음 몸통 속에 들어 있는 뼈를 발라낸 다음 초고추장에 찍어 먹기 때문에 조리법도 무척 간단해 보였다. 회의 경우 쫀득쫀득 씹히는 식감과 담백한 맛이 일품이라서 무진장 당긴다.

호래기와 호형호제하라면 서러워할 메뉴가 봄부터 가을까지 이어지는 '봄 멸치 회'와 '탱수* 생선국', 사철 준비가 가능한 '멍게 비빔밥' 등이 일품이다. 따라서 여기에 익숙하지 않은 초행자이거나 뜨내기일 경우라도 메뉴판을 보고 내키는 대로 시켜도 결코 후회하는 일이 없으리라고 확신한다.

나는 단순히 점심을 먹으려면 '멍게 비빔밥'을 즐기는데 주저하지 않는다. 멍게의 겉껍질을 정성스레 벗겨내고 속살과 내장을 곱게 갈아서 밥 위에 채소와 함께 얹어주면 비벼서 먹으면 만사형통이다. 멍게의 고유한 맛이 입안 가득히 피어오르며 깊고 오묘한 바다의 향이 내 입으로 한가득 밀고 들어오는 순간이 그렇게도 흐뭇하다. 한편, 매콤한 생선조림이 당기면 '멸치 쌈밥'을 시킨다. 알맞게 졸인 생멸치를 쌈에 올려놓고 싸먹을 때 느끼는 고소하고 담백함은 바닷가 아니면 쉽사리 경험하기 힘들고 사치에 가까운 희귀한 호사이다.

향긋한 봄을 느끼고 싶을 경우라면 남녘에서만 맛볼 수 있는 '도다리 쑥국', 속을 풀어야 할 처지라면 봄에서 가을까지 이어지는 '탱수 생선국'을 비롯해 사시사철 넉넉하고 푸짐하게 끓여내는 '대구탕' 한 대접의 시원함에 푹 빠지다 보면 속은 씻은 듯이 편해진다.

---

* 탱수(Sea raven) : 삼세기라고도 부른다. 요약쏨뱅이목 삼세기과의 바닷물고기이다. 몸은 수많은 사마귀 모양의 돌기로 덮여 있다. 겨울이 제철이다.

저녁을 겸해서 소주라도 한잔 곁들일 경우 메뉴판의 '모듬회', '호래기 숙회나 회', '문어숙회', '봄 멸치 회' 중에서 어느 것을 시켜도 소주나 맥주와 찰떡궁합이다. 사람마다 즐기는 행태가 사뭇 다를진대 어느 하나를 고르라면 다양한 결과가 나타나리라. 이들 중 어느 것이 내 몫으로 정해져도 흡족할 만큼 모두가 입에 친숙해져 돈독한 사이가 되었다.

내 경우에 소주잔에 새콤달콤한 '봄 멸치 회'는 환상적으로 어우러지는 일품이요 격조를 갖춘 지존처럼 각인되어 있다. 하지만 멸치는 첫새벽에 공판장으로 나가 직접 중매에 참여해서 경매 받은 날만 회로 먹을 수 있는 까닭에 원할 때는 확인해야 헛걸음하지 않는다. 멸치는 싱싱하지 않으면 회로 먹을 수 없다. 따라서 반입이 없는 날에는 나라님이라도 돈다발을 싸 들고 가서 애걸복걸하거나 시답잖게 시비를 입찰해도 돌아올게 하나도 없다.

식객의 요구는 살아 있는 생물처럼 도도하게 용트림하며 시시각각으로 변하는데 별다른 준비나 비법 없이 냠냠하게 덤벼드는 게 음식 사업으로 이해하는 경우가 많다. 그런 이유에서 망할 확률이 가장 높은 위험사업으로 분류되기도 하는 현실이다. 이 분야는 놀이터나 즐기는 사업이 아니라 어느 분야보다도 피와 땀을 많이 요구하는 치열하고 삶의 혹독한 경쟁 현장이다.

우리의 현실에서 명가인 음식점을 이어받아 가업으로 대를 잇는 젊은이들은 흔치 않다. 그 옛날에 비해 배움이 높고 편하고 쉬운 길만을 찾아 혈안인 현실을 외면할 수 없기에 더더욱 그렇다. 그런 관점에서 노동집약적 음식 분야에서 선대의 가업을 승계하는 고학력의 우수한 젊은이들을 보면 우선 반갑고 고맙다.

비록 내 돈으로 셈하고 먹는 음식일지라도 그들에게 장인 정신이 오롯하게 살아 숨 쉬고 있어 나름대로 식도락을 즐길 여지를 만들어주기 때문이다.

게다가 아침 영업을 하지 않는데 씨줄과 날줄로 얽힌 연줄을 통해 외지에서 찾아온 지체 높은 사람이나 지역 유지들이 아침 식사를 청해 오는 경우가 심심치 않단다. 하지만 그 때문에 종업원들을 일찍 출근시킬 수 없다는 경영철학을 바탕으로 부담스러운 청을 단칼에 내친다는 대쪽 같은 줏대에서 젊은 주인의 사람됨을 엿보게 한다. 이런 강직함은 치열한 삶의 현장에서 올곧은 고수 하나와 연이 닿는 행운을 만난 것 같아 마음의 부자가 된 기분이다.